【历史新阅读丛书】

南明那段日子

下卷

【永历终灭卷】

小院之观 著

中国工人出版社

图书在版编目（CIP）数据

南明那段日子. 下卷, 永历终灭卷 / 小院之观著. -- 北京：中国工人出版社，2021.1
ISBN 978-7-5008-7585-7

Ⅰ. ①南… Ⅱ. ①小… Ⅲ. ①中国历史—南明—通俗读物 Ⅳ. ①K248.409

中国版本图书馆CIP数据核字（2021）第019216号

南明那段日子. 下卷, 永历终灭卷

出 版 人	王娇萍
责任编辑	刘广涛
责任印制	黄　丽
出版发行	中国工人出版社
地　　址	北京市东城区鼓楼外大街45号　邮编：100120
网　　址	http://www.wp-china.com
电　　话	（010）62005043（总编室）　（010）62005039（印制管理中心） （010）62379038（社科文艺分社）
发行热线	（010）62005996　82029051
经　　销	各地书店
印　　刷	三河市万龙印装有限公司
开　　本	710毫米×1000毫米　1/16
印　　张	18.5
字　　数	275千字
版　　次	2021年4月第1版　2023年7月第2次印刷
定　　价	49.80元

目录

第一章 湖南的战事 001
第二章 永历的中兴与幻灭 009
第三章 山西抗清 060
第四章 清军征南 080
第五章 东南沿海 089
第六章 大西军 121
第七章 广东和长江 163
第八章 转折点 198
第九章 大西南 217
第十章 长江战役 229
第十一章 天下归清 245

第一章
湖南的战事

郝永忠入桂

1647年秋季的湖南，对南明来说是一片愁云惨雾。何腾蛟溃败了，刘承胤投降了，七万余明军转眼间改换门庭成了清军，只有堵胤锡还在湘西一隅苦苦坚持。

不过还是有意外。

这个意外是何腾蛟一手造成的，连他自己也没有想到。

一年前，江西受到清军进攻时，隆武帝朱聿键打算从福建经江西寻求湖南何腾蛟的保护，他下谕旨要求何腾蛟派兵支援赣州，同时接应自己。

何腾蛟接旨，点将，派兵，出征，一切都很顺利。

其实，他只是忽悠隆武帝。

郝永忠带着一支兵马，被派出去援赣迎隆武帝。临行前，何腾蛟下了密令，只可装装样子，切不可假戏真做。

郝永忠领会了上司的意思，带着这支兵走了三个月，从湖南走到了湖南。

确切地说，是从长沙走到了郴州，走了六百多里，连湖南都没出。

啥速度，“慢走大赛冠军”。

在这期间，清军早已做完了一切该做的事——赣州被攻克了，隆武帝遇难了。

郝永忠还是没动，他就在郴州驻扎了几个月，还在那里过了个平安年。

年后开春，清军“三顺王”就入湘发动了湖南战役。

郝永忠还来不及反应，何腾蛟等部就一溃千里，长沙、衡州、常德先后失守。郝永忠所在的郴州，一下子被顶到了前面。

面对清军锋芒，郝永忠还是打了一仗，随后一路退到永州、道州。入秋后，孔有德再次进军，武冈、永州又告失守。督师何腾蛟逃入了广西，郝永忠也率部由湘入桂。

最大的上司都逃到广西了，郝永忠没有投降已经算很够义气了，跟着上司进入广西，看上去也没什么问题。

然而问题却出在郝永忠的身份上。

郝永忠其人，我们前面提到过，不过当时他还不叫郝永忠，叫郝摇旗。

其实郝摇旗也不是他的本名，他的本名叫郝大勇，是老资格的“闯军”。

不管是郝摇旗还是摇好旗还是摇旗好，他在荆州归附了何腾蛟，就是何腾蛟“溶贼”的成果。隆武帝遇难，绍武、永历争权时，为了笼络河南将领，将他赐名“永忠”，于是他就成了郝永忠。

郝永忠还是郝摇旗时，就是大顺军中的著名将领，实力雄厚。归附何腾蛟后，他也打了一些胜仗，在湖南的几十万明军里，郝永忠部的战斗力处于第一档。当然，对他来说，第一档中的大部分也都是老熟人，都是原来的大顺军将领。

郝永忠率军撤出湖南，进入广西，清军阻挡不了他，却遇到了其他意外的阻力。

阻力来自瞿式耜。

随着福建、广东、江西、湖南的先后失陷，原本不显山不露水的广西地位火箭式蹿升，成为永历朝廷的主要阵地。而原内阁首辅丁魁楚投敌被杀，瞿式耜成为新一任内阁首辅。

瞿式耜这个人，能力是有一些，忠诚度也很高。但谁也不是完人，瞿式耜的缺点在于太顽固。

这个万历四十四年（1616 年）的进士，从来都是固执己见，不会考虑别人的情绪，所以经常受到同事们的排挤，换句话说，就是智商高而情商低。

在职场上，情商不高的人很难一展身手，尤其是政治人物。

如果瞿式耜左右逢源，凭他的才干，可能早就能得到重用，不必等到朱由榔登基才被任命为广西巡抚——还是个地方官。

瞿式耜忠于大明，明朝以外的势力对他来说都是敌人，哪怕是曾经为“闯军”、现在已经是明军的郝永忠。

他听说郝永忠要入桂，如临大敌。郝永忠行军速度很快，很快就过了灵川，直奔桂林而来。瞿式耜认为郝永忠是来攻打桂林的，于是下令紧闭城门，拒绝郝永忠的先头部队入城。瞿式耜和两广总督于元烨还给手下督镇标将马之骥下令，命令他派兵剿杀。可是马之骥手下只有几百兵力，无论如何也不敢接受这道自杀式的命令。

郝永忠随后赶到，面对瞿式耜和于元烨的敌意，他还是保持了克制，采用外交手段反复沟通，最后化解了干戈。

不要以为瞿式耜的死脑筋这么容易转变，这只是在郝永忠兵力占优下的应付之举。郝永忠有兵，瞿式耜不敢造次，不过明的不行，可以来暗的。

在永历朝廷里颇具才干的瞿式耜，气量却是如此狭小。这实际上也不奇怪，同样是因为人的多面性。到现在出场了这么多人物，身上多半不止一个标签，“奸臣”马士英也会殉国，“英雄”史可法没啥才干，“腐儒”黄道周视死如归，“贪官”朱大典全家自焚，这些不为人熟知的另一面，都是真实的人性，与史实并不冲突。

此时瞿式耜仿佛变成了何腾蛟，祭起了“限贼”的法宝，表面上一团和气，私下却扣发粮饷。瞿式耜的想法是，一支部队如果缺粮少饷，则不战自乱，到时再想办法分化瓦解。

但是，这一手只能玩一次，在湖南郝永忠早就目睹了何腾蛟是如何“限贼”的，岂会再入圈套。你不是不给粮饷吗，好办，咱自己去拿，这叫“打粮索饷”。

瞿式耜和郝永忠，一个有权，一个有兵，最终吃苦的还是老百姓。广西民风彪悍，乡间都有宗族武装乡勇，抵抗事件不断发生。然乡勇虽勇，到底打不过正规军，桂林东郊十八村的团练都被郝永忠击溃了。

击杀乡勇，则又给了瞿式耜等人理由，一再弹劾郝永忠军纪败坏。如果不是实力实在不济，瞿式耜估计立刻就得跟郝永忠火拼了。

眼看再这样闹下去，郝永忠只有两个结果，要么被排挤走，要么跟瞿式耜刀兵相见，分出谁才是老大。在这关键时刻，清军反而帮了个忙。

全州大捷

攻下湖南的孔有德、耿仲明等人并没有班师，他们南下的目的并不仅仅是湖南，终极目标是和李成栋一样，要拿下皇帝才算成功。

永历元年（1647 年）十一月，清军休整过后，再次集结，进攻广西。第一个目标，是距离桂林不到三百里的全州。

全州在桂林府治下，是桂林的屏障，如果全州丢失，那么桂林城里的官员们只好打包跑路。

明军的总指挥是何腾蛟，他还是督师，广西的多股明军也是从湖南撤进来的，都是老部下，比如郝永忠。

郝永忠所部在广西明军序列里战斗力处于上游，担当起了攻坚主力的任务——幸好瞿式耜没把事做绝，不然恐怕现在连个能打的人都找不到。

十一月十三日，郝永忠亲自统率兵马，会合卢鼎、焦琏、赵印选、胡一清等其他几部，抵达距离全州二十里的脚山下。

随后，郝永忠以全州北门为攻击点，与清军血战了一场。自从“三顺王”入湖南以来没打过什么胜仗的明军，竟然在正面交锋中将清军击败，根据记载是“虏交锋大败，奔溃北走。我兵直赶三十里，杀虏千余级，生擒二名，夺大西马三百余匹，小马无算，火炮、弓箭、衣甲、器械不计其数”。

虽然可能有夸大的嫌疑，但全州之战是一场不小的胜仗，这点毋庸置疑。

听到全州战胜的消息，永历帝盛赞“全阳奇捷，真中兴战功第一”。也难怪朱由榔，因为自他继位以来，听到的全是坏消息，打的都是败仗，终于打了个不大不小的胜仗，就像过年一样，“中兴”这样的词都用出来了。

永历朝廷从上到下，只高兴了不到一个月。

在广东，李成栋镇压了各路义军后，重新提兵西进，再次占领梧州，永历帝的噩梦又来了。

对于李成栋，大家都畏之如虎，这家伙实在太猛了，马不停蹄，南征北战，实在是挡不住。

陈邦傅、郝永忠、卢鼎、焦琏等部纷纷自动拔营，聚拢到桂林。全州的明军主力南撤，留守全州的总兵王有臣、唐文曜没有把握守城，干脆向刚吃了败仗、驻扎在永州的耿仲明投降，献上了全州。

得胜之师向手下败将投降，也算一桩奇闻。耿仲明开始还将信将疑，唯恐有诈，不敢受降。直到王有臣和唐文曜献上了反对他们投降的监军周震的首级，耿仲明才大喜过望。

桂林的屏障丢失，所有人都坐不住了，永历帝已经在打包行李，准备再次跑路。督师何腾蛟此时正驻扎在兴安，这个地方在全州和桂林之间，离桂林只有一百五十多里。他发出檄文，命令各部明军火速向他靠拢，打算在兴安堵截清军。

郝永忠收到命令，大部队急切间来不及赶到，他先派出一千精骑，由手下副将罗中军带领赶往兴安。

郝永忠哪能想到，自己一心想保护的上司——督师何腾蛟，竟然在自己派去的骑兵还没有赶到前，就带着兴安的胡一清等部滇军先行逃回了桂林。

罗中军到达后，兴安已经成为一座空城。清军很快到达，将罗中军部团团包围。罗中军名不见经传，却比所谓的名将硬气得多，他和部下誓死不降，血战到底，最终全军覆没。

郝永忠得到消息，差点吐血。

好你个何腾蛟，老子派兵来保护你，你自己却先跑了，连招呼也不打一声，实在太不够义气。

兴安失守，永历朝廷再也没有人相信能守住桂林，所有人都在准备撤退，除了瞿式耜。

瞿式耜的一根筋是出了名的，如果他认准了一个道理，那是死也不会改变的，一如他对待原来的农民军那样。瞿式耜太爱桂林这座城市了，哪怕明知守不住，也不愿意跟着永历帝跑太远，于是他单独带领部下撤到了桂林郊外的樟木港。

其他人经历了一番乱哄哄的撤退，其中郝永忠部还和瞿式耜等官员闹得很不愉快，差点拔刀相见。最终，十二月二十二日，朱由榔带着家眷、官员们离开了桂林，撤往南宁。

正当永历君臣们在广西丧城失地、焦头烂额之际，局势正慢慢地发生着变化。

变化首先来自东面——郑成功。

郑芝龙的长子，铁了心跟老爹分道扬镳，九头牛也拉不回来。他和郑鸿逵等人出走后，就始终在积蓄力量，招兵买马。

永历元年（1647年）一月，郑成功看到福建清军兵力薄弱，觉得有机可乘，他在金门扯旗，誓师反清，打出的旗号是“忠孝伯招讨大将军罪臣国姓”。郑成功正式宣布闪亮登场。

郑成功首先和郑彩等攻打海澄，遭到失败，随后又和郑鸿逵部合兵攻打泉州。泉州被郑军包围，江西的清军副将王进又率援军抵达，郑军再次败退。

这一年，郑家军的实力还太弱小，他们长于海战，陆战却不是强项。

虽然打了两场败仗，却也有收获，更多的人知道了郑成功的名声，知道了郑家军也有抗清的人物。

又休整了大半年，慕名来投奔的人越来越多，比如原来的浙江巡抚卢若腾、海澄人甘辉、漳浦人蓝登、泉州人黄廷，还有以后郑家的死对头——施琅，当时他还叫施郎。

这些人，以后都成为郑成功手下的能臣猛将。

有了得力助手，郑成功如虎添翼，他准备再大干一场。

朱由榔的坚持

永历二年（1648 年）春天，清军在广西进展顺利，朱由榔已经被撵到了南宁，再跑就要到安南（越南）了。

但他是永历帝，生命力异常顽强的永历帝。这个年号，朱由榔用了十六年，在位时间只比他的堂兄朱由检少一年。

两人在位时间差不多，区别可太大了。

朱由检即位时，后金还不是后来的清朝，目标只是抢抢抢，至于一统天下，当时还没人会敢去想。国内，农民军也还刚有点苗头。虽然大明重病缠身，奄奄一息，但是这匹看上去要瘦死的骆驼，没人啃得下。

朱由榔即位时，大明已成了“小明”，就这个“小明”也是朝不保夕。

朱由榔想不通，李成栋、孔有德、耿仲明、吴三桂等这些原来的明将，打起自己来怎么这么狠，而自己手下的明将又怎么这么不争气。

朱由榔的皇帝，可称为“流浪皇帝、逃跑皇帝、乞丐皇帝”，要是把他跟崇祯皇帝换个位置，估计他能笑到岔气。

就是这样的时局，朱由榔还是坚持了十六年。

虽然人们经常把朱由榔称为“逃跑皇帝”，但并没有嘲笑的意思，能把逃跑练成一门绝活，并不是人人都可以做到的，能坚持十六年，更是堪称大神。

朱由榔的能力未必有多强，但他的求生欲确实很顽强，这点同样值得钦佩。

在小说《杀死一只知更鸟》里，作者哈珀·李有这样一段话：我想让你见识一下什么是真正的勇敢，而不要错误地认为一个人手握枪支就是勇敢。勇敢是：当你还未开始就已知道自己会输，可你依然要去做，而且无论如何都要把它坚持到底。你很少能赢，但有时也会。

这段话可以用来形容永历帝，朱由榔也可以说是个勇敢的人。

之所以说说朱由榔，是因为之前都在说他逃跑，好像除了逃跑什么也不会。其实就意志来看，朱由榔要远远强于他的堂兄朱由检，要是朱由检有朱由榔的意志力，大明也不会是这般模样。

这年春天，朱由榔君臣们躲在桂林朝不保夕，这时他们还不会想到，这个春天将对他有多好。

第二章
永历的中兴与幻灭

金声桓反正

1648 年四月初一，蛰伏了大半年的郑成功养精蓄锐完毕，再次出兵，进军同安。这时候的郑军有了一批精兵强将加盟，实力已远远强于去年。驻守同安的清军副将廉彪、游击折光秋引兵出城迎敌，被击败退入城中。

初十，郑军兵临同安城下。十八日，城内守将无力守城，弃城而走，同安被攻克。这是郑成功起兵后攻下的第一座城池。

拿下同安，郑成功继续招兵买马，同时他终于奉永历帝为正朔，排设香案，望南而拜，派人前去联络朝廷。

五月，郑成功再次出兵，围攻泉州。不过，这次郑军中了清军之计。趁着郑成功主力包围泉州的时候，清朝靖南将军陈泰、浙闽总督陈锦、福建提督赵国祚等转而攻击同安，来了一出“围魏救赵”。

同安空虚，很快失守。郑成功腹背受敌，不得不放弃泉州，解围撤回海上。

终究还是嫩了点，郑成功的第二次出兵宣告失败，他需要继续练级。

郑成功这个人，比较复杂。他呈现给世人的，有多张不同的面孔，我们后面会一一讲到。

对永历朝廷来说，这个春天郑成功并不是主角，真正的主角来自江西和广东。

江西总兵金声桓、广东提督李成栋在这一年里先后“反正”。

天下风云，为之变色。

永历二年（1648年），过了元旦，永历帝已经从桂林逃到了南宁，在清军步步紧逼之下，广西全省沦陷看来也只是时间问题。此时他还没有意识到，这一年，对永历朝廷来说，却是值得大书特书的一年。

消息首先来自江西的金声桓。

我们来看看金声桓的人生轨迹。

金声桓，辽东卫人，辽东被后金占领后，金声桓全家被俘，他只身逃入关内。

入关后，金声桓沦为了盗匪，得了个诨号“一斗粟”。随后，他的人生又与左良玉发生了交集。

左良玉曾长期在辽东作战，又在南北到处与农民军作战，名气很大，于是金声桓就投入了左良玉麾下。

金声桓打仗勇敢，累功升任都督同知，充任总兵官。

左梦庚降清后，左军诸将一部分和左梦庚一起去了北京，一部分被清朝任用，在江西和湖南一带作战，其中就包括金声桓。

“部将卢光祖、李国英从入京师，余若张应祥、徐恩盛、郝效忠、金声桓、常登、徐勇、吴学礼、张应元、徐育贤俱奉英亲王调发防剿江西、湖广。”

不过根据记载，金声桓是自己主动请求留在江西，以战功为投名状，来博取更大的功名。

声桓不欲从，请规取江省以自效；与闯部降将王体忠合兵屯浔阳。

金声桓跟随左梦庚降清后，为了博取更大的功名，主动要求留在江西，充当清军先锋。

在平定江西的战役里，金声桓果然颇为卖力，先后参与攻取了南昌、南康、九江、建昌、袁州、抚州、饶州、吉安、广信等多地，逐渐成长为清军中的主力。

一路进军，杀戮自不会少，建昌知府王域、布政使夏万亨、湖东巡道王养正、吏部主事曾亨应、兵部尚书杨廷麟等坚持抵抗的地方官员都被其所杀或逼死。连金声桓的搭档王体忠也被他害死，以自己的部将，绰号“王杂毛”的王得仁取代。

清军最终攻下赣州后，金声桓认为自己在平定江西之战中立下不世之功，再怎样也能捞个侯爵当当，日夜企盼封赏到来。

封赏文书终于来了，金声桓因功被封为——副总兵，这还不如他在弘光时期的官位，他的心腹王得仁则干脆没有封赏，还是个把总。

两人从九江杀到赣州，虽然不说九死一生，但镇压地方起义，擒杀明朝官员，军功卓著确实也是有的，现在得到这么个封赏，把两人心里浇得拔凉，早知如此，还不如拉出队伍跟着隆武朝廷干，不要说侯爵，伯爵说不定也有了。

金声桓为何仅仅落得个这样的待遇，这里有必要说一下清朝对待不同成分官员的原则。

随着占领的地盘越来越大，人口越来越多，投降的明朝兵将也越来越多。入关后，清廷将军队成分基本分为四等，第一等当然是满洲八旗，第二等是蒙古八旗，第三等是汉军八旗，第四等是绿营兵丁。绿营主要由投降的明军组成，金声桓、王得仁就属于最末等的绿营，在广东立下大功的李成栋同样也是。

这实际上就代表着清朝对不同出身人员的信任度。八旗、蒙古都是自己人，忠诚度不用怀疑；汉军八旗归附已久，也值得信任；而入关后才陆续投降的绿营兵，则值得怀疑。

既然值得怀疑，当然不能给以高官厚禄，绿营将领位高权重之下，万一心怀二心那就麻烦了。

八旗上马出征，视战功优次分为三等，如得优等，下马凯旋叙功即给世职。而绿营兵的考核标准是：临阵奋勇拼杀加功一次，累积二十四次，可得正五品云骑尉世职。

也就是说，在每次都拼老命的情况下，要打二十四次仗，才能得到一个世袭的职位。战场上刀枪无眼，有几个人能真正有命在战场上立下二十四次战功，这个条件相当苛刻。

如果只是这样，作为将领的金声桓和王得仁两人虽然官位不太高，但是小日子还算过得去，还未必敢于造反。他们两人最后"反正"，可以说是被逼反的。

被谁逼反呢？江西巡抚章于天。

章于天也是辽东人，不过他与金声桓相比，算得上"根正苗红"——他是崇德六年（1641 年）的举人，是在清朝科举制度下选出来的官员，这样的人自然会得到重用，顺治三年（1646 年），被擢升为地方大员——江西巡抚。

同为辽东人，章于天却看不起金声桓。江西官员开会，文官们都在堂上坐着，金声桓、王得仁等武官却只能在堂外就座，这几乎就是一种羞辱。

王得仁很生气，章于天却看看他，笑着说："王把总，你想造反吗？"金声桓、王得仁早就对封赏不公愤愤不平，确实想反，却不敢当众表露，只好低头不语。

有了章于天这个"榜样"，江西的其他文官也效仿于他，除了倨傲不恭，还纷纷向两人索贿，巡按董学成甚至强收了王得仁的侍女。

相对而言，金声桓还稍微好一点，王得仁可是被欺负惨了。是可忍，孰不可忍，混到这样的地步，王得仁再能忍也忍不了了。

王得仁想造反，可他一个人没有这样的实力，必须得拉上金声桓。金声桓虽然也有反意，但是他的家人都被押在南京当人质，不敢轻举妄动。

王得仁想了个主意，他串通了金声桓幕府的一位幕宾黄人龙，秘密向金声桓进言，说朱聿键并没有死，而是躲藏在五子寨。金声桓派他去找。

黄人龙则准备了两道假敕命，封金声桓为镇江公，王得仁为维新侯，金声桓大喜过望。

这年正月，恰好章于天突然带人跑去了瑞州搜刮当地富户，黄人龙又乘机进言：“巡抚这次去刮金是假，要对您不利是真。前几天，我听说省内数千北军大举调动，不知去了哪里，这次巡抚很可能是去和他们会合，将不利于大人。”

这时，金声桓的家人刚从南京来到江西过年，他没有了后顾之忧，于是召集部下将士，秘密商议，准备起事。

王得仁还不放心，他怕金声桓反悔，决定先发制人。他传令自己所部兵马把守住七门，包围巡按官邸，把巡按董学成抓了起来，押到金声桓那里，口称：“奉诏为此。”金声桓还没来得及搭话，王得仁就挥刀割断自己的发辫，并下令诸营全部去辫。

事已至此，金声桓只能顺水推舟，否则就面临着和王得仁当场火拼的局面，性命可能不保。于是，金声桓下令“反正”，出榜安民，复年号为隆武四年。

巡按董学成和副使成大业被绞死，金声桓和王得仁又派人在江里捉住了想要逃走的章于天，同时在城里搜捕满汉八旗，大开杀戒，“一时城中弃积如山”。

金声桓只是军事将领，政治分量不够，于是他把弘光朝的礼部尚书兼东阁大学士，与史可法、高弘图并称为“南中三贤相”的姜曰广请到南昌，作为政治旗帜。金家的族人，都封为都督，幕府宾客黄人龙为总制，王得仁的妻弟黄天雷为兵部侍郎。

1648 年（顺治五年、永历二年）正月二十七日，江西又重新挂上了明朝大旗。

这还只是个开始。

金声桓、王得仁反清后，第一步是先要得到朝廷的承认。

这时金声桓已经知道隆武帝遇难，永历帝继位。广西的永历朝廷正是一片惨淡，听到这个消息，不异于拨云见日，朱由榔册封金声桓为豫国公，王得仁为建武侯。他们梦寐以求的爵位，终于到手。

得到册封只是第一步，重要的是第二步——拿出点实际行动来。

不用朱由榔说，金声桓也懂得这个道理，最实际的行动当然是打回南京，收复北京。不过，这个目标太远，金声桓看了看地图——南京一时不好打，收复江西，看来还是有希望的嘛。

江西刚被清军攻下没多久，民心还是向着明朝。金声桓“反正”带来的影响是巨大的，江西众多州县就是金声桓打下来的，现在连这个清军急先锋都“反正”了，看来大明气数未尽啊，各地纷纷竖起“反清复明”的大旗。

吉安、饶州、袁州等地守将纷纷向金声桓效忠，他还没有出兵，半个江西就已经到手。还有不少州县正在摇摆，随时可能倒向金声桓。

清朝的江西巡抚朱延庆哀叹：“江西变乱之时，全省已无坚城。”

当然，指望江西全省主动归附是不现实的，金声桓还没有那么大的能量，该出兵还得出兵。

怎么出兵，往哪儿走，是个学问。

金声桓选择的第一站是九江。

九江是赣东重镇，左良玉就是在这里病故，左梦庚也是带着金声桓等部将在这里降清，它离南昌只有区区三百里，确实是志在必得。

二月初，王得仁奉金声桓之令，带兵进抵九江。事情出奇的顺利，九江总兵冷允登未作抵抗，大开城门，带着手下五千人投降了王得仁。

拿下了九江，王得仁乘势进军，湖口、彭泽先后被占领。

到这时，金声桓、王得仁的军事行动都非常顺利。

占领九江、湖口后，产生了辐射影响，邻省湖北、安徽等地的抗清势力风起云涌，形势一片大好。

这时候，金声桓面临着选择，下一步怎么走。

对他来说，有三个方案。

一是继续北上，打通长江流域的各地义师为己用，集结兵力，伺机攻取南京。

二是西取武汉，拿下湖广，这样可以和何腾蛟、堵胤锡等形成呼应。湖广比江西沦陷的时间更短，军心和民心也大有可为。

三是攻略赣南，拿下江西最重要的中心重镇赣州，首先稳固江西全境，再图谋进取。

这三个方案，看上去都不赖。

但是，军事行动不能光靠主观判断，还得根据客观情况不断调整，有时甚至必须作出与最初部署完全相反的决断或是壮士断腕的抉择。

谭泰出征

那么这时候，清军在干吗呢？

清廷还来不及反应，江西就已丢失了大半，残余的清军收缩防线，据守在赣州、蕲州一线等待救援。救援需要调兵，可是在湖广、安徽等地都出现了反叛的苗头，邻省的兵不能轻易调动，只能另想办法。

直到一个多月后，多尔衮才给安排明白。他派遣谭泰为征南大将军，带领北方的八旗兵马赶赴江西。

别被谭泰的名字迷惑了，多尔衮派出的镇南大将军铁定是八旗将领，而且是满洲八旗，谭泰正是多尔衮的心腹将领。

谭泰名叫舒穆禄·谭泰。从姓氏上就可以看出，满洲八大姓之一的舒穆禄氏子弟，地位肯定不会低。

舒穆禄氏是个古老的姓氏，其先祖为回鹘述律氏，在辽朝曾显赫一时，最著名的就是辽太祖耶律阿保机的皇后述律平。辽朝时期，述律氏的汉姓是萧，萧姓在辽国的重要性，读过金庸先生《天龙八部》的都应该知道，到元、明时期改汉译为舒穆禄氏。

舒穆禄·谭泰，满洲正黄旗人，清朝开国元勋、一等大臣扬古利从弟，旗内地位崇高。

谭泰是老资格的八旗将领，屡次战胜明军，创下过连胜十三场的纪录。

他干过最露脸的事，是在松锦之战中以四百兵力切断明军归路，生擒洪承畴。

入关后，谭泰主要在对付李自成，在庆都之战和真定之战中都曾大破大顺军。

到了 1648 年，谭泰五十六岁，爵位已经升到了一等公，仅位于王爵之下。

从以往资历可以看出，谭泰是一员狠将。

本来五十六岁的年纪，该在京城享享福了，战事交给下一代的博洛、勒克德浑去打理就好，可这金声桓实在不让人省心，还得劳烦老将谭泰出马。

这正是多尔衮的用心所在，派谭泰出马，说明他对江西的重视。

跟随谭泰出征的，还有镶白旗满洲固山额真何洛会——这也是个名人，我们以后会介绍。另外还有降将刘良佐。

多尔衮还不放心，又命令南京的固山额真朱马喇、江南总督马国柱领兵溯江而上，在安庆府同谭泰军会合。

同时，多尔衮又作出部署，命令正在湖南的孔有德、耿仲明、尚可喜三王率部撤回汉阳地区，目的是防止湖广很可能出现的叛乱。

多尔衮一通操作，调兵遣将，把清军给安排明白了。金声桓也是有上司有组织的人，他的上司们——永历朝廷的决策层又在干吗呢？

多尔衮在北京布置妥当，八旗新老将领谭泰、何洛会已经领军出征。

这时候，金声桓和王得仁已经占据了九江口的黄梅、彭泽等地，控制了长江航道。

这是个关键的时间点，金声桓需要作出选择，下一步怎么走？

相比清朝决策层的针对性调度，永历朝廷却无所事事，既没有给金声桓下达明确的指令，也没有派大员空降九江，居中筹划。朝中几个实权大臣，不管是稍有能力的，如瞿式耜、堵胤锡，还是没有能力的，如何腾蛟，仿佛并不与金声桓身处同一颗星球，这真是怪事。

当然，说他们毫无动作，也不全对，我们还要具体结合接下去的事情再讲。

金声桓这边，既然没有上司做主，那就只好自行其是。前面说到过三个方案，也就是：

一、继续北上，集结兵力，伺机攻取南京。

二、西取武汉，拿下湖广。

三、攻略赣南，首先稳固江西全境，再图谋进取。

在没有后援和上司的情况下，金声桓召集部下开会，明确下一步的动作。会议结果，在金声桓的“总督”黄人龙的力主下，采取了第三个方案，也就是进军赣州。

为什么要攻赣州，黄人龙说得有板有眼，抬出了明武宗时期的“宸濠之乱”来作为反面教材。

明武宗正德十四年（1519 年），宁王朱宸濠在南昌发动叛乱，聚众十余万，自率舟师蔽江东下，略九江、破南康，出江西，攻安庆，欲取南京。

是不是很眼熟，这跟金声桓的第一个方案很像。

但是，朱宸濠忽略了一个地方——赣州。那里驻扎着一个“神人”：汀赣巡抚、佥都御史王守仁（王阳明）。

当时，朱宸濠和这位巡抚并不熟，也不知道他会被后世奉为“圣人”。不过，王守仁很快用行动让朱宸濠认识了自己。

一个月内，王阳明就以不多的兵力抄了朱宸濠的老家南昌，逼迫他回兵来救，并在南昌城外击败叛军。朱宸濠当场被生擒，宁王叛乱迅速被平定。

黄人龙列举宁王的例子，是提醒金声桓，您要是不先拿下赣州，小心重蹈朱宸濠的覆辙。

赣州的重要性，在隆武帝遇难前就已经说过。它联结广东、福建、江西、湖南，对此时的永历朝廷来说，其意义独一无二。

打通赣州，湖南的何腾蛟、堵胤锡，广西的瞿式耜和江西可以连成一片，最最关键的是，还影响到即将在广东“反正”的李成栋。如果赣州被攻克，明朝几乎就恢复到了隆武时期的版图，如果再算上随后在山西“反正”的姜瓖和在福建出兵的郑成功，要说光复南京，再也不是痴人说梦。

无法攻克的赣州

那么金声桓有实力攻克赣州吗？从兵力上看，还是有的。

这时金声桓手下有水陆大军二十多万，还有驻扎在九江王得仁的十多万兵马，加起来有三十多万大军。按照惯例，三十多万人有水分，按比例来说，至少一半以上的战兵是有的。

那么，赣州城内有多少清军呢？七千人。

镇守赣州的是清朝南赣巡抚刘武元。刘武元这个人，本来不起眼，可他因为赣州的存在，即将成为万众瞩目的焦点。

刘武元，辽东人，原本是明朝游击，天聪五年（1632 年）在大凌河跟随祖大寿降清。降清后，刘武元被编入汉军镶红旗，从天聪五年到顺治五年，十八年过去了，刘武元也跟众多降清的明将们一样，跟着入关，跟着打仗，跟着立功，跟着升职，走得四平八稳，直到顺治三年（1646 年），晋升为南赣巡抚。

在南赣巡抚任上，本来籍籍无名的刘武元却迎来了人生中最高光的时刻。

刘武元即将迎来金声桓的进攻，可他的手下却只有七千人马。具体配置是：南赣总兵胡有升手下有五营人马，每营一千人，总共五千人，还有将领高进库和徐启仁各统一营，也是每营一千人。

这七千人，要面对的是金声桓统率的天文数字一般的二十万大军。

从数字上看，刘武元必败，问题只是能撑多久。

雪上加霜的是，金声桓兵临城下之后，赣州右协副将徐启仁在对面招降之下，乘着出城交战的机会，带着一千部下直接投降了金声桓。很快，赣州外围的南安、南雄等地都投降了金声桓。刘武元和高进库、胡有升等只得带领剩下的士兵退入赣州城，凭险据守。

金声桓在三月十九日抵达赣州城下，不日开始攻城，攻到四月二十二日。一个多月过去了，只剩六千守军的赣州城还是没能攻克。这期间，王得仁又带来九江的兵马增援，明军达到了二十几万人，却还是无法攻克一座赣州。

是清军太善守，还是明军太无能，有必要分析一下。

赣州，是非常特别的一座城池，

要问冷兵器时代哪座城池最坚固，答案必定众说纷纭。历史上著名的守城战多如牛毛，但其中必定少不了一个名字——赣州。

相比其他坚城，赣州的坚固更是实至名归，因它在历史上经受过诸多考验，却几乎难以被正面强攻所攻克。

因此，赣州也得名“铁城”。

赣州地理位置相当重要，它联结广东、福建、江西、湖南，拿下赣州就能打通几省，所以它向来都是一处军事重镇。

看看历史上赣州的攻守战。

南宋末年，文天祥在江西起兵抗元，一度攻下汀州、兴国，围困赣州。元兵据守，天祥不能克，随后元将李恒分兵援赣，击败文天祥。

元末陈友谅派将领幸文才率兵围赣州，城内守将是元将全普庵撒里、哈海赤。天完红巾军围城四月，数度强攻，始终无法攻克。最后是城内粮尽，城外无援，守军哗变，杀死了全普庵撒里，缚哈海赤出降，红巾军这才拿下赣州。

数年后，攻守易势。朱元璋派大将常遇春攻赣州，守将是陈友谅部将熊天瑞。攻无不克的常遇春在赣州城下也一筹莫展，除了围困别无他法。半年后，熊天瑞力尽无粮，不得已出降，朱元璋这才拿下赣州。

赣州从此归明，直到明末。

话说回来，赣州这么难打，又是怎么落到清军手里的呢？

事实上，清军也不是正面攻下的赣州。

顺治三年（1646年）九月十九日，清军击溃赣州外围明军后包围赣州，隆武朝大学士杨廷麟、督师万元吉退进城内固守。

清军以副将高进库、冯君瑞攻南门，副将刘伯禄、贾熊、白元裔、何鸣陛攻东门，副将徐启仁、杨武烈、崔国祥攻西门，副将李士元等攻龟尾，多点同时进攻。

在此之前，明军增援赣州的各路兵马已经被击退，这时城里只有兵卒五千多人。

不过，明军还是以劣势兵力挡住了清军的攻势，坚持到了十月初四。

因长期守城，士兵疲惫松懈。十月初四夜深，清军乘守堞士兵不备之机，登城折垛，蜂拥入城。

黎明，赣州城终于被清军占领。

可以看到，即使清军在战斗力和兵力上都有优势，也没能通过正面进攻直接攻下赣州，而是采用了特种作战的方式才得以拿下，赣州城的坚固可见一斑。

事实上，在防守赣州的时候，明军犯了战略上的错误，不然赣州也很难落入清军之手。

孔有德带领清兵攻略赣南时，赣州必须被拔除。隆武朝廷也意识到这一点，在清军向赣州进军时，明军先后调拨了广东、湖广、云南、江西各部兵马云集赣州城外，数量达到四万多人。

但是，在军事经验不足的督师万元吉指挥下，明朝援军被清军各个击破，最后全部撤离，赣州就此成为一座孤城。

如果万元吉的战略眼光能放长远一点，挑选精锐进入城内，同时广置粮草，巩固城防，做长期打算，而不是在城外跟清军死磕，赣州也将极难被攻克。

赣州城为何如此难打，这要从历史上说起。

赣州城始建于东晋永和五年（349 年），由东晋南康郡太守高琰夯土而筑，经过历代不断修缮加固，城墙最高处达到 11~12 米，厚度 7~8 米，并且护城河、墙垛、城楼、警铺、马面、炮城等设施一应俱全。这个城防配置，已经可以媲美北京城。

如果只是城墙坚固，在重兵四面围攻的局面下，同时城内守军过少，也难以抵挡。

赣州城的特别之处，在于它是一座三面临水的城池。

这个临水不是指的护城河，而是指的三条江，章水、贡水在赣州汇聚成赣江，赣州城正修建于三水交汇之处。

这样独特的位置，使得它的护城河实际上就是三条江。江水湍急，水流和宽度都不是人工挖掘的护城河可比，这样守军就只需集中注意力在陆地的一面，其他三面城墙留少量兵力看守即可，这是赣州屡屡能以少量兵力抵挡住大军围攻的要点。

尤其在北宋嘉祐年间（1056—1063 年），虔州（赣州旧称）知州孔宗翰为防江水冲击城墙，又以铁水浇固城墙石基，并以砖石全面改砌城墙。

如此一来，挖地道等方式也难以威胁到赣州城墙。

因此，赣州在冷兵器时代，成为攻方的梦魇。基本上，只要守军不犯大错，在城内粮食充足的前提下，攻方都很难直接攻克赣州。

有清一朝，赣州城又被不断加固，兴建起了五座炮城。咸丰年间，已是冷热兵器混用时代，太平军曾两次大张旗鼓地攻打赣州，都告失败。

从冷兵器时代到近代，赣州都被称为铜墙铁壁，“铁城”赣州确实名不虚传。甚至可以说，从明清到近代，赣州是最难以被攻克的城池。

时至今日，国内现存的大部分城墙都是明朝时候兴建的，唯有赣州三千六百米的北宋古城墙依然得以留存，并且八境台、西津门等炮城仍保持完好。

这些城墙、炮台不仅成为今天的游览景点，而且至今还在为赣州防洪发挥重要作用，赣州市政府每年还会拨出一定的经费来维护古城墙。

回到金声桓这里。从 1648 年三月中旬到四月二十二日，金声桓督师猛攻一个多月，还是没能攻下赣州。

虽然赣州城是铜墙铁壁，但守城的清军却还是血肉之躯。虽然城池还没有失守，但是在绝对劣势兵力面前，守军也已经快坚持不住了。南赣总兵胡有升在事后的报告里说：“（金声桓）重挖深濠，重筑营城，层层围困，意在不克不休。我兵内绝粮草，外无救兵……势难久待。”

重重围困之下，必定粮食短缺，城内的米价已经飞涨到四十五两银子一石，相当于四两半银子一斤，并且有价无市。胡有升被迫把战马屠宰给士兵充饥，其实赣州已经危在旦夕。

金声桓、王得仁在赣州城下猛攻，清朝当然不会闲着。四月下旬，征南大将军谭泰率领的满汉八旗军队已经进入江西。在老将谭泰统领下，八旗军继续发挥他们的速度优势，兵分两路，同时开花。四月三十日，何洛会攻占饶州；五月初一，谭泰攻占九江；五月初七，清军前锋已进入南昌府境内。从时间上来看，清军一天也没有浪费。

这时赣州城内清军已濒临弹尽粮绝的局面，如果继续围攻，十天半月内，金声桓应当可以拿下赣州。但是，南昌是金声桓的大本营所在地，军队家属、资产全在那里，一旦失守，就算拿下赣州，军心恐怕也无法挽回。

权衡利弊之下，金声桓只得下令撤围，全军退保南昌，希望先扛过谭泰的这一波攻势。

明军在五月十九日返回南昌。六月初，谭泰挥师抵达。王得仁领军出战，在七里街被击败，退回城内。

谭泰继续进军，七月初十，清军扫清附近州县，驱使数十万百姓在南昌城外开挖壕沟。八月初九，一条宽七米、深七米的巨大壕沟出现在南昌城下，切断了南昌同外界的联系。

为什么要费时费力地挖掘这么大的壕沟，这正是谭泰的老谋深算之处。作为江西府城，南昌同样是座坚城，城内兵力更是不少。如果清军强攻，万一损兵折将，城池攻不下不说，还可能被城内明军反杀，赔了夫人又折兵。

挖掘壕沟，一是为了长期围困作打算，二是给清军以据守的支点，瓦解明军从城内发动的攻势。随后的事实证明，谭泰这步棋走得很绝。

梳理一下时间，这时已是八月初，从金声桓起兵到南昌被围困已经过去了七个多月。除了江西，这时的天下局势又有什么变化呢？确实是有的，而且是惊天巨变——广东的李成栋“反正”了！

李成栋“反正”

李成栋之前讲得不少，相比金声桓，他更加有名，实力也更强。他从浙江一路杀到广西，上演了智取广州城的好戏，又把永历帝在广东、广西之间撵来撵去，成为永历朝廷闻名色变的人物。

尤其是李成栋在南征北战中杀戮甚重，从嘉定到广州，他的名字能止小儿夜啼，这样的人物也会“反正”？他是基于什么样的心理？又有什么目的？

要说清李成栋的“反正”，佟养甲不可不提。

佟养甲，出自辽东佟氏家族。后金在辽东逐渐崛起后，佟氏家族归附了努尔哈赤，成为汉军正蓝旗的成员。

辽东佟氏，远远不止佟养甲这个名字。佟家原本是汉姓，由于与后金的亲密关系，后来被收入八旗，成为满姓，也就是佟佳氏，位列满族八大姓之一。

在后金与清初，佟氏出了许多重要人物，比如后金开国“五大臣”之一的扈尔汉，清初重臣佟养真、佟养正、佟养性、佟国纲、隆科多，康熙皇帝的生母孝康章皇后等，在康熙朝被称为“佟半朝”。

佟养甲本人则是在1645年清军入关后才入朝为官，因为家族的关系，他得到信任，被视为自己人，并参与了多铎南下攻灭弘光朝廷。

第二年，佟养甲就被任命为清军统帅，与李成栋一起南下攻略福建、广东。

这里我们还要注意到多尔衮如此任命的含义。

入关后，由于兵力的欠缺，光凭满蒙汉八旗十几万人显然无法既防守已占领地区，又出兵攻打大顺和明朝的地盘。对于志在统一中原的多尔衮来说，重用明朝的降兵降将成为必然的选择。

但是，用归用，多尔衮的内心，并不真正信任这些人，所以在他们身边，都安排了自己的心腹八旗将领。他们的身份相当于监军，其实也就是军队实际上的最高统帅，拥有最终否决权。

像吴三桂身边的李国翰，孔有德身边的佟养和，都是如此。

在李成栋身边，他安插的就是佟养甲。

明白了这层关系，也就明白清朝攻占广东后对两人的封赏。

闪电平定广东，灭亡绍武朝廷，居功至伟的显然是军事统帅李成栋，因为佟养甲并不是职业军人，军事谋略多倚仗的是李成栋。

不过，事成之后论功，李成栋仅仅得了个两广提督，而得到两广军政一把手位置的，则是晋封为两广总督的佟养甲。

两广提督，看上去似乎也不赖。不过，这其实只是比李成栋之前历任的江南巡抚、广东提督高了一个级别而已。

不过，职务上的高低还不足以成为李成栋“反正”的原因。他之所以举起“反清复明”的旗子，还要结合他以后的动作来进行分析。

1648年（顺治五年，永历二年）三月十七日，李成栋在广州正式举旗反清。他命令手下剪掉辫子，换上明朝服装，拿出私藏的明朝两广总督大印，改用永历年号。

有了他这个明朝的两广总督，清朝的两广总督佟养甲就成了“冒牌货”。李成栋命令手下，清洗广州全城的一千多名八旗士兵，全部处死，不过李成栋并没有杀佟养甲，只是胁迫他跟着“反正”。性命交关之下，佟养甲违心地选择了同意。

我们讲李成栋或是金声桓“反正”，往往目光只聚集在他们一人身上，但实际上，这其实也是他们所代表的集体的选择。否则，李成栋再强，如果得不到下属的支持，他的“反正”就是镜花水月，即使一时能成功，恐怕号令也难出广州。

李成栋之所以能“反正”成功，一个重要原因就是得到了部下的支持。在广东，这时驻守的清军都是汉军，也就是绿营，佟养甲带来的八旗军不过千人，远远无法控制局势，这给了李成栋成功的条件。在《三水县志》里，对李成栋“反正”的过程有详细记录，也证实了这点。

三月十七日黎明，成栋密令兵齐集教场，哗言无粮，欲为变。自诣总督，请养甲亲出拊循。养甲出城，铁骑布满城外，马步五万余，拥之大噪。成栋先取其总督印握之，三军欢呼，同时割辫。养甲亦自割辫，即时出榜，以反正晓谕吏民，用永历年号。

李成栋“反正”后，永历帝下诏封他为广昌侯。没多久，永历帝觉得这个官还不够大，不足以表彰李成栋的贡献，又将他封为惠国公。要注意的是，这都是永历朝廷主动封的，而不是像之前的刘承胤那样，自己伸手要的。

这时出现了一个问题，就是皇帝该待在哪儿办公。

朱由榔颠沛流离，永历朝廷朝不保夕，“京师”这个概念是不存在的，只有临时办公的“行在”。之前，朱由榔被李成栋撵来撵去，从肇庆逃到梧州，又从梧州逃到桂林，这时候，逃脱刘承胤的魔爪还没多久，正在南宁临时办公。

从条件上看，当时的南宁与广州无法相比。李成栋“反正”后，广东全省兵力雄厚，军事上也更能保证永历帝的安全，于是他奏请永历帝移跸广州。

这时朝廷里不信任李成栋的大有人在，加上派系问题，许多人都不同意把朝廷迁往广州。争论之下，得出一个折中的方案，以朱由榔继位的肇庆为行在，这样既给了李成栋面子，也给了朝中官员面子，总算达成了一致。

八月初一，朱由榔抵达肇庆，李成栋正式朝见自己的新皇帝，并准备好了吃穿用度，给永历帝当见面礼。

从地图上看，这时候的永历朝廷，又重新拥有了两广之地、江西大部和福建的部分地区，重新连成了一片，差不多可以恢复到 1646 年的局面，应该是大有可为，中兴有望。

但是，从时间上看，这里面隐藏了一个极大的问题。

金声桓、王得仁所部在 1648 年正月底“反正”，二月初出兵，三月中旬围攻赣州，四月底撤围赣州。

李成栋在三月中旬“反正”，八月初一把永历帝接到肇庆。

问题就出在三月中旬到四月底这一个半月左右的时间。

广州到赣州有八百多里，按照当时正常的行军速度，八天到十天可以赶到；如果是急行军，这个时间可以缩短到五天到七天，而速度正是李成栋之前赖以取胜的法宝。

这段时间，正是金声桓等人在围攻赣州之时。如果李成栋能在这时从广东出兵，就算不跟金声桓一起合兵攻打赣州，也可以兵出广东，攻取福建，威胁浙江，与江西呼应。多尔衮已经抽调八旗兵马救援赣州，东南方向再受到威胁，他将顾此失彼。

这宝贵的一个半月时间，并没有被李成栋利用起来。我们或许可以将其理解为需要时间控制广东、稳定局势，或是得到永历朝廷承认后才方便行事。

客观上，这至关重要的一个半月，就这样被白白地浪费了。

这实际上就是个与时间赛跑的问题，如果跑得快，拿下赣州，则形势一片大好，才真正可以称得上中兴在望；如果跑不过清军，拿不下赣州，这座坚城还将在后面让明军一再吃到苦头。

李成栋也不是全无行动，他曾多次派出使者给赣州城内的清军守将，寄希望于将他们招降。城里的刘武元、胡有升、高进库等人滑头得很，他们看出如果李成栋出兵，赣州必下无疑，于是采用缓兵之计。他们不断地回信告诉李成栋愿意投降，暗中却加紧抵抗的准备，甚至在金声桓撤退后，又出城抢收粮食，加固城防，做好长期抵抗的准备。

到了八月，李成栋意识到招降无望，金声桓早已在谭泰的威胁下退守南昌，他才点齐广东兵马，正式出兵。但是，这时候已经耽搁太久，金声桓、王得仁已经被谭泰围困在南昌城内，动弹不得。

当时广东“反正”，士气高涨，李成栋手下算得上兵精粮足。

李成栋也面临着和当初金声桓同样的问题，打哪里？

李成栋的选择

打哪里确实是个问题。

李成栋出兵的时候，已经是1648年八月初，赣州已经被清军解围，金声桓正被谭泰包围在南昌城里。这时候，他有几个选择。

一、就近出兵赣州，广州到赣州不远，很快就能杀到。

二、出兵福建，拿下福建全境，然后可以选择支援南昌或是从背后回头拿下赣州。

三、绕过赣州，先解南昌之围。

不论是哪个选择，我们可以看到，绕不开的还是赣州。赣州就像一根刺，戳在喉咙里，不解决它，如芒刺在背。

李成栋是个老兵，他决定先打赣州，拔下这根金声桓没能拔掉的刺。

实际上，对于他的决定，并不是没人有异议。

礼部主事钱秉镫曾经向他建议，赣州城内现在清军兵力有限，自守尚且困难，无力再发兵出城，只要留一支兵监视就足够了。李成栋的大军可以兵分两路，从吉安和袁州两个方向向南昌进军。城里的金声桓、王得仁正苦盼援军，如果李成栋兵到，里应外合，一定能打破清军的包围。随后双方可以乘势合兵，直下江南，传檄可定。

所以，他认为：救江西为今日中兴之急着，舍赣州而径下尤为今日救江西之胜算也。

在当时的情况下，很难说谁对谁错。李成栋或许是自恃兵强马壮，不把赣州城放在眼里，认为自己很快就能拿下赣州，所以并没有采纳这个建议。

客观来说，李成栋确实有很大的希望能打下赣州，然而从事后的结果来看，显然他错了。

九月下旬，李成栋的两路大军终于逼近赣州。十月初一，扎下营寨，开始攻城，“连营数十余座，炮火连天，环攻彻夜”。

赣州城内，还是那些清军，刘武元、胡有升等都是老面孔，所不同的是，经过了金声桓的围攻，赣州守军已拥有了相当的守城经验。并且，他们利用金声桓撤走，李成栋还未出兵的这个时间差，抓紧在城里储备粮食，加固城防，补充兵员，相比之下，赣州城比之前更加难打。

城里的清军甚至还有了主动出击的动作。他们乘李成栋主力未到，立足未稳，从几个城门同时杀出，竟然击退了城下的明军前锋，迫使他们撤回南安。前锋失利，明军一时士气受挫。

清军这次反击，在战术上来看打得很漂亮。明军包括军夫在内，损失了大约一万的人员，还有许多战略物资，并暂时遏制了李成栋的攻势。

即使如此，在大军压境之下，赣州城还是危在旦夕。虽然得到了一点补充，但城里还是只有五六千兵力，能击退明军很大程度上是因为对方轻敌加上运气好，这点兵力想要守住赣州，还是远远不够。

李成栋这时的动作也有点让人摸不着头脑。他在八月初出兵，十月初前锋才抵达赣州城下，本身速度就已经慢如乌龟，和他身披清军制服时不可同日而语。

在城下吃了个小亏后，李成栋竟然就返回了广州，并且一直待到除夕，和永历帝在肇庆过了个年。直到第二年的正月，他才再次率军北上，二月下旬，又进入江西。

这一下子，又过去了将近四个月。

在这几个月的时间里，南昌的局势已经彻底崩坏。

谭泰从七月初十开始包围南昌，金声桓、王得仁并没有坐以待毙，他们数次带领兵马杀出城外，想要冲破清军的包围圈。

这时候，谭泰之前下令挖掘的超大型壕沟的作用就显现了出来。

壕沟宽达六米，深也达六米，既无法从上面跨越，也不能从下面攀登。要突破这条壕沟，只有两个办法：破坏它，或是架桥通过。

如果是平时，这沟也算不了什么，拉上点人，分分钟就填平了，问题是现在壕沟成了清军的屏障，不要说填坑，就连想接近也接近不了，只要进入射程，清兵就是“弓箭 + 火枪 + 大炮”的组合套餐。

城里的明军尝试了不下十次，都无法突破火力网。

这就是谭泰的老谋深算，也是金声桓与他的差距之处。

如果在壕沟未成之前，金声桓集结主力与清军决战，或许还有希望，但困守城里，坐视清军把工事挖掘完毕后，城里的金声桓就成了困兽。

他现在所能指望的，就是有援兵来救南昌。

这个机会曾经出现过，而且不止一次，但都被李成栋放弃了。

还有一部明军，是何腾蛟的手下，他们原本被孔有德压迫到了湖南、广西交界一带，过得很艰难。孔有德撤退后，何腾蛟重新获得了空间，他在湖南闹出了点动静，收复了全州、永州、衡州、常德等地。但是，从何腾蛟以往的举动来看，指望他来救南昌是更加没可能的事。

金声桓只剩下了绝望。

被围攻近半年后，南昌城出现了所有长期被围困城市都会出现的问题——粮食短缺。

城里的米价先是涨到六十两银子一石，然后继续疯涨十倍，涨到了六百两银子一石的天价，因为没有米了。

许多人开始吃不上饭，甚至“杀人而食，拆屋而炊”。

许多人无法忍受饥饿，从围城中逃出，却被清军不论军民一一捕杀。

熬到了永历三年（1649年）正月十八日，谭泰估计城里的明军已无力抵抗，下令攻城，第二天南昌就被攻破。

金声桓身中两箭投入帅府荷花池内自尽；大学士姜曰广投水而死；王得仁奋力巷战后被擒，随即被杀。

一度轰轰烈烈的金声桓、王得仁“反正”，在坚持近一年后宣告失败，江西随即再次被清军平定。

再回顾一下金声桓、王得仁的所作所为。许多人认为他们是见利忘义之徒，虽然最后“反正”，也是由于利益分配不公，并没有多么高尚。

这种说法，我并不完全认同。

利益纠葛确实存在，但多少也要看到，还是有民族大义的成分在里面。

结合他们“反正”后的表现来看，即使没有得到永历朝廷的任何支援，一度也在江西干得轰轰烈烈。假使永历朝廷能派兵派人策应，赣州很快就能攻下。

如果攻下了赣州，拿下了江西全境，又该如何看待他们呢？

中兴名臣？或许还谈不上，但至少会比现在的认知强上很多。

他们在南昌被包围时，两个月不到的时间就组织了九次出战，其中至少有六次是亲自带队。守城也不算完全没有战果，八旗一等梅勒章京觉罗顾纳岱在攻城时中炮阵亡。

这至少说明作战还算英勇。

两人在最后时刻的表现也算可圈可点，一个力战重伤，投水自尽，一个不屈被杀。

不管怎么说，两人还算是条汉子。

李成栋之死

在广东这边，李成栋在初次出兵浅尝辄止后，又休整了两个多月。永历三年（1649 年）二月下旬，他终于再次率兵进入江西。

或许对于李成栋来说，这次战争才刚刚开始，自己有的是时间大展手脚。

他不知道的是，留给他的时间已经不多了。

几个月前，李成栋已经错过了最好的机会，没能攻下赣州，也没有发兵救援金声桓。到了这时候，南昌已被清军攻克，金声桓、王得仁被平定，征南大将军谭泰腾出了手来，正好专门对付李成栋。

李成栋进入江西后，首先派兵清除了赣州周围的一些州县，自己则驻扎在信丰居中调度。

而在赣州的清军，已经得到了增援。增援来自谭泰手下的梅勒章京胶商等统领的军队。

这些不是绿营兵，而是正红旗与正白旗的八旗兵。

得到了增援，清军士气正旺，不再甘于困守城内。商议之下，他们决定保持上一次的优良传统，主动出击，再给李成栋点厉害瞧瞧。

二月十六日，清朝满汉混合部队悄悄从赣州出发，向李成栋所在的信丰直扑而去。

三天后，清军就攻破了信丰外围阎可义部的营寨。二十九日中午，清军进抵信丰城五里开外，离兵临城下只有一步之遥。

李成栋挥军出战，却在城外被击败，退入城内，清军随即开始攻城。

信丰是座小城，它在今天是赣州所辖的一个县，当时它的城墙只有三五米，防御脆弱，与南昌、赣州等重镇完全无法相比。

李成栋进入江西时，手下还有十几万兵马，但这时在信丰的并没有这么多。因为许多都被他派出去扫清赣州周围的州县，同时小小的信丰也无法供给这么多部队。

这时遭到突袭，对面又是明军闻风色变的八旗兵，城内人心浮动，军心不稳。

这时李成栋有三个选择。一是率军出城，与清军决战。但明军之前刚被击败，很难有把握击败清军，这个方案的成功性不大。二是坚守待援，等待周围明军聚拢，里应外合，攻破清军的包围。这个方案取决于信丰城能守多久，如果能支持几天，明军应当可以回援，到时候击退清军的可能性不小。

信丰能守多久呢？从李成栋的选择看，应该是很快就会被攻破，因为他选择了第三个方案：突围。

突围本身是军事行动的一部分，是对是错，首先要看结果。

李成栋的突围选择是信丰城的东门。

东门外有一条江——桃江。桃江是赣江支流，发源于全南县境内最高峰饭池嶂，汇聚太平江、渥江、濂江后直入信丰境内。

桃江虽不小，水却不深，一般情况下，可以直接涉渡。但是，当时正值桃江水位上涨，涉渡变得困难，正因为这样，清军围城没有在东门布置大量兵力，只是在南门、西门、北门外挖掘壕沟，布置工事。

虽然涉渡困难，但还是可以涉渡的。当晚，李成栋就带兵出东门突围。

正值夜间，天又下雨，明军一心逃离，毫无队形可言。得到消息的清军尾随追杀，明军失去了组织，各部乱窜，被清兵一阵好杀，损失惨重。

如果只是损失些兵马，倒还罢了，逃脱的明军撤退到大庾岭清点人数才发现，找来找去，主帅李成栋不见了！

李成栋去哪了呢？原来他在撤退时，竟掉到江里落水而死。

关于李成栋的死，历来众说纷纭。基本上，虽然没能找到李成栋的尸首，但是落水而死的说法也没有疑问。

疑问是，作为主帅的李成栋，即使撤退慌不择路，旁边肯定也有众多亲兵护卫，怎么会落水却没人发现？

明军没发现，清军也没发现，只是在战后兵丁报告说，在河滩"捉获大马一匹，镀金鞍辔俱全，送营报验，审问活贼供称系李成栋骑的战马，随验明转解江西报功"。

有说法称，李成栋突围前饮酒大醉，突围时一片混乱，骑不稳马而落水。

也有说法称，李成栋是与清军力战落单，随后慌不择路而落水。

甚至还有说法称，李成栋心灰意懒，隐姓埋名，从此隐居。

相较之下，我倒觉得第三个说法好像更靠谱一点。

不管怎么样，李成栋就此消失了，生不见人，死不见尸，就像当初的李自成一样，从此世间没了他这一号人物。

何腾蛟的行动

李成栋和金声桓一度闹得轰轰烈烈，却始终没得到永历朝廷的任何实质性支援。如果能得到援兵，局势很可能不会落得这般模样，至于原因，则要提到何腾蛟。

何腾蛟原本已被孔有德压缩到湖南和广西的交界地区，打算形势不对就立即撤入广西。但是，金声桓的"反正"将他的压力消弭于无形。孔有德得到命令，撤出湖南，率部入卫，稳定局势，相当于清军收缩战线，主动放弃了湖南。

这样的机会再不抓住，那就是傻子。

首先发动的是堵胤锡，他带领部下马进忠等部在1648年四月十八日出兵，二十四日就收复了常德。

何腾蛟也不傻，五月二十七日，他率部攻下全州，直逼永州。

但是，在这期间，他又整出了幺蛾子。

当初，在盘踞全州的刘承胤麾下，有位将领名叫陈友龙。陈友龙是南直隶人，以敢于砍人出名，被称为“陈阎王”。

刘承胤降清后，陈友龙被派驻靖州城外。1648年四月，天下局势剧变，湖南受到江西影响，到处不乏反清义士。四月十五日，陈友龙率领部下，会合周边的义军，攻打靖州，“合苗、徭诸山峒赤脚椎髻之徒，蜂拥靖州城下，火炮如电，戟列如霜”。

在城内守将杨文义的接应下，第二天就攻克靖州，击杀清朝副将贺进才。

陈友龙乘胜进军，到八月初五，已经攻克了黎平、武冈、宝庆等地。

这时候的湖南局势，明军有三路兵马同时在出兵，克复州县。其中，声势最大的，不是何腾蛟和堵胤锡，而是陈友龙。

眼看湖南恢复不难，难的是这个“克湘”首功，应该归谁。

何腾蛟官职最大、兵马最多，但从形势上看，陈友龙正干得热火朝天，眼看就要集结兵力围攻长沙。长沙的清军——应该说是绿营，已经丧魂失魄，很可能被一举拿下。

如果长沙被陈友龙拿下，何腾蛟就尴尬了，这个督师手握大军，还不如一个“反正”的将领，叫他情何以堪。

更关键的是，何腾蛟和陈友龙还有过节。

陈友龙当初是刘承胤的部下，刘承胤和何腾蛟虽然是儿女亲家，但是闹得非常不愉快。为了争权，刘承胤甚至一度想要暗杀何腾蛟。并且，陈友龙曾经奉命带兵进攻何腾蛟的老家贵州黎平，俘虏了何的家属。

有了这样的过节，以何腾蛟的气量，再让陈友龙抢了首功，那是他无论如何也不愿接受的。

何腾蛟既要抢功，又想着报私仇，但眼看着陈友龙即将进军长沙，抢是无论如何也抢不过了。

这难不倒何督师，他另有办法。

陈友龙部驻扎在靖州，何腾蛟下令手下大将郝永忠，带兵北上，朝辰州进军，恢复辰州。

辰州和靖州都在今天的怀化范围内，要打辰州，必须经过靖州。郝永忠率部大摇大摆地来到靖州。

然后，对陈友龙发动了突袭。

我根本无法理解这种行为。何腾蛟之前被孔有德压着打，处境艰难。如今好不容易出现转机，全是拜金声桓、李成栋、陈友龙这些人所赐，他不去支援也就罢了，却反过来进攻自己这边的军队，这不是丧心病狂是什么？

如果要究其原因，或许很多，有为了抢功，有为了报仇，但这只是表面原因，更深的原因，还是在于他的思想。

关于这点，联系他随后的动作，能看得更清楚。

在何腾蛟、陈友龙都有所动作之时，另一位重要人物——堵胤锡并没有闲着。他先是率领所部马进忠、王进才等人出兵攻占了常德，又在四五月间接连收复了泸溪到东安的十五个州县。堵胤锡的兵力并不多，占地过多，开始捉襟见肘，于是他邀请蛰伏在夔东的“忠贞营”出山，与他一起进军收复湖南。

“忠贞营”于永历元年（1647 年）在荆州被勒克德浑击败后，实力大损，退入大山中休整，到这时候，基本恢复了元气。于是，李过——现在他已改名叫李赤心，高一功——他也改名为高必正，率领“忠贞营”，全营开到常德，从十月下旬到十一月初，先后收复益阳、湘潭、湘乡、衡山，多次击败清军。

至此，长沙府属十二个州县已经被明军收复九座，只剩下长沙和浏阳仍为清军据守，长沙已成孤城一座。

十一月十一日，“忠贞营”已对长沙完成包围，开始攻城。长沙城内只有三千名清军，在巡抚线缙、总兵徐勇的督战下顽抗。猛攻五天后，长沙已摇摇欲坠，徐勇本人也中箭重伤，府城眼看不日将下。

这时，“忠贞营”突然收到一个匪夷所思的命令——要他们立即撤围，全军东进，支援南昌的金声桓。

这时撤围，相当于之前的努力付诸流水，东进增援金声桓，看似理由正当，却不顾战局形势。金声桓这时已被围近五个月，南昌城难以为继，随时可能失守。如果要增援，早就该派出援兵，这时候调走“忠贞营”，目的昭然若揭。

命令正是来自何腾蛟，他是名义上朝廷的最高军事指挥官，堵胤锡和“忠贞营”都要受他节制。

堵胤锡无奈，虽然机会难得，但是抗命的罪更加重，他只得放弃即将到手的长沙，拔营东进，走上前往南昌的道路。

清朝湖南巡按吴达在给朝廷的奏疏中说：“一只虎等贼于十一月十一日攻围长沙，危在旦夕，幸众将士血战，方得保全……长沙之围虽十六日报解，而其势益危。”

清军乘机出城抢粮，抢修城防，得到了喘息之机。

何腾蛟作出这个部署，还有个原因，就是他的情报不明。

郑亲王济尔哈朗

湖南已经被打光，只剩下个长沙，收复湖南已进行了几个月，就算当时没有电话，这样重大的军情，朝廷也早就了解。

除了派出谭泰出兵江西，多尔衮又派出了一支满汉混合大军，它的统帅来头更大——郑亲王济尔哈朗。

与谭泰相比，济尔哈朗更为大家所熟悉，他是努尔哈赤兄弟舒尔哈齐的第六个儿子，也就是清太祖努尔哈赤的侄子，与多尔衮是平辈的人物。

在职务上，济尔哈朗受封和硕郑亲王，是皇太极时代四大亲王之一，也是除多尔衮外唯一一位受“叔王”封号的人。

在皇太极死后，因为汗位之争，试图拥立肃亲王豪格的济尔哈朗曾经跌到谷底，被下狱论死。走运的是，后来济尔哈朗受到从轻发落，不久又被重新起用，并在之后立功甚多。

济尔哈朗职位既高，军事经验更不输于谭泰。他青年时期就跟随努尔哈赤南征北战，半生都在马背上度过。后金征服朝鲜，指挥官就是济尔哈朗，仅靠数千人马就一路砍瓜切菜，杀到平壤城下，迫使朝鲜国王签订城下之盟。

1648 年（顺治五年）九月十一日，朝廷任命济尔哈朗为定远大将军，统兵南下湖广“讨逆贼李锦”——这时，长沙还没有遭受攻击。

济尔哈朗南下，并不是一路太平。这时不光是南方，北方各地也频频爆发反清起义，在济尔哈朗的必经之路上，山东的李化鲸、李名让也已举兵。

李化鲸人如其名，水性极佳，善于泅水，并喜好结交绿林好汉，可以看作《水浒传》里“混江龙”李俊一样的人物。

虽然绿林中人文化不高，却极讲义气，并且对“反清复明”都报以支持态度。李化鲸因为水性好，被推荐给清朝官员帮助治理水务，1648 年，又被调到曹州充任副中军。

这时，山东有一支榆园军，声势浩大，聚众反清，清军兵力空虚，无力将其剿灭。

李化鲸原来是刘泽清手下，刘泽清投降后，被安置到北京，清廷没有给他实权，更没有兵权，刘泽清多有不满。

看到南方不稳，北方也到处爆发反清起义，刘泽清又动起了脑筋。他联络到李化鲸，两人密商后，确定八月十五里应外合，一起举兵造反。

事情不知道怎么走漏了风声，被河道总督杨方兴得知了消息，他决定对李化鲸动手，就以职务调动的名义调李化鲸任兖州守备，企图骗他离开曹州，以便动手。

莫名其妙被调职，李化鲸知道事情已败露，就在七月提前动手，起兵攻克了曹州、定陶等州县，山东附近纷纷响应。

山东离北京已经不远，山东有动静，清朝兵力再不够，也要立即镇压，否则让义军连成一片，就能威胁到北京。多尔衮下令调东昌府梅勒章京赖恼、沂州总兵佟养量、临清总兵宜永贵、保定总兵鲁国男、河南总兵高第、河北总兵孔希贵等部围剿，这已经是他能拿出的仅有的三省兵力，还大多是降将。

李化鲸的兵力大部分是义军，虽然勇敢，但战斗力和正规军还是有差距的，加上寡不敌众，所占州县纷纷丢失，最后被压缩到曹州，据城固守。清军虽然人多，但一时也无法攻克，形成了僵持的局面。

这时，济尔哈朗正好率兵出征，他随军带着红衣大炮。

这玩意儿咱们前面介绍了不少，围城的清军并不是没有大炮，不过红衣大炮只是个统称，它有多种型号。根据明朝的记载，千斤以上的被称为西洋一号炮，千斤以下的被称为西洋二号炮，还有五百斤的中炮，三百二十斤的小炮等型号，根据参数不同，威力也不尽相同。

济尔哈朗这样的级别出征，所携带的当然是重炮。顺路解决曹州的李化鲸，也是他的目的之一。红衣大炮运达，曹州的命运也就注定了。

十月初二，济尔哈朗大军抵达，开始攻城。十月初四，城破，毫无悬念。

李化鲸和刘泽清的三个侄儿被擒，济尔哈朗下令把他们押解到北京和刘泽清对质。

十月二十五日，刘泽清、李化鲸等人被处斩。

镇压了李化鲸，济尔哈朗继续南下，他的行军速度并不快，在十二月才到达湖北安陆。

在湖南，十一月十六日，何腾蛟就把“忠贞营”调走，替清朝解了长沙之围。按照正常思路来说，既然是为了争功，他调走“忠贞营”后，就应该立刻填上自己的部队，不给城里的守军喘息的机会，一鼓作气，攻下长沙，这才算真正地争到了功劳。

然而，何腾蛟却并没有顶上“忠贞营”的缺，因为他组织混乱，协调不出一支可以用来进攻长沙的兵力。

一时组织不到兵力，还可以理解，可是直到第二年（1649 年）正月，何腾蛟还是没能组织起兵力进攻长沙，这时离长沙解围已经有近两个月。

看来，何腾蛟的目的，只是阻止“忠贞营”立功，如果他不阻止，长沙早就被攻克。至于自己什么时候能打长沙，他也不知道。

在这期间，长沙城内的清军早就四处抢粮，并补充兵力，又修复了城防，“忠贞营”的努力相当于白费。

其实，长沙守军根本无须如此紧张，因为何腾蛟再也没有攻打长沙的机会了。

1649 年正月，济尔哈朗终于进入湖南。

消息传开，恐怖随之蔓延。

何腾蛟部下诸将对济尔哈朗的名字如雷贯耳。这位郑亲王参加了从努尔哈赤到皇太极时代的历次战役，对手包括了林丹汗这样的蒙古强人，熊廷弼、袁崇焕、满桂、祖大寿、洪承畴这些明朝名将，堪称活化石级别的八旗宿将。

入关后，击溃大顺军和南明各个政权的清军将领——阿济格、勒克德浑、尼堪等人，无论是资历还是职位，都无法和济尔哈朗相提并论。

济尔哈朗来了，何腾蛟顶得住吗？

耽误了三个多月，济尔哈朗从心腹地带调来的满汉八旗军终于进入了湖南。

这么长时间，何腾蛟照理应该早就得到军情报告，提前做好部署，但他直到前一年（1648 年）十二月才得到济尔哈朗正在向湖南进军的消息。

为啥这么慢呢？因为济尔哈朗出兵，在山东停留了一段时间，反而迷惑了何腾蛟，让他以为济尔哈朗只是带兵去平定山东一带的起义，不会千里迢迢地进军湖南。

等到济尔哈朗十二月到达湖北，何腾蛟才慌了手脚。因为这时他连攻击长沙的部队都组织不起来，遑论抵挡济尔哈朗。

抵抗，当然是要抵抗的，好不容易抢回来的湖广，不可能拱手送回去。

何腾蛟给永历帝上奏疏，表明心志：

湖南千里一空，前恢复诸城一旦尽弃，引罪自劾。

可是抵抗是需要部队的，何腾蛟回首四顾，却找不到部队了。

他部下的将领，听到济尔哈朗进军湖南的消息，全都默默地拉起队伍——不是准备迎敌，而是转身就撤。因为济尔哈朗的名声实在响亮，这些人自己掂量了一下，都觉得不是对手。

何腾蛟身边，只剩下了马进忠等少数兵力，抵挡济尔哈朗，只能指望他自己暴毙了。

这时候，就能看出何腾蛟调走堵胤锡和“忠贞营”，是多么不理智的行为。假使“忠贞营”在，这时早已攻下长沙，或许还有一搏的机会；调走了“忠贞营”，何腾蛟能不能拿下长沙，其实已经无所谓了，因为即使拿下，也将很快丢失。

手下都跑了，何腾蛟却没跑。或许他是想组织一下抵抗，或许是打算自我救赎，总而言之，他被清军堵在了湘潭城。

济尔哈朗入湘后，没有遭到任何抵抗，他从活捉的明军塘兵口中得到何腾蛟的位置，迅速进军，包围了湘潭。

当时马进忠还在湘潭城外，得知清军逼近，自知无力抵挡，不愿送死，立即率部撤退。城里的何腾蛟却没时间退，马进忠一退，他就成了彻底的光杆司令。

清军已经不需要攻城，直接进入湘潭，生擒了何腾蛟。一个何腾蛟作为战利品还不够，济尔哈朗下令屠城。

何腾蛟被俘后，拒绝了劝降，永历三年（1649 年）正月二十七日被杀。

对于永历朝廷来说，从永历二年到永历三年这一年多的时间，就像做梦一样。

1648年，金声桓、李成栋相继“反正”，何腾蛟随后在湖南发起反击。转眼之间，江西大部、湖南半幅、两广之地全部插上了永历的旗帜，到处是“反清复明”的声浪。给人的感觉是，恢复南京近在眼前，清军被赶出北京也不在话下，中兴似乎已经来了。

一年多以后，金声桓、李成栋、何腾蛟相继败亡，败得一点挣扎都没有，还是和以前一样，几乎没有打过一场酣畅淋漓的胜仗。八旗军一出，如同砍瓜切菜一般，就将他们顺利平定，这似乎不是一个时代军队的较量。

虽然明军战斗力不如八旗军，但也不应该如此脆弱，为什么会这样不堪，值得好好总结一下。

理学的桎梏

何腾蛟从左良玉离开武昌后开始活跃在明末舞台上，历经弘光、隆武、永历三朝，长达近五年之久，一度控制湖南，声势浩大。

但是，从他一系列的内斗举动来看，我们很容易产生怀疑，何腾蛟是不是想步钱谦益、阮大铖等人后尘，投降清朝。

然而并不是。何腾蛟被俘后，拒绝了劝降，随后被杀。

根据记载，何腾蛟就义前“惟举手拍地，呼：‘可惜！’两掌皆碎”。

从他自被擒到就义的表现来看，何腾蛟又是个名副其实的忠臣。

何腾蛟让人看得云里雾里。但他并不是个例，许多如他一般的士大夫群体在明末的表现都让人看不懂，守节殉国者有之，反复投降者有之，自相残杀者有之，坚贞不屈者亦有之。

到底是什么，让他们的表现如此不同寻常，何腾蛟可以作为一个例子。

何腾蛟令人难以捉摸之处，是他对己方势力的排挤与攻击。排挤归附的“忠贞营”，攻打陈友龙，又调走即将攻克长沙的“忠贞营”。这些行为，几乎把湖南的局势一手葬送。

后世对何腾蛟的评价很复杂，有说他是民族英雄的，有说是误国之臣的，有说是无能之辈的。

如何评价何腾蛟，见仁见智，不是我所要探讨的重点。我想说的是，何腾蛟为什么会有这种自相矛盾、自拆台脚的行为。

如果要究其原因，或许很多。比如，何腾蛟跟陈友龙有旧怨；再如，怕“忠贞营”抢了他的功劳等。但这似乎都不足以解释他为何会对陈友龙部做出攻击行为，也无法解释为何对“忠贞营”如此排挤。

更深层的原因，来自他的思想。

我们首先要明确一下，何腾蛟是个理学士大夫。

理学是儒家思想体系的一个分支，它本质上是一门哲学，一门唯心的哲学，也是封建王朝的官方哲学。

如果要追根溯源，可以从北宋时期的周敦颐、程颐等“北宋五子”一直到南宋的朱熹、陆九渊，再到明朝的王阳明等人。

不管怎么传承，流派怎么变化，理学都以“理”为中心，“理”是产生世界万物的精神的东西。

比如，朱熹的“格物致知论”、王阳明的“心外无物，心外无理”、明末刘宗周的“慎独”论——“独之外别无本体，慎独之外别无功夫”。

既然是儒家思想的延伸，它也脱离不了“三纲五常、尊卑有序”的观念，并且对它进行了强化，论证了纲常名教的合理性和永恒性。

理学成为官方哲学的时间，有人认为在南宋末，有人认为在元朝。无论取哪种观点，到了明朝，理学始终占据着官方哲学的正统地位。

例如，明清时期科举考试的内容之一，就是朱熹的理学著作《四书章句集注》。

理学的出现和发展，有其现实意义，它是古人思考世界的方式，其哲学思辨极有深度，对后世影响巨大。

不可避免地，一门学说，不可能尽善尽美，必然有其短板。理学同样如此，它有其伟大的一面，也有背光的一面。

它过分强调等级、秩序；将“心”的作用置于至高无上的地位；禁锢人的思维，跟不上时代发展。

发展到明朝后期，理学已经流于空疏，束书不观、寡学空谈成为明朝理学人士的通病。

毫无疑问，科举出身的何腾蛟，同样受到理学正统观念的熏陶，以官方哲学为安身立命之本。

理学思想在何腾蛟身上产生了什么影响呢？我们可以在晚明两位理学宗师身上一窥究竟。

刘宗周，晚明儒学大师，理学执牛耳者。

崇祯二年（1629 年），刘宗周被起复，来到京师，他上了一份奏疏《面恩预矢责难之义以致君尧舜疏》。奏疏里，他在军事、经济、用人等方面都提出了不少意见，从道理上看，也不能说错。

但是，他的核心主张，是希望崇祯皇帝“诚能建中立极，默正此心，使心之所发，悉皆仁义之良，仁以育天下，义以正万民，自朝廷达于四海，莫非仁义之化，陛下已一旦跻于尧、舜矣”。

刘宗周也就是拿理学的一套给出解决方案。但是，崇祯皇帝继位之初，正欲待改弦更张，大展拳脚，希望的是有人能拿出切实可行的具体措施。

意见不合，崇祯皇帝知道他是忠臣，也没为难他，只是觉得刘宗周所说的是“迂阔之言”。

得不到重用，刘宗周一年后辞职回乡。

崇祯九年（1636 年），刘宗周又被再次起用为工部左侍郎。这时明朝局势恶化，内外交困，风雨飘摇。

刘宗周再上《痛切时艰直陈转乱为治之机以仰纾宵旰疏》，给出方案：

抑臣闻之，有天德者然后可以语王道，其要在于慎独。故圣人之道，非事事而求之也。臣愿皇上视朝之暇，时近儒臣，听政之余，益被经史，日讲求二帝三王之学，求其独体而慎之，则中和位育，庶几不远于此而得之。

崇祯皇帝很感动，感动于刘宗周的忠诚。然而，这并没有什么用。这时的崇祯皇帝急切需要的是才望之士和退敌之策，刘宗周的“慎独”学说对他没有丝毫实际价值。

没多久，刘宗周再次上疏，惹怒了崇祯皇帝，将他革职。

崇祯十四年（1641 年），吏部缺人，崇祯皇帝又想起了刘宗周，将他再次起复。刘宗周还是原来的主张，“一曰明圣学以端治本，二曰躬圣学以建治要，三曰重圣学以需治化”。这更无法满足崇祯皇帝的迫切需要。

在明末火器的发展上，刘宗周还起到了遏制的作用，他坚决反对崇祯皇帝重用汤若望制造火器，认为：

臣闻用兵之道，太上汤武之仁义，其次桓文之节制，下此非所论矣。今日不待人而恃器，国威所以愈顿也。火器终无益于成败之数。

崇祯皇帝觉得刘宗周忠直，所以一再想起用他。等他来到身边，却又实在无法给予实际性的帮助，被认为“愎拗偏迂”，最终还是被革职。

看来，刘宗周的学术，已无法为明朝的统治作出贡献。

但是，刘宗周的气节，又是绝对值得肯定的。弘光朝覆亡后，刘宗周效法伯夷、叔齐，绝食而死，成就了他的人格。

相比刘宗周，另一位明末理学大家黄道周更为悲壮。

在崇祯末期，朱由检有心与清朝议和，腾出手来先解决农民军的问题，支持议和的杨嗣昌等人受到重用。黄道周是议和的坚决反对派，他大骂杨嗣昌，痛斥议和，被崇祯皇帝贬出京城。

议和该不该议，从后面的局势发展来看，显然利大于弊。

虽然黄道周被贬，但是在众多文臣的反对下，崇祯皇帝议和的决心被动摇，最终不了了之。议和的大门被关闭，明朝错过了一个得以续命的机会。

南明隆武朝，隆武帝朱聿键有心北伐，兵力却全部控制在郑芝龙手中。隆武帝表态，就算郑芝龙不出兵，也要亲自北伐。

黄道周这时担任内阁首辅，他上疏：

与其坐而待亡，不如君臣共出一拼。我为大臣，当先于皇帝而行，以为人臣表率。

黄道周的北伐是悲壮的，他回乡散尽家财，募得义军三千多人，马匹仅有十余匹，衣甲军器皆不齐全，这支近似流民的部队也因此被称为“扁担军”。

黄道周毫无军事经验，很快被清军击败，自己被俘。

被俘期间，清廷曾派著名降臣洪承畴劝降，黄道周对以一副对联：

史笔流芳，虽未成功终可法；洪恩浩荡，不能报国反成仇。

啪啪打脸洪承畴。

清廷劝降不成，黄道周于隆武二年（1646 年）三月五日就义。他在临刑前大呼：“天下岂有畏死黄道周哉？”

黄道周是个悲剧英雄，他以飞蛾扑火般的自杀性北伐表明了自己的立场，和刘宗周一样，以气节被称为英雄。

很明显，理学代表人物刘宗周和黄道周所坚持的，已跟不上时代的进步与发展，虽然有一颗忠于大明的心，但是对时局已无能为力，甚至起到了反作用。

所以，有人说他们“才谓不足而道学有余，主治未获经纶之益，甄士殊多砥砺之功”。

不过，如果完全用理学来解释何腾蛟做的事，还不能完全解释得通。

具体到个人，如果从理学的角度来审视同为理学士大夫的何腾蛟的行为，或许能得出结论。

理学对纲常等级制度的绝对信仰，导致了在何腾蛟眼里，逼死崇祯皇帝的大顺军就是“弑君杀父”的凶手，是背弃最高天理的“异端”，他们的身份，永远是“流贼”，无法洗刷，与“流贼”同流合污，是无法被“理”认同的。

所以，何腾蛟先是排挤农民军，又是暗算陈友龙，随后又调走“忠贞营”。在他心里，并不是想要资敌，更不想降清，但从实际结果来看，湖南的局势基本就是被他生生一手整垮的。

在农民军势力绝对强大，无法与之抗衡时，何腾蛟也会进行有限的合作，比如收编郝摇旗等人。由于对大顺军无法消除成见，他也在对农民军进行内部分化瓦解，也就是“限贼”和“溶贼”。在他心里，从来没有真正把农民军看成自己人。

因此，在孔有德撤退，堵胤锡联合“忠贞营”收复湖南、围攻长沙的时候，何腾蛟不择手段地加以破坏，把他们调走。

同时，还要看到，虽然何腾蛟是理学士大夫，但是他并不纯粹。

拥兵湖南，不听隆武帝调遣，他身上还有明末将领军阀化的表现。

暗算陈友龙，调走“忠贞营”，还有另外的原因：私怨和争功。从私怨来说，他对陈友龙之前攻陷他老家贵州黎平，俘虏他的家属耿耿于怀；作为督师，他又怕被别人抢走了收复湖南的功劳。

何腾蛟的结局，却又和刘宗周、黄道周如出一辙。

何腾蛟死得很是壮烈，当他被清军包围之时，端坐马上大呼：“我就是何督部，死也该明明白白、干干净净，汝辈不得玷污我！”

被俘后，他誓死不降，绝食求死。济尔哈朗见劝降不成，只好将其杀害。

就义前，何腾蛟口占绝命诗：

天乎人世苦难留，眉锁湘江水不流。

炼石有心嗟一木，凌云无计慰三洲。
河山赤地风悲角，社稷怀人雨溢秋。
尽瘁未能时已逝，年年鹃血染宗周。

这就是复杂的何腾蛟——一个不纯粹的军阀化的理学士大夫。

何腾蛟之外的人们

在明末清初那个时间段，何腾蛟绝非孤例。在开头露过脸的文臣们，基本上都受到理学影响，从左懋第、史可法、马士英、黄道周到朱大典、苏观生、瞿式耜等人身上，都能找到理学的影子。与何腾蛟相比，他们还要更为纯粹。

这些名臣从小受到正统教育，使得理学观念深入骨髓，能力不足又不思变通，顽固地坚持“唯心”的思想，一再搞内斗，事到临头，却拿不出解决的办法。

但如果要怀疑他们的忠诚和气节，那也是站不住脚的，这些人最后都守节而死，成就了后世的赞誉。

他们的气节是守住了，因为殉国掩盖了行动上的无能，后世评价也多是正面。但是，国家却完蛋了，一次次的机会就在顽固守旧与争执内斗中付诸流水。

这也正是“平时袖手谈心性，临危一死报君王”的忠诚及百无一用。

或者还可以看看降清的钱谦益，与史可法等纯粹的理学士大夫相比，他在成色上要稍逊一筹，与何腾蛟则各有千秋。何腾蛟大搞破坏又尽忠殉国，钱谦益则是投降在先又在背后大搞破坏，如果要究其本质，则还是来自思想深处。

鲁迅先生在多部作品中都说，封建礼教是“吃人的礼教”。在我看来，他所说的礼教，更多的是指理学的缺陷。

相比制度的缺陷、经济的崩溃和军事上的失败，思想上的僵化或许才是明朝灭亡的更重要原因。

不过，还要看到，到了这时，除了何腾蛟，很难再找到其他带兵的督抚，文官带兵的传统在这时已被完全破坏。离奇的是，一般来看，武将带兵应当更能激发部下的战斗力，但武将的表现集体性崩坏，甚至还不如战绩一塌糊涂的何腾蛟——因为他们大部分都投降了，转而变成了绿营。

上百万明军，对阵清军时不堪一击，而他们投降成为清军后，又战斗力爆表，可以回过头碾压原先的同僚。这个现象同样很奇怪，是什么原因导致的呢？

这需要从几个方面来看。

首先，以金声桓和李成栋为代表，这些武将和士兵们，为什么要投降清朝？

抛开一些传统的观点，放到世界的大环境里看，或许能找到一丝线索。

在 17 世纪 40 年代的明清交替之际，西方也掀开了一场轰轰烈烈的军事改革，它的始作俑者，就是著名的瑞典国王古斯塔夫二世（1594—1632 年）。

古斯塔夫二世从武器到战略对军队进行了一系列改革，使得瑞典军队犹如脱胎换骨，在“三十年战争”中傲视群雄，所向无敌，他本人也得到“北方雄狮”的美称。

古斯塔夫军事改革的基础来自一点：把佣兵制改为征兵制。这是改革得以成功的关键。

我们先看看雇佣兵的定义：

雇佣兵是一种特殊的兵种，是为利益而参加一场武装冲突的团体和个人。雇佣兵参战只是为了金钱，只要对方出价够高，他可以受雇于任何人。雇佣兵参战并非为了意识形态或政治信仰、爱国主义或是道德原则。

在之前，欧洲普遍流行的是佣兵制，也就是雇佣兵制。虽然这种制度在财政、兵员和战斗力上有其优点，但缺点也显而易见，就是对佣兵们来说，金钱是第一位的，政治的信仰、军人的荣誉则可有可无。

他们并没有国家或是民族的概念，价高者得，在战场上为利益而搏杀。

虽然佣兵们都是职业军人，战斗力颇为强悍，但他们只是为金钱而战，所以军纪极差，所过之处为害地方，造成的破坏甚至超过了战争本身。

从这些内容上来看，明末清初的明朝兵将们同佣兵何其相似。

经过从天启到崇祯二十多年内外不断的战争，大明帝国也从风雨飘摇走向了最终崩塌。

在这亡国之际，不论是谁，也要作出选择。平民老百姓的选择或许来得简单，而对于李成栋这样既有兵力，又有财产的武将来说，选择则要来得复杂一些。

老朱家的大明、李自成的大顺、关外来的大清，甚至还有张献忠的大西，共同逐鹿天下，局势并未明朗。

看上去，大顺一度有希望统一天下，没想到仅仅几个月，就被清军赶回了陕西。而仍然占据半壁江山的南明，至少在当时来看还没有那么弱不禁风，清朝想要完成统一，也没那么容易。

于是，在看不清天下归属的时候，更多的人选择了利益。

明末的军阀，实际上就是雇佣兵集团的首领。

拿明朝的军事力量来说，虽然在崇祯皇帝殉国时，明朝账面上的兵力仍然高达百万，事实上大部分已沦为一群佣兵，他们失去了国家的信仰，只以自身利益为重。

其中许多人，先投降大顺，又投降大清。比如，吴三桂、唐通、姜瓖等总兵，谁能保证他们的利益，他们就跟谁干。

还有弘光朝所倚重的江北四镇，除个别人如黄得功以外都是如此，在这之后的郑芝龙、刘承胤等也都是一丘之貉。

看看他们干的事，也不难得出他们是群雇佣兵的结论。

实力强大的宁南侯左良玉，盘踞武昌，招兵买马，手下在短时间内膨胀到八十万人，对外更是号称百万。

随后，由于与弘光朝权臣马士英的矛盾，又为了躲避东进的李自成的锋芒，左良玉全军撤离武昌。临行前，他下令把武昌城焚毁，把百姓屠戮一空。

左良玉这么干只有一个原因，还是利益。

还有江北四镇，也是如此。他们共同的特点是军纪极差，所过之处，为害地方。

高杰本是明军，为了劫掠百姓，竟然让部下冒充大顺军，骗取地方州县的犒赏和粮饷。

高杰被封为兴平伯后，要驻防扬州。由于军纪太坏，扬州城内百姓不放他进城。高杰纵容部下劫掠妇女，攻打城池，造成恶劣影响。

虽然高杰名义上还是明朝臣子，行事却和雇佣兵一般无二。他既不忠于明朝，也不忠于大顺和清朝，他这支部队就是一支雇佣军，处于待价而沽的状态，谁出的价高，谁就能得到他的效忠。

投降是一方面，但换了一身制服，战斗力就爆表又怎么解释呢？

这牵扯到明清的财政问题。

还是把这时期的军阀部队理解成雇佣兵，这个问题就不难解释。

雇佣兵为什么而战？当然是为了金钱。

为什么明军降清后战斗力直线上升，除了军事制度的原因，还是在于金钱。

明末的明军之所以军纪涣散，为害地方，重要原因也是没钱。

在嘉靖时期，明朝财政已捉襟见肘，要不是张居正改革爆了一波经济，“万历三大征”都没钱打，大明能撑到什么时候都是个问题。

就这样，到了崇祯时期，朝廷照样穷得跟个鬼一样，迫不得已像叫花子一样向大臣们“众筹”。

这归因于明朝的制度，朱元璋定下的制度到了明末已经腐朽，失去了生命力。但崇祯皇帝没办法，老祖宗发下来的牌，他只能给什么牌打什么牌。他之前的明朝皇帝们也都是如此，既没有魄力也没有能力洗牌重来。

清朝不一样，它上来就把牌给洗了，重新发牌，这是明朝皇帝无法做到的。阶层洗牌通常意味着朝代更替，清朝有这个条件——明朝是残局，清朝是开局。

洗牌的结果是税能收上来了，清朝不给穷人面子，也不给官僚地主面子，收税就是收税，不管你是穷人还是富人。

前面提到过，弘光朝廷的财政收入，每年在六百万两白银左右。这甚至超过了崇祯时期，看上去还不错。然而对比顺治时期，弘光朝廷就是个弟弟。顺治初期，清朝的财政收入就超过了一千四百万两。

再回过头去看弘光朝廷，它控制着南直隶、浙江、广东等全国富庶之地，区别可就大了，因为弘光的牌面还是崇祯的遗产，能收上来这么多钱已经算是不错了。

不得不佩服清朝搞钱的本事，这就是洗牌的好处。

即便如此，钱还是不够用。“顺治初年，除明季三饷，两浙、八闽、楚、蜀、两粤犹须征伐，用兵之银岁千三百万。”

军费就要一千三百万两，再加上其他开支，顺治朝还得倒贴将近九十万两老本才能抹平赤字。

这时候，皇太极时期五入长城的收获就派上用场了。多尔衮下令把以前的存货源源不断地从盛京运往北京，就这还不够，又问朝鲜“借”了点大米才把财政赤字抹平。

随着用兵的持久与深入，军费还在不断增加：顺治十三年增加到两千万两，顺治十六年增加到两千四百万两。

但这时清朝已经一口气缓了过来，顺治十六年（1659 年）的岁入已经达到了两千五百六十六万又四千二百两。虽然总账还是有不少亏空，但十几年的征伐下来，局面趋于稳定，在控制区通过严厉的税赋征管政策，使财政情况在逐年好转。

清朝最大的支出是军费，明朝也是如此。

崇祯皇帝哪里来钱付什么军费，总之先欠着，实在欠得太多了，就东挪西凑地先补上几个月的军饷。

也别都怪崇祯皇帝，这是他祖宗留下的债，有些饷从万历中期就开始拖欠，熬死了一代人还没结清。崇祯皇帝刚继位时，陕西的兵饷就已经拖欠了三十个月，估计他看到账目也是一脸蒙。

到了弘光朝，朱由崧账面上依然有近百万大军，这里面有多少是实数，多少是虚数，就是一笔烂账，根本没法统计。

顺治初期，把所有兵力加进去，清军满打满算不超过三四十万人，光军费就要一千三百万两。弘光朝的兵力至少是这个数字的一倍，那得要多少军费？

但没办法，至少各路总兵报上来这个数，当初是经过朝廷核准的，这是个经过双方妥协的数字，核准了你就得开饷，不然军队就要哗变。

弘光帝哪怕把自己的裤子都当了，也付不起这个军费，何况这位还是个享受第一的主，怎么舍得当裤子。

还是老办法，开不起就先付一部分，其他打个白条先欠着。

本来明末军队的性质就相当于雇佣兵，当兵吃粮拿饷，天经地义。雇佣兵拿一天钱打一天仗，明朝皇帝们厚着脸皮欠着钱，还要大家干提脑袋卖命的事，这仗还怎么打下去？

“皇帝不差饿兵”，就算不是雇佣兵，也没几个人肯饿着肚子给皇帝卖命。

皇帝不给解决，当兵的不会都等着活活饿死，不打仗的时候，他们会四处抢掠地方。等打起仗来，临阵倒戈就天经地义——别怪哥们不仗义，跟着你打仗不光没银子，还有饿死的风险，现在对面确实给粮给钱，有吃有喝——雇佣兵嘛，前东家不履行义务，还不许咱换个东家？

其实，这个道理放到崇祯年间也是一样的。官军被拖欠了几年的军饷，该有的战斗力早给拖没了，一投降“闯军”，吃饱喝足了，战斗力立马又回来了。

同理，投降了清军，军饷有保证，砍一个人还能拿到一份赏金，雇佣军们就又跟打了鸡血一样嗷嗷叫起来。

所以，刺激降兵们焕发战斗力的不是那身制服，而是制服背后的真金白银。

那么问题又来了，既然是雇佣军，李成栋、金声桓这些人为何投了清又要反清，并甘愿为此而死，这岂不是自相矛盾？

还是得从各方面来看。

一方面，是清朝对八旗和明朝降将论功行赏的不公。

比如，论功行赏的规定。八旗上马出征，视战功优次分为三等，如得优等，下马凯旋叙功即给世职。而绿营兵的考核标准是：临阵奋勇拼杀加功一次，累积加功二十四次，可得云骑尉世职。

像李良栋这样立下奇功的将领，最后只得了个两广提督。早于他几个月“反正”的金声桓，在进攻江西时战功累累，得到的封赏只是个副总兵。

另一方面，清廷对八旗和绿营的封赏不公，又促成了李成栋等对自身的思考，这成为一针催化剂，催化了他们对国家认同的觉醒。

如果把金声桓、李成栋这些人放在后方雪藏，他们也不会想到起兵“反正”，最多就像祖大寿一样，保个全家平安。

而正是随着他们的进兵，目睹了各地抗清的力量，唤醒了他们内心尚存的国家认同感，于是奋力反戈一击，试图找回失落的大义。可惜，终究为时已晚，在多方不利的条件下，最终都归于失败。

如果是为利，李成栋在南下的过程中已经赚得盆满钵满，光是搜刮到的隆武朝大学士丁魁楚的私人积蓄，就够他挥霍了。钱财，李成栋是不缺的。

那么为名呢，从李成栋“反正”后的表现来看，为名这个原因也不成立。

他挟两广之地“反正”，实力在永历朝廷里可谓首屈一指，无人敢当其锋芒。可是李成栋却相当低调，忠于永历帝，尊重朝廷，与之前那些飞扬跋扈的军阀，比如郑芝龙、左良玉等表现得完全不同。并且，他主动把“反正”地区的人事任免权交给了朝廷，而不是由自己掌控。从这些方面看，说他是为名，也解释不通。

如果是为名，当时南明已经丢失了湖南、福建、广东和广西一部分，被挤压到了边境几省之内，几乎已经走投无路，上下一片愁云惨雾。这时，清朝已经占据大半国土，举兵“反正”很大可能不但得不到名利，而且还要搭上身家性命，可以说是极其冒险的行为。

正如上文所说，原本只是雇佣兵的李成栋，在杀戮中被唤醒，意识到自己真正的归属，所以毅然“反正”，最终以生命来为自己以往的恶行做救赎。这也得到了永历朝廷的认可，死后被追封宁夏王。

李成栋的一生充满争议，他的暴行也无法因为“反正”被抹平。不过，至少这个人在最后还能幡然醒悟，遵从自己的内心，多少也算洗刷了一点自己的恶名。

讲到这里，又随之带来新的问题，从降清到反清，人还是这些人，为什么在清朝那边，这些降将战斗力爆棚，碾压原来的同僚，而等他们“反正”后，战斗力又恢复到原来的水准，再也无力和清军抗衡呢？

原因自然也有很多，比如战略战术的失误，统治层的政治上的差距。但抛开这些因素，从努尔哈赤时代起，后金军到清军保持的一贯强势，也是一大原因。

虽说军事是政治的延续，但军事也是政治强势的基础。没有军事实力的保证，政治也是谈不上的，并且这与经济并不存在必然的联系。蒙古、金、后金，乃至匈奴肆虐欧洲，蛮族入侵罗马，都是落后征服先进的例子。

装备是军队战斗力的基础，在明清交替之际，清军实际上是一支冷热兵器混用的军队。

早在皇太极时代，清朝就吸收了孔有德、耿仲明、尚可喜等明朝叛将带来的技术和人员，拥有了自造红衣大炮的能力，后金也组建起了自己的重炮部队——乌真超哈。佟养性担任乌真超哈固山额真，也就是汉军都统。

在入关前，清军已拥有红衣大炮不下百门。这些火炮，在之后的战争中发挥了巨大作用。

比如，决定大顺和清朝的国运之战——潼关之战。多铎早就抵达潼关城下，却固守不战，始终没有进攻，正是等待红衣大炮运到。炮火之下，坚城也无法抵挡，大顺军最终失败，弃守潼关，就此再也无力反击。

伴随着清朝的统一战争，红衣大炮都是战略级别的武器。

除了大炮，再看看火枪。

火枪上，从后金到清初，确实与明朝有差距，但清朝同样在不断进步。

在努尔哈赤时代，后金军的火枪还比较匮乏，努尔哈赤首先在精锐的巴牙喇里增加了火枪的数量，每一百人的巴牙喇，配备了四十三支火枪。

到了皇太极征服朝鲜后，八旗军又拥有了朝鲜火铳手助阵。

> 朝鲜之兵，虽无马上之能，然不违法度，长于步战鸟枪，以攻取城池大为有用。

实际上，从后金到清朝前中期，军队装备始终在进步。入关后，火枪逐渐与弓矢、火炮一起成为清军装备里的三大武器，鸟铳也成为清军的常用火器。到了康熙年间，清军已经在汉八旗军里建立了成建制的火枪部队，称为火器营。

《钦定大清会典事例》里就说：

> 我朝武备整齐，弓矢枪炮最为军营利器，法制精良，百世不易。

并且，清军把火枪做了进一步更新换代，逐渐淘汰了在明军里最多的三眼铳等火门枪，换装了鸟铳这样的火绳枪。

在武器上，入关后的清军已经不弱于任何一个对手。

如果说八旗军是一支意志坚定、纪律严明的军队，许多人可能会嗤之以鼻，但在战场上的表现确实如此。

以下几个方面可以体现。

在战场上，八旗军进退有度、调度有方，各部分有明确的职责和任务。比如，八旗军的主力重甲步兵担任的是前锋，“当兵刃相接之际，披重铠执利刃者，令为前锋”。轻甲的射手则隐蔽在后，“披短甲善射者，自后冲击”。八旗的精锐巴牙喇则担当的是战场督战队和预备队的任务，“精兵（巴牙喇）立于别地观望，勿令下马，势有不及处，即接应之”。

八旗军在行军中的表现是“若地广，则八固山并列，队伍整齐，中有节次。地狭，则八固山合一路而行，节次不乱。军士禁喧哗，行伍禁纷杂”。

军纪更体现在八旗军的速度上。

八旗军的速度，为他们带来了多次关键战役的胜利。从山海关之战到九江之战，再到张献忠阵亡的凤凰山之战，既没有给大顺军喘息的机会，也没有给大西军准备的机会。

就连李成栋统率的汉军，在佟养甲等八旗官员节制下，也能发挥八旗军的速度，闪电平定广东，这些在前面已经讲得比较清楚了。

八旗拥有强力的将领，不是一代，而是接连几代人，这我们前面也提到过。

还有一条，八旗没发生内乱。

历代北方少数民族建立的帝国，辽、金、元都曾经内乱不止。

清朝也有过内乱的苗头，也是开国雄主死后，儿子们为大位而争斗，但并没有发展到刀兵相见的地步，为了共同的利益，内乱之火终被扼杀在摇篮里。

这可能是清朝最危险的一个阶段，如果内乱真的发生了，那它很可能像辽、金等王朝一样，没有足够的精力再用于完成统一大业。

清朝代代出名将，又没有内乱的危险，在统帅层面就保证了军队的稳定和战力。

再看清朝入关后的对手们。

大顺军脱胎自农民军，虽然李自成称帝，但是也并没有摆脱农民军的本质。他们既没有明确的施政纲领，也没有明确的战略目标，反映到军事上，就是瞎打，打到哪算哪。打得过就打一打，打不过就退一退，他们在本质上脱离不了流动作战的习惯。

农民军的特性又决定了大顺军不注重武器的发展，多使用缴获的明军火器，并没有专门的火器部队，更没有相关的技术人才，被清军的火器轰得七零八落，一路溃败。

南明各个政权也是如此。在装备上，他们当时或许并不弱于清军，但在军纪上完全不可同日而语。

八旗军入关之初，只有十来万兵力，而明朝这时在全国还有高达百万的兵力。

但是，这些兵大部分是已沦为军阀的各地总兵们为扩充势力而招募的，既无战斗力，更没有军纪可言，与一群土匪差不了多少。

有人会说南明的内斗。

内斗虽是事实，但在具体作战中，许多南明将领面对清军，手下的兵力并不少，同样一触即溃，要么逃跑，要么投降。

比如，左良玉之子左梦庚投降时，手里还有二十多万军队。多铎东下时，江北四镇剩余的兵力加起来也还有二十多万，却没有一点战斗力。

而投降的这些明军，经过清朝的淘汰和整编，成了绿营，却又表现出了不输于八旗军的战斗力，这同样是军纪导致的战斗力差距。

再从将领层面来看，八旗将帅多是宗室子弟，为清朝打仗就是自己的家事，个个拼尽全力。而不管是大顺还是南明各个政权，宗室里就没有出现过强有力的军事人物，把清朝入关后的所有对手加起来，称得上名将的也没有几个，在将领统帅力方面，是被清朝完全压制。

有了以上条件，从后金到清朝，出道即巅峰，并且长时间没有滑落。从上到下，清朝的军事力量在当时都是碾压各个对手，并且在战略上即使有失误，也能及时调整。

正视历史才能进步。可能有人不愿意承认，但从战斗力上来看，明清交替之际的清军，已成为这时期中原大地的最强军队，或者说是东亚大陆的最强军队。

济尔哈朗分兵

济尔哈朗轻松地擒杀了何腾蛟，不过在湖南还有明朝的力量，王进才、马进忠、袁宗第、刘体纯等人在湖南还有兵力。除此以外，湖南还有一支力量，那就是“忠贞营”。

“忠贞营”奉何腾蛟之命救援南昌，还没出湖南就收到了南昌失陷的消息，一时进退不得，只能驻扎在郴州。

济尔哈朗用兵老到，他在长沙分兵，派固山额真刘之源领兵进攻宝庆的马进忠、王进才，派固山额真佟图赖进攻衡州的袁宗第、刘体纯，自己则亲自带领主力征讨“忠贞营”。

虽然“忠贞营”善战，面对郑亲王的满汉八旗却难以匹敌。这似乎就是李自成时期大顺军对八旗军战斗的重演，结果还是和以前一样，“忠贞营”被击败，往南撤退。

与此同时，其他两路军队也都顺利地击败明军，乘势推进，短时间内占领了湖南的大部分州县。

济尔哈朗又派出一支奇兵，往西进入贵州。这个决定看上去有点奇怪，为何要派一支孤军深入云贵，但联系下当时的局势就明白济尔哈朗的用兵独到之处。

在贵州黎平一带，主要有两支明军，他们旗号、服色相近，此时却正互相大打出手——这是郝永忠和陈友龙。郝永忠之前就奉何腾蛟的命令偷袭了陈友龙，陈友龙毫无防备，损失惨重，一路逃到黎平。郝永忠在湖南被清军占领后，也退入了黎平。

仇人相见，分外眼红，这时哪还管得上什么济尔哈朗，就算努尔哈赤来了恐怕也拉不了架。陈友龙之前损失了大部分人马，终于不是郝永忠的对手，战败被杀。

郝永忠一门心思地对付陈友龙，忽略了清军的存在，又受到突袭，措手不及之下只得退入广西。

但是，这时候，最欣赏他的何腾蛟已经被杀，由于理学思想作祟，广西的瞿式耜等人对他只有仇恨。郝永忠到处受到排挤，在广西没有他的立足之地，一气之下他干脆进入夔东，和已经退到那里的老同事刘体纯、袁宗第会合，实际上脱离了永历朝廷的控制。他们几个的故事，还将会很长。

讲到郝永忠，我还想多写两句，因为郝永忠身上的故事比较有特点，他是个悲剧性人物。

郝永忠本名郝摇旗，他这个绰号有个来历。当时李自成还不是“闯王”，只是一名“闯将”，还是“闯王”高迎祥的手下，郝摇旗则只是李自成麾下的一名将校。在和官军的一次作战中，战况不利，军心动摇，郝摇旗挺身而出，从掌旗官手中夺过李自成的闯将大旗，不住地摇动，狂呼着冲向官军。旗帜在古时战争中作用巨大，全军都以主将旗帜为进退，农民军看见闯将的旗帜冲向敌阵，士气大振，扭转战局，反败为胜，郝摇旗因此得名。

郝摇旗虽勇，却一直不怎么受到重用。一来因为他喜欢贪杯误事，二来他不是李自成的嫡系。所以，哪怕李自成从“闯将”成为“闯王”后，也不怎么待见他。他在“闯军”里的地位只能算是二流将领，和田见秀、李过等不可同日而语。

正因为这样，何腾蛟在湖南“溶贼”时，郝摇旗干脆率部投靠了何腾蛟，从此成为何腾蛟手下的头号勇将。

虽然何腾蛟排挤大顺军旧部，但是对郝永忠却特别的好。以他“闯军”旧部的身份，在瞿式耜等人眼里始终是“贼”，没有人真心对待他，只有何腾蛟处处维护着他。可以说，如果没有何腾蛟，郝永忠就难以出头，或许还在浑浑噩噩地醉生梦死。

对于何腾蛟的知遇之恩，郝永忠也非常感激，因此不管何腾蛟下什么命令，他都不折不扣地执行。

何腾蛟有什么难办的事，都交给郝永忠，郝永忠也总能不负所托。

当然，何腾蛟给郝永忠安排的事，许多未必是好事，比如让他假装去福建迎接隆武帝，却又私下给出密令。再到进攻陈友龙，这样自相残杀的事，交给别人做，何腾蛟不放心，只有郝永忠，不管命令对错，都忠实执行。

隆武帝给郝摇旗赐名“永忠”，这名字起得很好。但是，郝永忠永远忠于的只是何腾蛟一人，这是愚忠。对郝永忠来说，士为知己者死，他个人的选择未必不对，但放到全局来看，却很误事，这就是这些武人的局限性。

何腾蛟和郝永忠，正是一文一武两个悲剧人物。

第三章
山西抗清

鏖战宁武关

照这样发展下去，济尔哈朗继续进兵，拿下广西也不会费什么功夫。但是，就在这时，济尔哈朗收到命令，多尔衮要他立即班师。

形势一片大好，为什么要班师？显然有更重要的任务——京师的后院起火了。

济尔哈朗在领兵南下时候，已经顺路灭掉了曹州起事的李化鲸，京城则擒斩了刘泽清，山东地区稍稍平定。

山东被压了下去，山西那头又翘了起来，而且声势比山东高得多——大同总兵姜瓖“反正”了。

1648 年，永历二年，顺治五年，对朱由榔来说到处充满了惊喜，对多尔衮来说却处处与他作对。

身处京城的多尔衮，江西和广东对他来说太过遥远，终其一生，也没踏足过那里。不过，山西是他熟悉的地方。大同到北京，不过七百多里路，以行军的正常速度，几天就能到达。山西有情况，就是北京的后院起火，这比江西和广东要命得多。

讲到这里，有必要回顾一下大同总兵姜瓖的奋斗史，时间还得倒回去，从1644年讲起。

崇祯十七年（1644年）正月，李自成在西安誓师，领兵出征，号称大军一百万。这次他的目标，不再是一城一地，而是要取道山西，直捣京师，取代大明。

大顺军一路东进，所到之处，几乎望风归顺。大明帝国，已经到了生死存亡的关头。

一路顺风顺水的李自成不会料到，在山西，一个小小的宁武关，会让他遇到东征路上的最大挫折。

大顺军在正月初八出发，李自成亲率主力进入山西，先后攻下平阳、汾州、太原，到二月十六日，已经占领了忻州。下一步，挡在他前进道路上的，是个小小的县城——代州。

代州是座小城，驻守在这里的是山西总兵周遇吉。

在小小的代州，大顺军遭遇了一场恶战。周遇吉凭城固守，誓死不降，给大顺军造成了很大的伤亡。

代州终究是小城，在大顺军优势兵力的进攻下，虽然周遇吉骁勇，但是粮草弹药却无法保证，力战之下无法坚持，明军主动撤退。

李自成终于攻下了代州。大顺军却没有想到，这只是另一场鏖战的开始——周遇吉退到了宁武关。

明朝在山西境内有“外三关”，分别是指雁门关、宁武关、偏头关，宁武关位于三关的中间位置，素来称为重镇。

《边防考》：“以重兵驻此，东可以卫雁门，西可以援偏关，北可以应云朔，盖地利得势。”

宁武关本来就是三关总兵周遇吉的驻地，他对这里知根知底。在这里，他将给李自成以重大杀伤。

周遇吉的兵力肯定少于李自成，那么他退守宁武关时，还有多少兵力呢？弄清楚这点，对接下来的战役比较关键。

根据《皇明九边考》里记载，宁武关驻扎的理论最大兵力是六千二百三十一名，实际兵力是五千四百九十六名，其中有骑兵一千九百二十八名，其余都是步兵。

到了明末，由于兵力被抽调以及逃兵现象的发生，当时记载“宁武兵止四千”。不过，周遇吉对兵力不足已有所准备，大顺军在山西攻城略地的时候，他就抓紧训练城里的壮丁，“昼夜练兵，更选城中壮勇，得数千人”。

就算加上这些兵力，周遇吉手里掌握的军队也不超过万人。

那么，大顺军有多少兵力呢？

李自成东征，号称百万大军，这里面当然有虚头，应当是包括了随军的后勤人员和家属再予以夸大。这也是当时的惯例。

就算人数再少，数十万兵力肯定是有的。

李自成过黄河后，在禹门分兵，李自成亲自率领的一路是主力，号称是“马步五十万”。这个五十万，应当也是包括了所有的人数，按照比例来推算，二十万到三十万的战兵，还是有的。

周遇吉以不满万的兵力对抗大顺军数十万的兵力，人数就是好几十倍的差距。

周遇吉，辽东锦州人。他前半生的事，在史书上记载简略，只是说“少有勇力，好射生”，当兵以后，“战辄先登，积功至京营游击”。虽然寥寥几笔，但是已经可以看出周遇吉勇将的潜质。

周遇吉真正开始露脸，是在崇祯九年（1636 年）清军进攻北京的时候，他的对手是强悍的八旗军。此战后周遇吉连升二级，被提拔为副将。

此后周遇吉主要与农民军作战，到了崇祯十三年（1640 年），已经晋升为左都督，加太子少保。

所以，周遇吉对农民军有相当的作战经验，这是他的底气。

再有底气，明军和大顺军的兵力也相差悬殊。除了城池，周遇吉还能倚仗的，就是大炮。

大炮在明军中已不算稀罕物，在天启皇帝时期，明军就开始装备重型“红夷大炮”，成为袁崇焕手中的守城利器。

到了崇祯末期，三关重镇配置大炮，已经不算稀奇。

作为三关扼守中路的宁武关，这时候有多少火炮，在《宁武守御所志书》和《宁武府志》里也有记载：

神机库一座，是在贮库硝、磺、火药、黑铅、稳口、群子等项……东门城头贮放炮位：大将军九位，二将军十五位，三将军一位，大威远炮二十位，生铁稳口二十五个，生铁群子一千二百八十五颗，涌珠炮四位，镇门生铁炮五位。南门城头贮放炮位：威远炮四十三位，涌珠炮四位，小生铁炮二位，生铁大小稳口八十四颗，炸炮八十六个，小生铁群子五千颗，镇门生铁炮六位。西门城头贮放炮位：三威远炮二十八位，四威远炮十二位，生铁稳口四十六颗，生铁小群子一千六百一十颗，涌珠炮四位，镇门生铁炮六位。西稍门城头贮放炮位：生铁大小稳口二十四颗，生铁群子二百一十颗。北门城头贮放炮位：威远炮四十位，生铁小群子二千七百三十五颗，镇门生铁炮六位，营中绿大旗十一杆，绿什长旗五十五杆。

《宁武府志》则记载为：

其火器之属，则熟铁盏口将军八百三十二、盏口炮一千二百六十五、生铁将军八、盏口炮五十、生铁大捌子将军六十八、铜盏口炮百；大、小佛郎机二百七十、手把单佛郎机连二、佛朗机连三，佛朗机合八百五十七。三虎铳二百五十、连珠炮三千六百、毒火飞炮十万三千八百二十三、生铁子母炮九、神炮三、大炮二、燕尾连珠炮十、铜铳八百三十七、神枪二十四、生铁大小炮六百二十五、铁铳八百三十、碗口炮百、蒺藜炮四万、三股铳二千一百，他若大小火箭、大小马子及起火诸物，以枝杆计者，率十五六万尚不与焉。

两种史料的记载有所差异，这应当是标配和现存两种方式的差别。不管怎么计算，宁武关拥有数百门大小火炮是可以确定的，里面所提到的大将军、二将军、三将军、威远炮等名称，是根据大炮的重量、口径、威力不同所起的不同称呼。

这些火炮，将为周遇吉在随后的战斗中提供强大的火力支持。

宁武关本身地形险要，与内长城相连。作为一座军事重镇，它是自带防御体系的，在城池四周，修筑了宁文堡、阳方堡、盘道梁堡这些大大小小的堡垒，各自可以驻兵数百到数千人，在敌人入侵时，可以互为掎角，提供支撑。

不过，由于明军兵力过少，大顺军人数又过多，分兵占据这些堡垒，只能被各个击破，所以它们在开战前都被放弃，明军全部撤入关内据守。

二月十八日，大顺军兵临城下，先礼后兵，试图劝降周遇吉。被拒绝后，大顺军开始攻城。

在冷兵器时代，城池是防守方最好的依托。不过，到了明末，已经是冷热兵器混用的时代，如果城头还有大炮，那就是进攻方的噩梦，具体例子可以参见努尔哈赤与皇太极分别在宁远和锦州的失败。

明军凭借城墙，利用大炮，四面发炮轰击。虽然大顺军脱胎自农民军，但他们的战斗力已经在战火中得到淬炼，也已经是一支劲旅。

虽然大顺军士兵前赴后继，无奈在大炮和弓弩的立体打击下，激战了四天，却始终没能攻破城池，自己反而受到惨重杀伤，“（遇吉）悉力拒守，大炮击杀贼万余”，大顺军在城下遗尸累累。

照这么打下去，大顺军再攻四天也未必能攻下宁武关，而自己却已承受不住这样的伤亡。

损失惨重之下，李自成被打得有些怀疑人生。一个小小的宁武关，自己几十万大军竟无法攻克，如果一路过去再多几个周遇吉，还没等打到北京，自己这点兵力就被折腾光了，他有点想打退堂鼓。不过，手下的将领坚持要拿下宁武关，于是大顺军重新集结，准备发动新一波的进攻。

但在这时候，宁武关里的形势却有点不妙——弹药告罄了。

在连续几天的高弹药消耗下，明军储备的弹药已经用完。赖以抗敌的大炮一旦哑火，宁武关的失守就只是时间问题。

实际上，许多人忽略了一个问题，打到这时候，宁武关还是有希望的。

希望在于援兵。

后人讲到周遇吉，多半认为他死守孤城，从一开始就注定失败。但周遇吉作为一名经验丰富的将领，他并不傻，坚守宁武，他是有机会的，机会就在于得到增援。

援兵在哪儿呢？在大同。

大同距离宁武关，不到四百里，以急行军的速度，不到三天就能赶到。而这时周遇吉已经守了好几天，如果能早点派出援兵，带来补给，宁武关将继续成为李自成的噩梦。

然而，周遇吉苦苦等待的援军，不会来了。

大同总兵，姜瓖。

这是个出自将门世家的将领，兄弟都是总兵、副总兵，姜瓖本人挂“镇朔将军”印，出任大同总兵官。

“镇朔将军”，是个荣耀的称号。明朝永乐到正统年间的名将杨洪就曾经是著名的“镇朔将军”。

姜瓖显然配不上这个称号。

他这时候坐镇大同，手里仍然掌握着大同的兵力，却再也不会派出援兵增援周遇吉。

因为这时候的姜瓖，已经派人秘密地与李自成联络，正打算送上降表，开门归顺。

相比与敌人的正面交锋，更为险恶的是来自己方的出卖，历史一次次地证明着这一点。

周遇吉只能靠自己了。

和明军相比，大顺军在火器上要弱得多，但这并不代表他们没有火器，他们的火器基本来自对明军的缴获，其中也包括大炮。

之前攻城，不见大顺军以大炮进行火力支援的记载，这应该是由于大顺军的火炮不及架设在城头的明军大炮，推上前线后，也容易被威力更大、射程更远的明军大炮摧毁。

在城头大炮哑火后，火枪和弓箭都难以伤到大炮，大顺军的大炮才有了用武之地。

外无援兵，内无弹药，守城官兵一个个倒下，“官军亦被创，不复起”，周遇吉再勇也支撑不住了。

虽然明军还在苦苦支撑，一架架攻城梯被掀翻，一条条地道被堵死，城墙被轰塌，周遇吉马上组织人手填补，但人数差异终究太过悬殊。东门被轰塌后，纵然周遇吉率兵反击，终究无力回天，力尽被擒。

大顺军突入城内后，周遇吉的夫人刘氏带领众妇女登上屋顶，誓死不降，放箭对抗，最后被大顺军一把大火，全部遇难。

城破后，大顺军为泄愤而屠城，“遂屠宁武，婴幼不遗”。

至于周遇吉，当然不会独生。关于他是怎么遇害的，有几种说法，结局都太过悲壮，我已实在不想一一列举。

宁武关之战，几乎是李自成攻取北京道路上的唯一一场血战。此战过后，由于伤亡过于惨重，李自成一度产生了班师回陕的想法。

自成集众计曰：“宁武虽破，吾将士死伤多。自此达京师，历大同、阳和、宣府、居庸，皆有重兵。倘尽如宁武，吾部下宁有孑遗哉！不如还秦休息，图后举。”

这时，姜瓖的降表送到；紧接着，宣府总兵的降表也到了。九边重镇大同、宣府宣告不战而降，其他关隘，再也没有遇到有力的抵抗。从宁武关到京师，李自成再无阻碍。

周遇吉坚守宁武关的意义，不在于他给李自成造成了多大的伤亡，更为重要的是，他竖立了一根标杆、一座丰碑，在精神上激励着后人，对后世影响深远。

周遇吉披坚执锐，死守孤城，为的不是自己，而是国家，哪怕这个国家看上去摇摇欲坠，大多数人已认为没有坚守的意义。

后人之所以推崇周遇吉，因为他是一个符号，代表的是气节，是舍生取义的精神。在纷乱的明末，他的坚持，尤其具有特殊意义。

事后，大顺军自己也连称幸运，要是多几个周遇吉，哪里还打得到京师。

贼每语人曰："他镇复有一周总兵，吾安得至此。"

虽然周遇吉遇难，但是民间却留下《宁武关》等戏剧，数百年来传唱不衰，历史始终不曾将他忘记。

姜瓖此后如愿投靠大顺，不过李自成对他的为人非常鄙视，想要杀掉他，还是手下将领张天琳劝解，才放了他一条生路。

随后，李自成留下张天琳、柯天相和张黑脸镇守大同，自己继续往北京进军。这时候，姜瓖仍然是大同总兵，却已被架空，失去了权力。

出卖了队友，归降了大顺，反而弄得自己如此尴尬，姜瓖这笔买卖做得太亏了，他暗自跳脚。

机会很快就来了，几个月后，李自成就被清军连续击败，山西也不要了，一路退回了陕西。

李自成跑了，清军来了，恭顺侯吴惟华带兵进攻大同。

这个吴惟华，祖上是蒙古人，却相当荣耀，在"土木堡之变"中断后，为国捐躯的吴克忠、吴克勤兄弟是他们的祖先。祖上宁死不屈，恭顺侯的爵位一直传到明末。到了吴惟华这一代，却在多尔衮入京时拜迎马首，全无半分祖上的气节，愧对他这个名字。

吴惟华带清兵来了，城里的姜瓖看到了机会，他带亲信直扑帅府，杀死了大顺守将柯天相和张天琳，投降了清军。张天琳在李自成要杀姜瓖时为他说话，免了他一死，没想到自己却死在姜瓖刀下，真是一出现实版

"农夫与蛇"的故事。

姜瓖反清

大同总兵姜瓖先是拒绝发兵支援周遇吉，投降了大顺；随后又杀死大顺守将，投降了清朝。三易其主，姜瓖的待遇却一点没涨，还是大同总兵。

虽然他始终是大同总兵，但在三个政权下，却还是有区别，区别就是越混越差。

崇祯时期，姜瓖握有兵权，是实打实的总兵；投降大顺后，姜瓖被架空，只拥有个头衔，实权都在大顺官员手里；投降清朝后，姜瓖以为立下大功，总能捞到些好处，没想到，等待他的却是多尔衮的一顿臭骂。

多尔衮把姜瓖召到北京，当面指责他为什么心怀不轨。原来姜瓖重占大同后，清军还没到，由于消息不灵，他拥立了一个明朝宗室枣强王朱鼎珊。多尔衮提出这茬，一个姜瓖都不够砍，吓得他匍匐请罪。总算多尔衮没有杀他的心思，还是封他为大同总兵，官复原职。

姜瓖留了条命，还拿回了总兵的职务，却高兴不起来，因为这个总兵跟原来一样，还是张空头支票，有名无权。

想想也怪不得多尔衮，虽然多尔衮对明朝降将颇为开明，但是那也得分人。像姜瓖这样先是卖队友，又杀自己的救命恩人，已经二易其主的人，不管在哪里，都是让人看不起的。

到了1648年，金声桓和李成栋先后反清，江西、湖南、两广一片混乱。兵力不够，京师八旗精锐已经由济尔哈朗率领南下打仗去了，山东、山西清军兵力空虚。这一年十二月，姜瓖又作出了自己的判断。

十一月，蒙古喀尔喀部在边界不安分，多尔衮为了防备，派出英亲王阿济格、端重亲王博洛、承泽郡王硕塞、多罗郡王瓦克达等带兵在大同周围驻扎。

十二月初三，驻守大同的清朝宣大总督耿焞带人出城接收粮草。趁这个机会，姜瓖带人关闭城门，扯起明朝大旗，城外的耿焞狼狈逃走。姜瓖拉起了他再次易主的旗帜。

江西反清，多尔衮挠挠头；广东反清，多尔衮跺跺脚；大同反清，多尔衮立马得跳起来。为什么呢，因为大同离北京太近了，两者相距七百多里地，按照正常行军速度六七天就能杀到，如果是急行军能缩短到四天之内。要让姜瓖成了气候，他随时能发兵威胁北京。

并且，大同反清，它不是一个城的问题，姜瓖也不会这么傻坐守着一座大同城。它是一个支点，附近的州县乃至附近的省份，都会受到辐射。

果然，姜瓖反清以后，立即派人联络周边，“飞檄安官，朔、浑一带俱受伪札”“叛者不止大同，其附近十一城皆叛”，整个山西都沸腾起来，

短短时间内，山西除了太原等少数几个地方，其他地方都冒出了义军攻取州县，山西的形势又往西波及，影响到了陕西。

仅仅山西一地，根据史料统计，较大的起义军就有11支，包括占据宁武策应大同的绿营总兵刘伟；朔州一带的义军首领姚安；占据偏关、保德等州县的万练（值得一提的是，万练是明朝万历年间名臣，曾经率兵入朝抗倭的万世德之孙）；攻陷忻州、雁门关、代州、繁峙、五台等地的刘迁等，里面有不少是姜瓖派出去的属下将领。看来姜瓖的举动不是头脑发热，也是做足了功课的。

大同反叛，多尔衮不能不重视，他先是试图和平解决，派人招抚姜瓖，许诺“照旧恩养”。但是，姜瓖闹出这么大动静，不可能凭多尔衮动动嘴皮子就把事情解决，招抚被拒绝。

多尔衮随即作出反应，几天后他就派出尼堪出征太原，讨伐威胁太原的刘迁部。敬谨亲王尼堪和端重亲王博洛率兵夹击，在代州击败了刘迁，把他赶入五台山。清军又陆续击败了附近的一些义军，在顺治六年（1649年）正月初四进军大同。

清朝在山西的区划总共有五个府、十九个州、七十四个县，不到半年，其中六十七个被攻占，包括四个府、十六个州，山西全省的七成已经不处于清朝控制之下，全部的兵力加起来超过十万。尼堪和博洛这点人既

要攻大同，又要防备后方起火，显然是不够的。

想来想去，多尔衮实在坐不住了，除了紧急征调外省的兵力助战，他作出了一个决定——亲征。

入关后，清朝坐在龙椅上的皇帝是顺治，实际上的掌权者是多尔衮。举个例子，因为政务都需要多尔衮处理，为了方便，他把皇帝的玺印都拿到了自己府上，以方便办公。看上去是为了工作，但这种行为放其他人身上，已等同于谋反。

1647年以后，多尔衮已经不用再向顺治皇帝行跪拜礼，“以后凡行礼处，跪拜永远停止”，头衔更从“皇叔父摄政王”变成了“皇父摄政王”。

顺治皇帝看多尔衮的眼神，越来越像曹髦看司马昭一样。

身份越来越尊贵的多尔衮，在山海关一战中击溃李自成后，就待在北京再也没挪过窝。多尔衮要出征，就相当于皇帝亲征，这个分量极重。

多尔衮出动，清军更加云集山西，先后有和硕亲王满达海、多罗郡王瓦克达、承泽郡王硕塞，加上已经在山西的英亲王阿济格、敬谨亲王尼堪、端重亲王博洛，还有一个协助征剿的汉王——平西王吴三桂，总共八位王爷，史称“八王围大同”。

光有王爷还不够，主要还得有兵。据有关史料统计，顺治五年（1648年）十二月起，多尔衮先后调动了满洲正白旗二十五牛录、镶白旗十五牛录、正红旗二十五牛录、镶红旗二十六牛录、镶黄旗十五牛录，约三万二千兵力入晋。

还有蒙古正红旗、正黄旗约一万五千人，汉军正黄旗、镶黄旗、正蓝旗、镶蓝旗、正白旗、镶红旗等约四万人，总共有九万左右的八旗军队在山西作战。这几乎就是多尔衮能拿出来的全部家当了，可见山西战事之急迫。

重兵之下，终于收到了成效。各路清军逐渐击败了大同外围的义军，切断了大同和外部的联系，推进到了城下，完成了对大同的合围。

在之前尼堪和博洛兵抵大同后，姜瓖曾经率军出战，无奈野战当时是八旗军称雄，不管是姜瓖本人还是来援的各路义军都无法取胜。姜瓖战败入城，此后始终坚守不出。

大同历来是重镇，早在北魏时期就成为拓跋珪的都城，建城历史已有一千六百多年，长时间以来大同城被多次加固。到了明朝，大同更成为九边重镇。徐达在洪武五年（1372 年）亲自监督再次增筑大同城，完工后的大同城墙以条石为基础，城墙内芯为三合土夯筑，外包每块重达十七斤的青砖，城墙高达十四米。

如此坚城，即使尼堪和博洛拉来了红衣大炮也无济于事，奈何不了坚固的大同城墙。于是，清军在城外挖下壕沟，开始了对大同的长期围困。

重兵压境之下，山西的局势终于开始朝向对清朝有利的局面发展。清军逐次清除了大同周边的抗清武装，大同和之前金声桓困守的南昌一样，成为一座彻彻底底的孤城，

以一座孤城对抗一个政权，其实结局已无须多说。

长期围困的结果是城内必定开始缺粮，缺粮导致人心不稳，人心不稳就会出叛徒，这次叛变的是姜瓖的部下总兵杨振威。

杨振威眼看大同无望，派人联络清军投降。八月二十八日，杨振威带领六百余名官兵叛变，杀死姜瓖与其兄姜琳、弟姜有光，持其首级出城投降。

次日，清军进城，大同被围困八个多月之后终于被清朝重新占领。

姜瓖和山西的反清战争在历史上常常被忽视，实际上它是清朝入关以后最严重的威胁。

姜瓖起兵对于永历政权来说其实是个绝好的机会，清朝在大同采用的是“围点打援”的老办法。但这招其实不难化解，这时清军主力云集在山西，其他地方兵力极其空虚，只要能出兵，就能收复大量失地，在此基础上再攻其必救，逼迫清军回援，减轻大同的压力，就有破围的希望。只要打破大同的包围，山西的抗清力量就能重新连成一片，并且影响到陕西、山东等处起火，兵力不足的清朝就将捉襟见肘。

而且，还有关键的一点，从姜瓖失败后算起，多尔衮只剩下了十五个月的寿命，他在 1650 年年底就突然去世，让人猝不及防。

多尔衮的突然死亡引发了政治动荡。简单点说，就是随着顺治皇帝的亲政，对多尔衮一派展开了清算，其派系的势力遭到灭顶之灾。

举几个例子：重臣刚林、巴哈纳、冷僧机、谭泰、拜尹图被杀，盛京将军何洛会甚至被凌迟处死。这里面不乏能征惯战之将，如金声桓、李成栋反清就是由谭泰、何洛会带兵平定的。

除了多尔衮派系的大臣，其他重要将领这时也病的病，亡的亡：多铎、豪格已死；阿济格已被幽禁，还有几个月的寿命；济尔哈朗年老身体不支；博洛、勒克德浑重病。

清朝一批打天下的宿将都已不久于人世，一时间有些青黄不接；顺治皇帝匆忙亲政，对时局的控制力明显不足，这些都是清朝的劣势所在。

多尔衮当然不知道这些，即使他不知道，他拼了老命也要不惜一切代价把义军尽快扑灭，这也就是山西的重要性之所在。

大同被攻陷，意味着山西的反清力量失去了中心，多尔衮得以分兵清剿各地的起义。相比大同需要保持重兵围困，其他地方的力量就薄弱得多。博洛、孟乔芳、满达海、瓦克达等都可以领兵单独出征，他们四处出击，朔州、蒲州、运城、汾州、沁州、泽州等地的义军先后被镇压。

吴三桂屠城

除了山西，陕西参将王永强也在榆林起事，一度占领了陕北十几个州县，并派出部队渡过黄河与山西的义军联络，试图攻破清军对大同的包围。

多尔衮已无兵可用，他急调镇守在汉中的吴三桂部前去镇压。

吴三桂一路上会合了汉羌总兵张天福、兴安镇游击盛嘉定等兵马，从咸阳出发，在蒲城与王永强主力遭遇。

激战之下，王永强兵败，本人阵亡，义军退回蒲城固守。虽然王永强阵亡了，但是蒲城的军民却没有一点要投降的意思。

他们并没有什么先进的武器，兵力也不多，但凭借城墙和城头的土炮，数次击退清军的进攻，并造成了一定的杀伤，连督战的吴三桂本人也差点被击中。

重兵之下，蒲城终于无法保全，被清军攻破。

破城后，吴三桂下令屠城。根据《蒲城县志》记载，小小蒲城死者万人，财物被洗劫一空，城墙也被拆掉三尺。

“三桂、国翰遂屠之，杀戮万余人，匕筋无遗。”

有这个必要吗？对吴三桂来说，很有必要。吴三桂在清军入关后，一路跟着阿济格等人同大顺军作战，颇为卖力。

不过，等到李自成死后，他就被冷藏了起来，也就是所谓的兔死狗烹。在多尔衮心里，你吴三桂和李自成有大仇，派你去打李自成是没错的。现在李自成死了，大顺军散了，再留着你这个投降没多久的骁将放在要害部位，威胁实在有点大。

于是，多尔衮下令，吴三桂从哪来的回哪去，关内现在不需要你了，你还是回你的锦州去吧。

吴三桂吃了瘪，虽然得到了平西王的封号，但是锦州那地方要啥没啥，连人口都被迁走了，把自己调回锦州，是让他种地去了，这可和预料的荣华富贵不太一样。

当然，吴三桂不敢说什么，只能乖乖地听命。

击败李自成，清朝还有许多工作要做，兵力捉襟见肘，又把关外的孔有德等人调入关内，委以重任。但还是没理吴三桂这茬，继续晾着他。

这种态度很明显，清廷对吴三桂的猜疑，只差写在诏书上昭告天下了。

直到顺治四年（1647 年），随着占据的地盘越来越大，清军兵力实在不足了，多尔衮才想起了吴三桂，把他调入关内，让他镇守汉中，对付西北地区的反清义军。这时候，吴三桂已经在锦州种了两年地。

对吴三桂这种角色，清廷必定要防范，给他派了个李国翰，名义上是同镇汉中，实际上就是监军。

李国翰，铁岭卫清河人，属于汉军镶蓝旗，他跟随皇太极参加了几乎每场战斗，是皇太极的亲信。

吴三桂对这种安排自然心知肚明，为了摆脱清廷的狐疑，必须要卖力表现。对他来说，屠城，就是最好的表现方式。

屠城，对吴三桂其实有益无害。

好处一：可以同汉人划清界限。屠城这种手段无比残酷，如果吴三桂不死心塌地为清朝效力，必然招致汉人的报复。而屠一个城，清朝对他的信任无疑就增加一分。

好处二：消除军事上的威胁。城破之后，难免有漏网的义军。蒲城之战，即使在王永强阵亡后，城内的军民仍然坚持抵抗，可见对清军的抗拒。等吴三桂大军离开后，他们很有可能再举义旗，屠城下来，这种可能性基本被消除。

好处三：消灭义军的群众基础。屠城灭绝人性，不分男女老幼，但对敌方来说，损失的是潜在的群众基础。就算此城以后再落入敌对势力之手，短期内也无法提供兵员和后勤补充。这是对上一点的升级，也是对其他敢于坚持抵抗城池的警告。

好处四：可以提升士气。虽然屠城残酷，但对于军队来说，是提升士气最直接的办法。尤其是吴三桂所部在与王永强交战中损失颇大，屠城以提升士气，对于手下军队恢复战斗力，是很好的办法。

事实上，吴三桂所屠的，并非只有蒲县一城。在一次次的屠城中，清朝逐渐减弱了对他的怀疑，对他由原先的控制使用改为放手使用。在李国翰死后，清朝不但让他独承方面之任，而且在一切军事活动中也“假以便宜，不复中制，用人，吏、兵二部不得掣肘，用财，户部不得稽迟”。他凭借血腥的军功一路晋升，最终晋爵亲王，镇守云贵。

屠城，在今天看来是人神共愤的暴行，犯下“反人类罪”，但在当时还不是这样。

相反，屠城是战争的标配。

至正二十六年（1366年）三月，明太祖朱元璋大发了一顿脾气，为的就是一起屠城事件。

这年，朱元璋正兴兵讨伐张士诚。高邮是张士诚发迹的地方，主帅徐达派大将冯胜率军猛攻此地。

张士诚的高邮守将玩了一手诈降，冯胜不知是计，派出几百人入城受降，结果被守军全数杀光。

朱元璋得知后大怒，召回冯胜，打了他十大板，并罚他从南京走回高邮。冯胜受罚后又羞又气，回到前线全力攻城，徐达也从宜兴移兵助阵，终于攻下高邮。攻下高邮后，冯胜怨气未消，下令屠城。

朱元璋得知后，暴跳如雷，连夜叫人到冯胜军中传令：有指挥、千户、百户、总兵官级别的军官掳掠妇女的，一律处死，首级送到朱元璋这里。

冯胜攻下高邮后屠城，被朱元璋大骂："为什么不杀光？"

老朱如此暴怒，是有原因的，这与他一贯注重军纪有关。

早在至正十五年（1355 年），朱元璋击败元军，攻占和州起，他就注重整顿军纪，禁止部下滥杀降兵，掳掠妇女。

这是很高明的招数。当时天下大乱之际，各路人马蜂起，说得好听点，他们是义军，实际上就是流民军队，其中鱼龙混杂，军纪普遍很差，屠城、抢掠、杀降都是常事。

朱元璋的部队能保持军纪，就比其他义军技高一筹，保持了较好的声誉，这也是他能吸引刘基、宋濂等读书人来归附的原因之一。

但如果以为朱元璋这么做是大发慈悲，那就错了，所谓"慈不掌兵、义不掌财"。朱元璋能从布衣发迹一统天下，不是做慈善做出来的，约束部众是出于政治宣传需要，是做给别人看的，如何对待降兵，他则有自己的办法。

就在前一年，徐达打了一次大胜仗，朱元璋也差人到军中送去令旨：

十一月初四日捷音至京城，知军中获寇军及头目人等六万余众。然而俘获甚众，难为囚禁。今差人前去，教你每军中将张军精锐勇猛的留一二万，若系不堪任用之徒，就军中暗地去除了当，不必解来。

这番近似白话的文字很好懂，张士诚军六万多人投降，但这么多降兵难以妥善安置。于是，朱元璋授意徐达只要挑选出一两万勇猛的降兵加以改编，另外把降将解送到朱元璋处，其他不堪留用的士兵则是“暗地除去了当”。

“暗地除去了当”这轻飘飘六个字，也就意味着一场数万人级别的屠杀。

所以，屠城并不稀奇，杀降也是套路。

朱元璋对屠杀的态度，其实反映了一个现实：封建时代通过战争夺取政权的过程，必定是十分残酷和血腥的。

不只是朱元璋的大明，其他开国皇帝也概莫能外。每次朝代更替，天下大乱，都伴随阶层的洗牌、财富的再分配，人口锐减亦不可避免。

白起坑杀四十万赵国降兵不必多讲。

光武帝刘秀手下“云台二十八将”中排第四的耿弇“凡所平郡四十六，屠城三百，未尝挫折”。

曹操也是个屠城高手，屠雍城、邺城、柳城，屠得不亦乐乎。

李世民曾屠夏县。

即便是通过“陈桥兵变”黄袍加身的赵匡胤，哪怕在夺权过程中流血较少，在一统天下的过程里也不可避免地伴随着屠杀。

宋军屠蔡州、屠江州、屠四川，都是有据可查，史家也并不避讳。

各个王朝只要大动刀兵，屠城几乎是战争的标配。

高邮之屠在历史上并不起眼，但一管足以窥豹，它揭开的是贯穿封建王朝历史的残酷现实。

清军入关在各地的屠杀，也是不胜枚举。阿济格进占大同后，恨城内兵民固守，就下令屠城。除杨振威的官兵家属外，“官吏兵民尽行诛之”“隳其城睥睨五尺”，邻近各府、县等地区亦遭屠戮，史称“大同之屠”。

在 1648 年到 1649 年这近两年的时间里，从江西到广东再到山西、陕西，从金声桓、李成栋到姜瓖、王永强，反清势力高涨，一度声势浩大，大有连成一片之势，但最终还是全部被清朝平定。

讲到以上这些人，我们往往只看到他们的失败，却忽略了他们的坚持。金声桓守南昌十个月，姜瓖守大同八个月，王永强带兵主动出击与清军野战，如果不是遭到叛徒出卖或者弹尽粮绝，他们还能坚持更久。

如果把他们与弘光时期对比一下，就能明白这种坚持有多么不容易。

清军的战斗力固然较强，但军事的差距是一方面，政治上的差距则是另一方面。相比多尔衮运筹帷幄，调兵遣将，永历政权如同泥雕木塑，无能者窃居高位，他们的无所作为，使得不管是金声桓，还是李成栋或姜瓖，都是凭借自己个人的力量在作战，统率的也都是自己原来的部属和自己招募的军队。

不管他们之前做过什么，起事后他们确实奉永历为正朔，并与清军殊死作战。在局势不利时，他们也有机会投降，但最终还是选择了赴难而死。

永历朝廷当然没有兵派给他们，但除了李成栋和永历朝廷走得比较近，金声桓和姜瓖几乎就是在孤军奋战。

其实，永历朝廷本来可以做得更多。比如，金声桓起兵后的策略、姜瓖“反正”后的战略，他们本都是武将，又居于一省之地，难以看清天下局势，而这些本来应该由朝廷来完成。有兵有将了，怎么调度最合理，这需要统帅部来完成，而不是前线的将领。

当然，永历朝廷什么也没做。确切来说，还是做了点什么的，他们都在做梦：

> 时举朝醉梦，有假为吴三桂反正疏及南京反正疏者，谓四方好音日至。

讲到这些明朝将领的“反正”，给人的感觉是他们不堪一击，这个被围，那个被困，声音大雨点小。其实，这真不能怪他们，凭他们的力量——一城一省的力量，要对抗整个清朝的力量，实在是勉为其难了。

就算等到他们全部失败，永历朝廷也还是有机会拨乱反正。比如，李成栋之子李元胤，就是个可用之人。

李元胤，字元伯，河南南阳人。他不是李成栋的亲生儿子，是他抢来的，收为养子。虽然来路不是那么光明正大，李成栋对李元胤却很好，悉心栽培。李元胤也挺争气，“稍读书，知大义”，且“心计密赡，有器量”。

李元胤始终跟随在李成栋身边作战，能文能武且胸怀大义。他多次规劝李成栋“反清复明”，两人“登越王台，敷毡藉草语三日”，李成栋终于决定“反正”。

李元胤可以说是李成栋之下的二号人物，被永历帝封为锦衣卫指挥使，加左都督。

李元胤除了劝李成栋“反正”，干过最有名的事是“三斩叛将”，其中斩的第一个叛将非常出名，他就是佟养甲。

佟养甲前面提过不少，他原来是李成栋的上司，两人一起突袭广州，平定了广东。到了李成栋“反正”时，用武力胁迫佟养甲。为了保命，佟养甲违心同意。

佟养甲出自八旗贵族，是不可能真心归顺明朝的。李成栋也并不相信他会真心投降，只是想利用他的影响力，使自己的声势更大。

没多久，佟养甲派出与清朝联络的密使就被李成栋截获。李成栋当场发飙，立即就想结果了佟养甲。

李元胤心思缜密，提醒李成栋，一要先禀告永历帝，以免被人落个擅专的口实。二要暗中行事，避免事态激化。

李元胤决定亲自执行，他通知佟养甲，朝廷让他到梧州去驻军。佟养甲大喜，以为出现转机，兴冲冲地带人乘船赶往梧州。

李元胤早在路上设下埋伏，同时他也拿到了永历帝的谕令，在半路截获佟养甲，将他和手下数百亲兵一起击杀。

事情从程序到操作上都办得天衣无缝，李元胤是个人才。

虽然李成栋死了，但是军队受到的损失不大，收拢一下还有不少人。

对永历朝廷来说，损失了李成栋固然可惜，不过军队主力和土地还在手里，有了这些就是实力。

那就涉及一个问题，李成栋死后，谁来统率他这些旧部。另外派人肯定是不行的，只能从李成栋手下的将领中来选择。许多人建议选择李元胤，从能力和声望上看，他都是个合适的人选。

但最终的选择却不是李元胤，而是杜永和。

第四章
清军征南

耿仲明之死

顺治五年（1648年），清军入关五年了，天下还是非常不太平。明朝宗室的政权打垮了一个又来一个，对多尔衮来说，一统天下任重而道远。

统一天下需要兵力，而清朝的核心力量就是那十来万八旗劲旅，打了这么些仗，又有不少折损，就这几年工夫，下一代也来不及接班。

于是，要靠汉军了。

汉军里，最受信任的还是“三顺王”——耿仲明、孔有德、尚可喜。这年五月，多尔衮给他们的头衔刷了一下，恭顺王孔有德改封定南王，怀顺王耿仲明改封靖南王，智顺王尚可喜改封平南王。

意思很明显了，南方就交给你们哥仨了。

多尔衮给三王增加了兵力，孔有德带兵两万，耿仲明和尚可喜每人一万，要他们南下攻略福建、两广。

耿仲明和尚可喜有些挠头，根据多尔衮的命令，福建和两广都归自己。

可是要以两万人马攻取三省之地，大概李成栋也没有这个把握。

多尔衮想想也是，于是又另调线国安、曹得先、马蛟麟、徐得功、连得成等，会合浙江、湖广等地的部分兵马，随征两广。

孔有德却很不以为然。之前，他在湖广已经和明军交手一年多，对敌人的战力嗤之以鼻，他嘲笑尚可喜和耿仲明，对自己能独立攻取广西信心十足。

不过，在正式进攻前，却又出了幺蛾子。十一月初，耿仲明和尚可喜驻兵吉安，却成了被告。起因是安插在他们身边的八旗官员向朝廷报告，两王窝藏了一千多名“逃人”。

“逃人”从身份上来说，相当于奴隶。不管是擅自离开军队或是田地的奴仆，都被称为“逃人”。

清朝对待“逃人”相当严厉，一般是捉住之后即行处死。早在努尔哈赤时期，就颁布了《逃人法》，并一直沿用到入关以后。

两汉王窝藏“逃人”，而且人数众多，此事非同小可，联想到他们的特殊身份和此时的任务，多尔衮不得不严加追查。

但这时又是用人之际，如果缺了他们，三王的辽东旧部，别人很难驾驭，严肃处理更容易激化矛盾，引发事变。

想来想去，多尔衮还是决定大事化小，给他们削爵、罚银的处罚就算完事，等秋后算账。

谁知，多尔衮没打算杀人，耿仲明竟自己把自己吓死了。耿仲明知道《逃人法》的厉害，自己觉得无法幸免，也不等多尔衮下令，干脆直接在吉安自杀，三王先去其一。

多尔衮无奈，这耿仲明也太耿直了，法就是我们定的，有啥不能商量的。无奈之余，多尔衮只能把耿仲明部下划拨尚可喜。耿仲明之子耿继茂的资历还不够，仅以“阿思哈哈番”职位统率其父旧部，充当尚可喜的助手。

先出兵的是孔有德。清初“三顺王”相比吴三桂来说，知名度要低不少，那是因为他们没有山海关可献。但就入关后的战绩来说，孔有德才应该排第一——我是说他活着的时候。

虽然孔有德此前夺下海口，多尔衮还是怕他兵力不够，又调续顺公沈永忠，总兵张国柱、郝效忠来帮忙。

这三位的名字都很忠君爱国，行动却完全相反。他们原本都是明朝将领，却既不效忠明朝，也不是国柱，更不永忠。比如，郝效忠，之前是左良玉的部下。左良玉驻军九江城外，袁继咸出城试图劝说他时，就是郝效忠潜入九江，放起了大火。

1650年秋天，孔有德发起了广西之战，他的第一个目标，是位于湘桂两省交界处的龙虎关。

驻守龙虎关的，是永历朝的永国公曹志建。

曹志建原本只是个传递消息的塘兵，在乱世逐渐发迹，一步步官升总兵。但身处大染缸，曹志建也和诸多总兵一样，军阀化倾向严重，万元吉、何腾蛟等都当过他的上司，却都指挥不动他。

经过不断的吞并和扩张，曹志建这时手下已经有了数万人。对于永历朝廷来说，算是一股不小的力量，所以还得倚重他，晋封曹志建为永国公。

当然，这时候，曾经稀罕的公爵已经烂大街了，有兵的将领许多都是公爵，你要只是个侯爵，出去都不好意思跟人打招呼。我把这称为“通爵膨胀”。

1650年秋天，孔有德进攻龙虎关。在湖南和广西交界一带，永国公曹志建和孔有德拉锯了一个多月，丢失了龙虎关、灌阳、恭城等地，损失大半士兵和十几员将领后，他带着残兵逃进了深山，清军威胁到了桂林。

桂林“双忠”

与此同时，孔有德还派出另一路人马，从全州进攻严关，对桂林形成夹击之势。

桂林在两年前就遭到过威胁，当时也是孔有德。不过，当时郝永忠表现出色，率军击退了孔有德，桂林没有遭到大的损失。

现在，郝永忠已经被击溃，逃入了夔东，谁还能守住桂林呢？桂林是永历朝廷的行在，明军数量不少，还有卫国公胡一青、武陵侯杨国栋、宁远伯王永祚、绥宁伯蒲缨、宁武伯马养麟等公侯伯爵们。

瞿式耜对桂林有特别的感情，上次整个朝廷都逃到了南宁，他坚持不撤退，死守桂林。这次，瞿式耜还是打算坚持。

瞿式耜竭力筹措粮饷，鼓励诸将备战。不料，这些养尊处优的将领已成惊弓之鸟，毫无斗志。

十一月初五，赵印选传来兴安塘报，说严关一带设置的塘兵都被扫去，清军即将迫近桂林。瞿式耜大吃一惊，急忙催促赵印选领兵扼险防守。赵印选见清军势大，畏缩不前。这天下午他和胡一青、王永祚、蒲缨、杨国栋、马养麟带领部众保护着家属离开桂林向西逃窜，城中顿时大乱。

瞿式耜眼看诸将不战先遁，捶胸顿足道："朝廷以高爵饵此辈，百姓以膏血养此辈，今遂作如此散场乎？"

看起来，在这样关键的时刻，还是原来的农民军将领来得可靠。不过，瞿式耜从来没给过郝永忠好脸色，甚至一直想要除掉他。这时候，已经没有另外一个郝永忠来保卫桂林了。

即使这样，瞿式耜也不打算放弃桂林，他决定与桂林共存亡。

桂林城内，还有总督张同敞没有逃走，他是张居正的曾孙，瞿式耜的弟子，在崇祯时期出任中书舍人，永历时期任兵部侍郎，总督广西兵马。

这时，城内的明军和官员们都已一哄而散，守城已无可能。张同敞听说老师瞿式耜还没走，立刻泅水过江赶来找瞿式耜，表态要一起留下，共赴国难。

于是，两人对坐饮酒，直到天色渐亮，清军冲入衙门，将两人俘虏。

瞿式耜是永历朝廷的头号大臣，孔有德当然要想方设法地劝降，他如果投降，对永历朝廷的残余力量是一大打击。

孔有德下令把两人囚禁在叠彩山的山洞里，以礼相待，每天派不同的人去劝降，都被严词拒绝。孔有德降低期望值，要求他们剃发为僧，也能免死，同样被拒绝。

两人相互赋诗唱和言志，合计有一百余首，名曰《浩气吟》。其中瞿式耜有句云："莫笑老夫轻一死，汗青留取姓名香。"张同敞诗云："衣冠不改生前制，名姓空留死后诗。”

到了十一月十六日这天的早晨，忽然有清兵开门，声称：“请瞿阁部、张大人议事。”二人自然知道是怎么一回事。第二天，瞿式耜、张同敞就义于仙鹤岩。

一起殉难的，还有靖江王朱亨歅。

瞿式耜、张同敞舍生忘死、从容就义，固然值得后世敬仰。但我认为，他们的这种行为，其实值得商榷。以当时的眼光看，这是气节。不过，从另一个角度来说，这也可以称为迂腐。

清军逼近，城内一片混乱，从官员到百姓都在逃离，瞿式耜已无法组织起桂林的防御。这个时候，他还有几种选择，但留下来赴死，是最迂腐的一种。

大可以及时撤退，留得有用之身，以待为国所用。要知道，1650 年这一年，是永历四年，这个年号还能持续十二年，瞿式耜还有能表现的时机。

这时候选择留下，就等于自杀，成全的只是个人名节，对事态的发展并没有起到任何作用。这样的死法，比之前的史可法、何腾蛟等人来得更没有意义。

瞿式耜这个人，为了复明殚精竭虑、鞠躬尽瘁，这是事实，气节值得后人敬仰。不过，他能力不足、观念迂腐，也是事实，这在他对“忠贞营”和郝永忠等人的排斥上表现得很明显。

瞿式耜就义比较可惜，他好歹也算是尽力了。或许，是对现实确实失去了希望，才会作出如此选择。

在同一时期，最有能力的永历大臣不是瞿式耜，也不是何腾蛟，而是堵胤锡。

壮志未酬堵胤锡

堵胤锡，无锡宜兴屺亭镇人，崇祯十年（1637 年）进士，时年二十六岁。

在崇祯朝，堵胤锡官至长沙知府，在任上曾经率领乡兵击败山贼，赢得“知兵”的名声。

南明弘光朝，堵胤锡任湖南巡抚，当年五月弘光朝廷就被清军消灭。六月，堵胤锡在当地建“君子营”，招募三千人战备。

他最亮眼的表现是在荆州单刀赴会，亲自前往李锦（李过）大营，开诚慰谕，讲明忠孝大义：

（胤锡）大义谕李锦等曰：“将军辈有大用材，而陷于不义，亦当事者之过。但念国家三百年来若祖宗食其德……于是李锦、高一功等三十余万皆就抚，听公节制。”

大顺军接受招抚，成为著名的“忠贞营”，此后成为隆武和永历时期，南明重要的军事力量。“忠贞营”能就抚，堵胤锡居功至伟。

但是，在历史上，堵胤锡却名声不显，这也正是因为他力主联合农民军的缘故。

因为朝廷里掌权的官员，如何腾蛟、瞿式耜等人，他们的共同特点，就是极端敌视农民军。

这与明朝的理学思想有关。理学发展到明末，已经唯心僵化，跟不上时代的发展。从小接受理学教育的何腾蛟等人却坚持“唯心”的主张，把理学的纲常等级视为最高天理。

在这些人的理念中，接收农民军的堵胤锡就是与“流贼”同流合污，跟逼死先帝的“凶手”合作，就是背叛了儒家的理学道德，是无法被接受的。所以，他们要处处为难和压制堵胤锡。

堵胤锡与“忠贞营”并肩作战，在荆州之战和长沙之战都功败垂成，原因都是何腾蛟的不配合与从中作梗。

堵胤锡奉命放弃即将攻克的长沙，去救援被围的金声桓，走到半路上就得到了南昌失守的消息。东进无门，归路又断，堵胤锡只得绕道广东回归。

在从广东进入广西的边境上，又发生了一件事。

半路上，堵胤锡已经和“忠贞营”分开，他带着自己的一千多部下，打算从龙虎关进入广西。

镇守龙虎关的是永历朝的永国公曹志建，此人是个跋扈的军阀，他听信谗言，疑心堵胤锡是“忠贞营”派来的卧底，是为了来抢他的地盘。

（朱谋烈）谓志建曰：此必忠贞欲袭关，堵乃先导，将谋为内应耳。志建信之。

曹志建在晚上派出军队，包围了堵胤锡所部，一番混战后，堵胤锡的部下损失殆尽。堵胤锡父子乘乱逃出，仅以身免。

堵胤锡没有在战场上为国捐躯，却差点死于自己人之手。曹志建的所为，也是南明武将的通病，他们除了一样仇视原本身为“流贼”的“忠贞营”，还担心农民军来抢夺自己的地盘，吞并自己的人马。

经过一番大周折，堵胤锡终于抵达永历帝的肇庆行在。

这时，湖南已经丢失，何腾蛟已殉国。但是，朝廷里掌权的内阁首辅瞿式耜、丁时魁、金堡等人与何腾蛟的思想并无不同，他们把丢失湖南的责任推到堵胤锡身上，对他无端指责。

好在永历帝还是相当信任堵胤锡，加封堵胤锡为少傅兼太子太师、文渊阁大学士、吏部尚书兼兵部尚书，“总督直省军务”。

受到排挤后，堵胤锡也志不稍减，积极调兵筹饷，准备再次出征。

但是，朝廷的实权人物却唯恐他掌握兵权，就在粮饷上百般刁难。堵胤锡五次上疏，才拨得三千两军饷，并且还没到手就被李元胤派人抢走。

即便如此，堵胤锡也不气馁。

堵胤锡意识到单靠“忠贞营”的力量要打败清军，还显得单薄，于是他想到了另一路农民军——此时正在云南发展的大西军余部。他强烈建议朝廷像招抚“忠贞营”一样，和大西军合作，联合抗清。

可惜，堵胤锡还没能来得及看到愿望实现，就已心力交瘁，于十一月二十六日一病不起，赍志以殁，年仅四十九岁。

堵胤锡的一生并不长，活跃在历史舞台上的时间更短，真正的高光时期，从 1645 年起到 1649 年去世，只有短短四年。

时间虽短，堵胤锡却是南明政权中高明的战略家，出类拔萃的人物。

对待李自成的大顺军、张献忠的大西军等农民军部队，南明各政权的政策也在发生着变化。从弘光时期的“联虏平寇”，到隆武时期的“联寇灭虏”，有识之士已经意识到，联合农民军对抗清军，才是保证双方都能生存下去的唯一法则。

虽然政策如此，但是难以改变何腾蛟、瞿式耜、金堡等人根深蒂固的理学思想。他们或明或暗，始终对农民军进行不断的排挤和打击，从未真正把他们看作自己一方的力量。

只有堵胤锡，在李过、高一功等人即将与南明决裂时，单刀赴会，晓之以理，打动了农民军将领，实现了联合。在此后的战斗里，大顺军余部表现出来的战斗力远远超过南明军阀们的军队，如果不是到处受到掣肘和打击，本来可以取得更大的成功。

南明政府自己也承认，“今日朝廷所恃者忠贞营耳”。

农民军的抗清决心，也毋庸置疑。就算堵胤锡去世后，“忠贞营”依然在夔东坚持抗清十三年，直到康熙三年（1664 年），才被彻底扑灭，成为坚持到最后的抗清力量。

堵胤锡的英年早逝，还有更大的影响。

进入云南的大西军，在经营两年后，已兵精粮足。孙可望等首领决定出滇抗清。

张献忠死后，大西军有四位首领，也就是张献忠的四个义子：孙可望、李定国、刘文秀、艾能奇。其中，艾能奇已阵亡，剩下三人以孙可望年龄最长，被推为盟主。

但是，三人各有部下，孙可望并不能完全驾驭他们。所以，他想要向永历帝请封为王，以便在爵位上压制住他们，确立自己的领导地位。

孙可望派出使者与永历朝廷联系，但朝廷里的瞿式耜等大臣强烈反对封孙可望为王。争论了几个月，使者杨畏知不得不退而求其次，请求改封孙可望为公爵，李定国、刘文秀为侯爵。

这下大臣们都表示同意。

堵胤锡觉得有问题，孙可望请封的是秦王，朝廷却仅仅封了他一个景国公，这比砍半价还要狠，差了几个档次，孙可望能乐意？

堵胤锡赶紧从中斡旋，稳住大西军使者，同时连续上疏请求朝廷改封。

永历帝觉得堵胤锡说的有道理，折中了一下，改封孙可望为平辽王。

二字王变成三字王，孙可望虽极其不满，但最后还是顾全大局，出滇抗清。

试想，如果不是堵胤锡及时斡旋，孙可望仅仅得到个公爵的封号，事情又会如何发展。可惜，在这一年冬天，堵胤锡就与世长辞。

堵胤锡的去世，使永历朝廷失去了一个高瞻远瞩的战略家，失去了一个能整合各方力量的关键人物。

明末孤忠堵胤锡英年早逝，永历帝也痛悼不已，为他辍朝五日，谕祭九坛，赠上柱国、中极殿大学士，太傅兼太子太师、浔国公，谥文忠。

第五章
东南沿海

郑成功抗清

这时候的天下，除了永历朝廷、清朝和正蛰伏在云南的大西军，还有另一支军队——郑氏集团。

这个集团之前曾经讲过，现在它的首领换了人，原来的老大郑芝龙正在北京被恩养，子继父业，他的儿子郑成功成了新任首领。

郑成功之前也曾出兵福建，攻击同安等地，与清军互有胜负。由于陆战军队经验不足，郑成功开始注重任用投降的将领王起俸、姚国泰来训练骑兵。

永历二年（1648 年），李成栋“反正”，广东重新归属永历朝廷。永历帝封李成栋手下郝尚久为新泰伯，驻扎潮州。

这时，郑成功控制的地方是厦门和铜山一带，紧邻潮州。

此时是永历朝廷形势最好的时候，几乎重新恢复了半壁江山。如果郑成功能和李成栋联手，水陆并进，兵发福建，优势不是一般的大。

这事，李成栋早就盘算过，他曾上疏永历帝：

速当发诏通成功，连兵恢复。

“反正”后的李成栋，还是比较深明大义的。然而，郑成功不是。

对郑成功这个人，很难评价，贸然下结论过于草率，我们还是一件件事来看。

对郑成功来说，这时最重要的不是发兵北伐，而是先在大陆上找到一块能控制的地方。郑成功的部下以水军为主，他有军队，就有养兵的压力。而在农耕社会，如果没有一块陆地的根据地，是很难养活几万人的军队的。

粮饷供应，是郑成功的“阿喀琉斯之踵”，这一点将成为他终身的痛。永历三年（1649 年）这一年，这个问题还刚刚开始困扰郑成功。

厦门、铜山，当时地盘和产出都有限，郑成功必须到处寻找粮饷来养活军队。去哪儿找呢，郑成功觉得越近越好，跑到福建去抢清军会被打，那么为什么不去近在咫尺的潮州，同样会被打，但这里下手没清军那么重。

这样的观念，也将伴随郑成功终身。

这时，潮州已被李成栋控制，这两个人事实上是互相看不惯的，因为一个是北方人，一个是南方人。

郑成功的叔叔郑鸿逵带着三千多人到潮州府下的揭阳县来“征收”粮饷。

郝尚久觉得莫名其妙。我是潮州总兵，朝廷把我封在这里，征收粮饷是我的事，你鬼鬼祟祟地跑来搞征收，算是哪门子事。

从道理上讲，郝尚久没错，哪个当地的父母官也不会允许他处的官员来自己的辖地征粮。郑成功却不这么认为，你不肯给，那我就抢。

永历三年八月，郑成功带着军队再次来到揭阳，郝尚久亦不甘示弱，两军在揭阳交战。

根据记载，郑成功的兵力是二十四镇，共一万二千人。

郝尚久打不过郑成功，郑军先后占领了海阳、揭阳、潮阳、惠来、普宁等县，甚至在第二年六月包围了潮州城。

郑成功之所以这么干，有两个原因。

一是南北兵之间由来已久的矛盾。这个问题难以化解，从戚继光时代一直延续到现在，是明朝军队一个不可言说之痛。

二是郑成功对潮州、惠州的垂涎欲滴。在他眼里，只有占据了这两块地方，自己才有资源发展，才真正能成大事。所以，他不顾一切也要争夺潮、惠两州，现在如此，之后也是如此。

这么想要地盘，为什么不去福建打清军，而要打自己人呢？

这就是郑成功的矛盾之处。

在《平南王元功垂范》里，有一段记载，是郑成功和部下的对话：

（成功）谓海如曰："我举义以来，屡得屡失，乃天未厌乱。今大师至此，欲择一处，以为练兵措饷之地，必何而可？"海如曰："潮属鱼米之地，素称饶沃，近为各处土豪山义所据，赋税多不入官，藩主策而收服之，藉其兵□而食其饷，训练恢复，可预期也。"藩曰："我亦思之，但潮邑属明，未忍为也。"海如言曰："宜先事入告，然后号召其出师从王，顺者抚之，逆者讨之。"

以上记录可以看到，郑成功这时并没有把自己当成明朝的人。清军太强，损失太大，划不来。潮州既近，又比较丰饶，明军战斗力还不强，不抢它抢哪里？

郑成功进攻潮州，从永历三年（1649 年）一直持续到永历五年（1651 年）六月，它给整个广东的局势带来严重不利影响。

朱以海的立场

郑成功的辉煌，在这时还没有到来。在东南沿海，这时对清朝威胁最大的，不是郑成功，而是另一个人——朱以海。

监国鲁王朱以海，简称鲁监国，此前出场不多，最引人注目的是他和唐王朱聿键对帝位的争夺，随后就是被清军迅速平定，自己航海出逃。

基于朱以海过去的表现来看，他似乎是个无堪大用的藩王。朱以海在前期的表现确实不怎么样，不过自从他航海逃亡之后，就似乎变了一个人。

以清军攻陷浙东为分界线，朱以海的人生被鲜明地划分为两个阶段。

之前，他是个自私自利的藩王，身处抗清前线，与隆武帝争夺正统地位，最后还兵戎相见，使两家的力量都被削弱。

之后，他似乎幡然醒悟，洗心革面。名利、地位对他来说已不再重要，他的表现，要远远强于弘光、绍武、永历等叔伯兄弟，甚至也强于隆武帝。

有时候我想，如果当初是朱以海登上皇位而不是朱聿键，结果会不会有什么变化。因为朱以海不像朱聿键那样是光杆司令，他有自己的嫡系大臣和军队，而且从表现上来看，后期的朱以海执行力简直爆表。

历来对朱以海的介绍都很少，我来详细说一下。

隆武二年（1646 年），朱以海逃亡海上后，流浪了一段时间，被永胜伯郑彩迎往福建，安顿下来。

郑彩是郑芝龙的同乡，也是郑氏集团的成员。但他和郑成功不同，郑彩是个忠义之士。

郑彩接回朱以海没多久，郑氏就分裂，留在福建的郑成功成为新的集团首领。郑成功很奇怪，在这几年里，隆武帝已殉国，永历帝继位，他却仍然尊奉早已不存在的隆武帝，与永历帝的部下大打出手。

原因也说过，因为郑成功只是个海盗，优先考虑的是自己的利益，尊谁为帝，也是从这点出发。他尊奉早已殉国的隆武帝，只是为了行事便利，不受约束而已。

连永历帝也不愿承认的郑成功，当然更不会承认朱以海，不过民心不是郑成功能控制的。

永历朝廷远在广西，被江西和广东隔绝，号令无法传到东南沿海。于是，这一地区的抗清军民纷纷接受朱以海的领导，鲁监国成为东南的一面抗清旗帜。

永历元年（1647 年），朱以海在长垣誓师，封郑彩为建国公、张名振为定西侯，杨耿为同安伯、郑联为定远伯、周瑞为闽安伯、周鹤芝为平夷伯、阮进为荡胡伯。这些人里，不少是原来郑芝龙的部下，因新任首领郑成功这时态度摇摆不定，他们就脱离了郑成功、郑鸿逵的控制，带着部下前来相与抗清。

朱以海的誓师，并不是仅仅封了一堆公侯伯爵而已，他是实打实地出兵，光这一点，在当时已经是非常难能可贵。

从正月到六月，鲁监国军队开始收复失地，先后攻克海口、海澄、漳浦等地，并数次进攻漳州。

随后清军反击，明军收复的州县再告失守，总兵林龠舞、赵牧等战死。

失利的原因是战斗力差距，鲁监国手下以原来郑芝龙部下为主力，他们擅长水战，不善陆战。

明军不得不再次退守海上。

按照惯例来看，抗清斗争将再次陷入低谷。然而并不是，修整了一个多月后，朱以海作出了一个惊人的决定——亲征。

“亲征”这两个字，对明朝官兵来说是个遥远的回忆。在明初，皇帝们屡屡亲征，手刃敌军也是家常便饭。从明英宗朱祁镇亲征蒙古，在土木堡折戟沉沙后，皇帝就基本上不再亲征。

最后一个亲征的明朝皇帝，是明武宗朱厚照，离朱以海这时已有一百三十多年。

朱以海不是皇帝，但在东南沿海军民眼里，是不是皇帝已经没那么重要，他是明朝宗室，此刻在这里就是皇帝一般的存在。

明末诸多宗室——朱由崧、朱聿键、朱由榔等人都不敢或没能做到的事，朱以海做到了。他没有称过帝，但我认为，他才是明朝最后一个亲征的“皇帝”。

朱以海亲征不只是喊喊口号，也不像隆武帝朱聿键那样悲催，有心亲征却没有军队。在这时候，朱以海在东南沿海的影响力要大于郑成功，宗室就是有这么大的能量，何况朱以海还是保留着监国的称号。所以，也就不难想象，清朝的统治稳固后，对待民间出现的真假莫测的“朱三太子”还要如此紧张。

1646年七月，朱以海亲征，明军先后收复连江、长乐、永福、闽清、罗源、宁德等地。除了正规军，各路义军也纷纷响应，在福建建宁府，郧西王朱常湖、王祁、李长蛟等人攻占了府城，擒杀知府高简。刘中藻在福安起兵，王祁、陈文达、朱锋等围攻福宁，福建各地“遍海满山，在在皆贼”。

到了1648年初，明军取得很大的战果，福建已有三府一州二十七县被收复，省会福州已处于被围攻之势。在福建，清朝统治已临近崩溃边缘。

朱以海能取得如此战果，重要原因是博洛早就押着郑芝龙，带着大军回到了京师，福建清军兵力空虚。

但是，朱以海自身的努力也不能不提。不管最后如何评价朱以海，要我说，他至少是个勇敢的人。

亲征已经是破天荒，朱以海接下来的表现，不说空前，也可以说是绝后的。

朱以海是鲁王朱檀一系，明太祖朱元璋的十世孙，他父亲是鲁肃王朱寿镛。这个鲁王，本来也轮不到他来当，朱寿镛死后，袭爵的是他的长兄朱以派。

鲁王的封地在兖州，崇祯十五年（1642年），清军再次翻越长城入关，兖州被攻破，朱以派自缢殉国。朱以海也差点没命，靠躲在死人堆里装死才逃得一命。

目睹了兄长惨死，近距离接触过战争，或许是朱以海此后坚持抗清的动力。

崇祯十七年（1644年），朱以海袭爵。一个月后，李自成进入北京，朱以海南逃台州，从此就始终在浙东活动。

在绍兴监国的时候，朱以海已经表现得比较勇敢，他敢于亲自跑到钱塘江防线前沿去犒劳官兵，没想到那只是预热。

这次，他直接就跑到闵安，督师进攻福州。

闵安如今属于福州市，它到福州市中心的车程大概在四十分钟。统帅敢于把指挥部设在离敌营如此之近的地方，要冒很大的风险，具体例子可以参见之前的李成栋。

这还不是朱以海的底线，在后来清军进攻舟山时，他甚至亲自率领舰队出战迎敌。明末这么多宗室，永乐大帝亲征的英姿，只在朱以海身上才能依稀看到一丝。

有这样的统帅，底下人当然愿效死力。朱以海率官兵和义军围攻福州，城里清军的情况相当窘迫。

> 四方俱起，城中坐困。兵马日出于掠，家甲戒严，不时查点。不在者便为通贼，多一人即为奸细。其令十家连坐，人人重足；城内饿死十之八九。

清闽浙总督陈锦一再告急，多尔衮急调礼部侍郎陈泰率梅勒章京董阿赖等带兵南下，救援福州。

不要被陈泰的官职所迷惑，他是个不折不扣的八旗名将。

陈泰的名字看着像汉人，其实是个旗人。他是钮祜禄氏、镶黄旗人，清朝开国五功臣额亦都之孙，早在皇太极时期就与明军交战，表现亮眼。

皇太极攻锦州，宁远明军出援，陈泰一马当先直冲敌阵，夺得大纛归阵。这种大功胜过先登，实力、勇气、自信、决断力，缺一不可。

清军突入关内，威胁京师，驻屯在德胜门外与袁崇焕针锋相对的就是陈泰所部。

大凌河之战，明监军道张春率军赴援，中了陈泰的埋伏，全军覆没，张春本人被擒。

松锦之战，清兵外出寻找物资被明军包围，陈泰先后六次杀入重围，救出被围清军。

显然，陈泰是个披着礼部侍郎外衣的武官。这时候，形势要求他重操旧业，礼部的事只能先搁一搁了。

陈泰挂靖南将军印，率军出征，手下还有几员勇将——梅勒章京董阿赖、梅勒额真济席哈、李永芳之子李率泰、祖大寿从子祖泽远。

这个配置，比不上谭泰、博洛这个级别。福建的明军势头正盛，陈泰此行有多大的把握，实在还是个未知数。

陈泰领兵进入浙江，他们担任的是主攻，给他们“助攻”的，却是郑彩。

郑彩之前保护过朱以海，在他出兵时，主要也是依靠的郑彩、郑遵等郑芝龙旧部的力量。郑彩此时官至建国公，兵权在握，为何要背后捅刀子呢？

郑氏集团的人，都没那么单纯。

他们本质上是一群武装商人，相当于一个公司。郑氏在海上纵横几十年，能在这个集团里混到一定地位的人，在思想上和行动上，必然是要认可整个集团的理念的。

集团的理念，就是要追逐利益。

郑芝龙之所以接受明朝的招抚，是因为利益。归附明朝，他能受到官员的保护，又能保持相对独立的地位，实力不受影响，还有诸多好处，何乐而不为。

此后，郑芝龙又想故技重施，结果被博洛摆了一道，这时正在京师过着软禁的生活。

郑成功、郑鸿逵的目的也没那么单纯，他们尊奉的是早已不存在的隆武朝廷，时而出兵攻明，时而出兵攻清，原因是什么，大家心知肚明。

郑彩同样如此。

郑彩得到鲁监国，郑成功羽翼未丰，他就有了开分公司的想法，跟他一起干的，还有郑联、杨耿等人。

奉鲁监国为旗号出兵，既名正言顺，又能得到利益，扩充实力，名利双收。

在乱世里，实力是最重要的，如果不能强大起来，早晚会被人灭掉，郑彩也懂得这个道理。

不过，虽然郑彩一手遮天，鲁监国朝廷里也还是有其他大臣的，比如兵部尚书、东阁大学士熊汝霖。

熊汝霖是朱以海嫡系，早在弘光朝廷灭亡后，就率先迎立朱以海于绍兴，此后跟着他一路颠沛流离，忠心耿耿。

熊汝霖当然不愿看着朱以海被郑彩操纵，成为"朱聿键第二"。他和郑彩发生矛盾，被手握重兵的郑彩杀害。即使郑芝龙，也不敢公然杀害朝廷大臣，最多只是暗中派人割了隆武帝户部尚书何楷的耳朵，郑彩的真面目终于暴露了。

不平的还有义兴侯郑遵谦，他虽然姓郑，却不是郑家人，他是浙江余姚人。郑遵谦不满郑彩擅杀熊汝霖，与他公开决裂，被郑彩下令逮捕。郑遵谦不屈，投海自尽。

朱以海得知熊汝霖被害，辍朝五日，哀痛不已，恸道："杀忠臣以断股肱，生何益耶！"说着欲跳水寻死，被左右侍臣力阻劝止。

郑彩在 1648 年正月杀害熊汝霖，两个月后，陈泰就攻入了浙东。三月二十九日，清军包围建宁，驻守在这里的是原来的义军王祁所部，现在他已被加封为郧国公。

虽然归附了鲁监国，王祁却不是郑彩系统，郑彩借口兵力不足，拒绝发兵援助。城中粮食不足，王祁又求助于活动在漳州一带的郑成功。郑成功口头答应，却不发一粒粮食。这也是他的一个特点，不会把事情做绝，但当别人对他心存希望时，得到的却往往是失望。

外无援兵，内无粮草，四月四日，建宁城失陷，郧西王朱常湖、郧国公王祁殉国，清军进入福州的通道被打开。

福州得到增援，明军的包围难以为继，朱以海移节沙埕。各地的明军缺乏统一调度，被各个击破，原先收复的州县又重新被清军占领。

那么这个时候，郑彩在干什么呢？他也在焦头烂额。因为郑成功趁他正面受敌，出兵突袭，杀死了他的弟弟郑联，占领了郑彩的老巢厦门。这些个老郑家的头脑，从来也不让人省心。

郑彩实力大损，这时候他又想起了朱以海，向朝廷求救。众人早已不满郑彩为人，非但没救，还发兵击破郑彩余部。郑彩出海逃走，从此一蹶不振。

虽然搞掉了郑彩，但是这么一折腾，朱以海也没有了跟陈泰叫板的实力，只得再次退往海上。

退到海上，总得有个落脚点，这时厦门已被郑成功占据，他还在尊奉着殉国已三年的隆武帝，是不会承认朱以海这个监国的，到哪里去就成了个问题。

张名振出了个主意，他把手指指向了地图上的舟山。舟山不是无人染指，这里始终驻扎着一个军阀——黄斌卿。

这位黄斌卿，可以说是劣迹斑斑，之前他就乘人之危，攻杀逃到舟山的隆武帝余部，扩充自己的实力。对于他，史料中的一句评价很贴切“怯于大敌，而勇于害其同类”，也就是个尿包，只会害自己人。

张名振、王朝先等大臣谋划已定，以朱以海的名义带兵来到舟山，乘其不备，袭杀黄斌卿，安抚其部下，宣布“监国之来，代唐恢复，肃鲁（虏）原部自应协力”。

安顿好形势，张名振将鲁监国接到舟山。朱以海付出了惨重的代价，终于得到名臣辅佐，不再受制于人。舟山群岛从此成为鲁监国的基地，也成为浙东抗清的中心，成为牵动天下的一角。

尚可喜与耿继茂

1650 年是永历四年、顺治七年，孔有德攻入广西，攻占桂林，瞿式耜、张同敞殉国。

这只是两路清军中的一路。另一路由尚可喜、耿继茂率领，他们的目标是广东。

1649 年年底，尚可喜也全军开拔，执行他的任务。十二月二十八日晚，清军翻越梅岭进入广东，逼近南雄。除夕当晚，南雄城内的明军正在吃年夜饭，军民庆祝新年。这时，尚可喜提前派进城内的间谍四处放火，趁着明军救火，打开城门，城外埋伏的清军一拥而入，明总兵杨杰等十三名将领，带着城里的六千多名官兵与清军巷战，最终全部战死，南雄失陷。

休整两天后，尚可喜再次出发，正月初六占领韶州。此前，明韶州官员和守军已事先逃跑，韶州一府六县没做出什么大的抵抗就宣告失守。

在离韶州六百多里地的地方，就是肇庆，永历帝的行在所在。按照清军的速度，推进到肇庆也不过就是三五天的事情。

朱由榔在肇庆安顿了一段时间，现在又面临着选择——逃，还是不逃。这时广西还没有被进攻，一番争论下，朱由榔终于还是登舟逃离，逃往梧州。

相比肇庆这座小城，尚可喜的目标更大，他要攻取广州。

广州的形势当时来看并不恶劣，它比之前多铎攻南京、谭泰攻南昌、八王围攻大同时的形势都要好得多。不管从理论上还是实际上来看，明军守住广州的把握是很大的。

尚可喜、耿继茂率领的军队并不多，即使多尔衮给了他们补充，也不过两万多人。两广地区明军的兵力远远多于尚可喜，据守广州城的是新任两广总督杜永和，他原来是李成栋的部将，以善守闻名，而且广州又是座坚城。

虽然李成栋之前有一万多人平定广东的先例，不过那是场闪电战，明军还没搞清楚情况，广州就被拿下。这次则不同，攻下南雄后，清军已经无法隐藏踪迹，打不成闪电战了。

这时候，永历帝朱由榔手下还有两支主要的兵力——庆国公陈邦傅和“忠贞营”，他也正是派遣这两支军队从广西出发救援广州。

但是，这两支军队都让他失望了，他们甚至都没能进入广东。

为什么呢？因为派系矛盾。

陈邦傅是个武举人，不过他的武举不是自己考上的，而是靠贿赂得来的。陈邦傅的拿手本领是钻营，加上他是富家子弟，颇有钱财，靠着拿钱铺路和逢迎巴结，到了永历时期，他从原来的参将一路坐到了庆国公的位置。

陈邦傅是浙江绍兴人，也就是南方人，与之相对的，现在朝廷里掌权的是北方人。这些人被称为“齐党”，包括瞿式耜、李元胤、杜永和等人，他们中许多原来是李成栋的旧部。

似乎又回到了之前党争的问题。

实际上没这么严重，对所谓“齐党”有意见的，主要就是陈邦傅，因为他的野心很大。

陈邦傅的终极目标，并不是争夺永历朝廷的权力，而是效仿云南沐家，世镇岭南，至于皇帝是谁，他并不怎么关心。

这样的心态，决定了陈邦傅不可能真正出力，拿自己的军队去跟清军硬拼，消耗自己的实力。除了保存实力的原因，还有更重要的一点，两广总督杜永和是李成栋旧部，地道的北方人，两人之间从来尿不到一个壶里去。

好了，陈邦傅这一路援兵就这样被解决了，还剩一路：忠贞营。

说到“忠贞营”，他们不存在南北地域之争，抗清的决心也毋庸置疑，虽然有些军纪问题，但那主要也是被逼的，因为他们到处被排挤，没人肯供应粮饷。

“忠贞营”是可以出力的，他们的战斗力也远强于陈邦傅的部下。虽然这时候“忠贞营”的首领李赤心，也就是原来的李过正好病死，大营举丧，无法全部出征，但“忠贞营”还是派出刘国俊率部赴援广州。

只是刘国俊部仍然没能进入广东。

这是怎么回事呢，因为堵胤锡去世了。

堵胤锡千辛万苦地回到肇庆行在后，被加封为少傅兼太子太师、文渊阁大学士、吏部尚书兼兵部尚书，“总督直省军务”。

他日夜操劳，终于在当年十一月二十六日心力交瘁，撒手人寰，年仅四十九岁。

“忠贞营”是堵胤锡单刀赴会招抚的，随后也一直在他的节制下作战。堵胤锡之于“忠贞营”的意义，就是“忠贞营”能在永历统治地区活动的根本。

随着堵胤锡的逝去，这个基础不复存在了。

排挤“忠贞营”的，并不只是已经殉国的何腾蛟和即将殉国的瞿式耜，他们只是两个代表人物，大部分官员都是一样的心理。特别对于武将们来说，还要加上一条，怕“忠贞营”乘机兼并自己的部队，抢占自己的地盘，就像之前的曹志建一样，听到“忠贞营”就风声鹤唳。

所以，广东当地的明军将领们是不会放“忠贞营”入粤的。比如，这时被永历帝留在肇庆督守的李成栋之子李元胤，他始终坚决主张排挤“忠贞营”，拨给“忠贞营”的饷银，就曾经被他派兵抢走。

永历帝派出的两路援兵，连广东都没能进入，广州只能靠自己了。

这同样也是件奇怪的事情，广州是广东的省城，这时尚可喜和耿继茂占领的只是几座不大不小的州县，离占领广东还差得远。广东全省的兵力这时远远超过清军，咋就只能靠广州自己了呢？

前面我们说过，在李成栋意外落水身亡后，他的实力还在，几十万“反正”的明军，虽然战斗力参差不齐，但人数还是很吓人的，如果挑挑选选，几万精兵还能挑得出来。

问题是，谁来统率他的这些部下。从当时的情况来看，最好的人选是李成栋的养子李元胤。李元胤这个人，有他的缺点，比如和瞿式耜一样，非常敌视农民军，连拨给“忠贞营”的军饷都被他抢了。但是，他同样有优点，比如非常忠于永历帝，他在李成栋旧部里很有威信。

为什么最后选了杜永和？据说杜永和花了大笔的银子行贿，才得到了两广总督的位子。

从能力上来看，杜永和其实也不赖。他原来是许定国的部下，对，就是在睢州诱杀高杰，制造重要事件“睢州之变”的那位许定国。

杜永和不愿跟着许定国降清，就跑去投靠了刘良佐。谁知刘良佐也不是什么好鸟，随后也投降了清朝，杜永和也就跟着降清。

在刘良佐麾下，杜永和得不到重用，他发现李成栋混得不错，又投靠了李成栋。从此，杜永和跟着李成栋南征北战，从江南一路杀到了广东，成为他麾下的干将。

李成栋"反正"后，杜永和作为前锋，主动进攻清军，打了好几个胜仗。

从军事能力来看，杜永和未必不如李元胤；从实力来看，杜永和有数万军队，也有资格，问题是他政治能力不行。

政治能力不行的原因，是他非李成栋嫡系，杜永和属于半路投靠，到现在也不过四五年时间。李成栋的部将们，许多都是从崇祯年间就一起作战的老部下，他们不服杜永和，比如惠州总兵黄应杰、潮州总兵郝尚久等人。

在他们看来，李元胤当不成两广总督，也轮不到杜永和，都认为自己比杜永和更有资格。所以，他们并不愿接受杜永和的节制。广东名义上是一个省，实则各个总兵各拥自己的势力。杜永和这个两广总督，真正能号令的只有自己的广州，广东事实上处于总兵们各自为政的分裂状态。

黄应杰、郝尚久会不会来救援广州呢，也没说不来，看心情吧。或者说，先看看情况再说。

广州之战

1650年三月初六，尚可喜攻取了从化、清远等县后，推进到了广州郊外。尚可喜先对杜永和发出招降，被拒绝后，初九发兵从北面进攻广州。

杜永和善守，把守军安排得井井有条，据城力守。连续几天，尚可喜没有取得任何进展，反而损失了不少兵力。

面对广州这样的坚城，强攻是攻不下的。但这时的清军已经不是努尔哈赤时代，如何攻克大城，他们已经有了自己的方法。

方法在之前已经过数次实践，证明切实有效——就是深挖壕沟，围点打援。

这一招是从皇太极围困大凌河时首创的。

在“己巳之变”皇太极带着后金军扒长城入关后，一路野战几乎没有对手，但在攻城时出了幺蛾子。

以昌黎城为例，后金从1630年正月初十到正月十四日，四次攻城，城内知县左应选坚决不降，誓死抵抗，结果后金军用尽办法，始终无法破城。

这实际上是努尔哈赤时代到皇太极初期的遗留问题，后金军缺少攻城经验和重型火器，面对坚城往往采取靠内应、劝降、引诱明军出战等办法。努尔哈赤攻下开原、铁岭、广宁，都是用的这些办法。但是，在袁崇焕坚守的宁远，老办法失效后，绝对优势的后金军还是无法攻克宁远。

皇太极自己，也在宁远和锦州沿用努尔哈赤的老办法，继续强攻，结果是连吃两次亏，损兵折将。

进入中原，后金军攻城能力的短板暴露得更加明显，昌黎这个县城都无法攻破，北京这样的巨城更加无法想象。

一路走来，皇太极对这个问题看得更加明白，他开始在战术上谋求解决之道。“己巳之变”中，后金军的攻城乏力，让皇太极在之后的战役里开发了新的战术——“围点打援”。

两年后，皇太极发动大凌河之战。他一改之前强攻的办法，连挖四道壕沟，严密围困。明军无法突围，援兵又被早有准备的八旗军连续歼灭——这就是“围点打援”。

四个月后，城中粮尽，人互食，祖大寿终于不得已出降。

“围点打援”的战法，从此在后金军中成为一种模式。

入关后，谭泰围南昌，八王围大同，都是用的这一招，屡试不爽。

但这个战术，明军又是学不来的，因为它建立在清军野战强悍的基础上。浑河一战后，明军几乎没有了能在野战中和清军争胜的军队。南昌和大同之围，外围明军都曾派出援兵，都被清兵一一击败。又深又宽的壕沟又阻挡了城内守军出击，外无援军，内无粮草，日久人心生变，城池就这样被拿下。

现在，轮到广州了。

广州城兵力不少，防守坚固，主将杜永和又善于守城，尚可喜强攻失败，只得改变策略，开始围困。

但是，要靠尚可喜、耿继茂带来的兵力来围困广州城，事实是做不到的，因为广州城三面陆地，一面环水。就算清军围得再紧，没有水师，包围圈也无法形成。

水师哪里来，送上门来了。

在广东沿海地区，活跃着一支水师。理论上，他们属于明军，实际上，他们是打着明军名义的海盗。这在当时并不稀奇，除了郑芝龙，东南沿海还活跃着一些大大小小的海盗，官军无力剿平他们，于是采用招安的手段，封给他们一些官职。海盗们有的愿意接受，并且愿意进一步和朝廷合作，比如郑芝龙；有的愿意接受，但只是表面上接受节制，实则自己还是干着海盗的勾当，比如红旗水师。

红旗水师活跃在广东沿海，他们的首领是梁标相和他的两个义弟刘龙胜、徐国隆。和郑芝龙这样的巨盗相比，红旗水师只能算是小喽啰，总共也就一百多条战船。

正是因为规模不大，红旗水师更容易被利诱。

尚可喜派人与他们联系，开出优厚的条件对他们招降。如果拥有郑芝龙、郑成功这样的实力，尚可喜这个级别能开出的条件对他们是没有任何吸引力的。但是，红旗水师不同，他们在明朝那里，也就拿到个总兵的头衔，在这个公爵已经遍地走的时代，往楼下扔块砖都可能砸到个总兵。

明军的官职已经严重通货膨胀。清军却不同，总兵就是总兵，什么职位带多少兵发多少饷银，绝不含糊，是很有诱惑力的实职。利诱之下，梁标相、刘龙胜、徐国隆带着部下剃发降清。为了纳上投名状，他们带着手下一百二十多条战船偷袭了杜永和的水师。

明军水师毫无防备，毕竟他们名义上是自己人，哪会想到被背后捅刀子，战船被焚毁殆尽，杜永和失去了自己的水军力量。

至此，尚可喜完成了对广州城的四面合围。

说到清初“三顺王”，个个都对清朝感恩戴德、忠心耿耿。而其中能力最强、最死忠的，还要数尚可喜。

多尔衮率清军入关时带上了“三顺王”，并对他们加以重用。从清朝的角度来看，这是一大妙招。

用人不疑，疑人不用。在这点上，无论是皇太极还是多尔衮，都比崇祯皇帝要强了太多。

“三顺王”入关后，一路鞍前马后，转战数万里，成为清军的重要力量。如果没有他们，多尔衮的兵力将更加捉襟见肘。

在“三顺王”里，尚可喜是最忠诚的一个，也是结局最好的一个。广州之役，就是他军功的顶点。

“三顺王”本来都是皮岛毛文龙手下，对水师是相当熟悉的。尚可喜命总兵许尔显、中军盛登科等监督增造船只一百一十九艘，到九月十八日才完工；又招募水兵二千二百名，会同红旗水师控扼广州水域，与陆上清军形成犄角之势。

同时又双管齐下，派人招降了惠州总兵黄应杰、潮州总兵郝尚久。这样广州附近已都被清军占领，广州终于成了一座孤城。

围困已经形成，打援也不费力。在陈邦傅、“忠贞营”入粤失败后，永历朝廷再次作出努力，又派出勇将马宝由肇庆进攻清远，试图“围魏救赵”，以便广州城内破围。

要说马宝，他在以后还会扬名立万，但不是现在。马宝最后归顺了吴三桂，成为他麾下头号勇将，在“三藩之乱”中一度成为八旗军的梦魇，但这时他已经无力回天。

因为时机已经错过，清军得到了来自江西、安徽等部的增援，兵力变得强大。尚可喜只是分出一部分兵马，就击败了来援的马宝，“围魏救赵”宣告失败。

除了陆路，明军在水路也派出援兵。大学士何吾驺组织总兵陈奇策率领战舰一百余艘，企图打破水面封锁，一样被击败。

广州的命运就这样被确定了，哪怕杜永和再善守，长期围困之下也只能接受失败。

十月下旬，清军火炮铸造完毕，准备就绪，这时广州已被围了七个多月。

十一月初一，尚可喜一声令下，清军集中炮火轰击广州西北角城垣。第二天该处城墙已被轰塌三十丈，尚可喜、耿继茂亲临前线督战，指挥清军从缺口攻入城内。

在巷战中，明军官兵被杀六千多人，总兵范承恩被擒。总督杜永和见大势已去，带着一些残兵败将从水路逃生，广州宣告被占领。

广州被攻克在历史上是件大事，不是因为战役的胜败，而是因为被占领的后果——占领广州后，尚可喜同意了部下屠城的请求。

屠城在之前已有说过，在这朝代交替的乱世中并不少见。之前，李成栋、吴三桂、多铎、谭泰、多尔衮等都干过，哪怕是明军，一旦占领城池，杀戮之事也不少见。这都是对敌方的报复，对己方的奖赏。

但广州之屠，是其中最为惨痛的一次。具体杀了多少人，无法精确统计，从八万到七十万，有许多种说法，现在已无法证实。

引用一下当时番禺县人王鸣雷的祭文以见当日情状：

甲申更姓，七年讨殛。何辜生民，再遭六极。血溅天街，蝼蚁聚食。饥鸟啄肠，飞上城北。北风牛溲，堆积髑髅。或如宝塔，或如山邱。便房已朽，项门未枯。欲夺其妻，先杀其夫；男多于女，野火模糊。羸老就戮，少者为奴；老多于少，野火辘轳。五行共尽，无智无愚，无贵无贱，同为一区。

朱由榔的坏消息与好消息

1650年，是永历四年、顺治七年，在十一月的同一天，永历朝廷同时收到了两个消息，都是坏得不能再坏的消息——桂林和广州陷落。

此时永历帝正驻节在梧州，两省省会失守，就跟天塌了没什么区别。下一步清军的兵锋显然将直指广西，必定以生擒永历帝为最终目标，这时朱由榔手上的牌已经少得可怜。如果说清军保持进攻速度，很快就能灭亡永历朝廷，大多数人也会相信。

桂林到梧州也就六百多里，孔有德要是一发狠，三四天就能杀到。

朱由榔的最大本领是逃命，他不会坐以待毙，立即发动自己的技能，拾掇拾掇登舟逃难。事实上，他这时候已经没啥地方可去了，在地图上划拉来划拉去，最后逃到了南宁。

南宁比梧州到桂林的距离……也就远了二百里地。

逃跑路上，还发生了一件事。庆国公陈邦傅早就怀有异心，这时候打算活捉朱由榔，拿去给清军做投名状。这种事朱由榔已经不是第一次碰到了，之前的刘承胤也是如此，被他躲过了，这次陈邦傅同样扑了个空。

无奈，陈邦傅只能退而求其次，诱杀了同僚——宣国公焦琏，把焦琏的首级作为给孔有德的见面礼。

焦琏此人原来是靖江王朱亨嘉属下将领，朱亨嘉叛乱被瞿式耜平定后，焦琏被瞿式耜收入麾下，从此始终与清军作战。他是永历朝廷里为数不多的还能打一打的将领，曾经挫败过李成栋进攻桂林的攻势，与孔有德交战也互有胜负，是个功臣，最终却被暗害，永历帝的力量更弱了。

除了焦琏，还有李成栋义子南阳伯李元胤，他之前被派驻广东，却没能发挥作用支援到杜永和。现在广东全省接近沦陷，李元胤不愿就此放弃撤入广西，于是前往雷州准备召集旧部，却在钦州被抓获，不久遇害。

看看，曾经活跃的一批主要大臣死的死、降的降，永历朝廷要兵没兵，要地没地，已经濒临瓦解状态。

当然，永历这个年号用了十六年之久，这才到第四年，朱由榔的生命力还没这么脆弱。

让他起死回生的原因，其实前面也提到过了，在于一支军队——大西军。

要问这个时期中原大地上哪支军队最强，答案其实有点不确定。之前八旗军最强是毫无疑问，怎么打怎么行，一路摧枯拉朽，几乎没吃过败仗。

大西军此前也被八旗军击败，老万岁张献忠身亡，部队几乎被打散，九死一生才逃出四川进入贵州喘了口大气。

但那是之前的大西军。

之前的大西军和之前的八旗军对阵，十有八九要吃败仗。但现在的大西军和现在的八旗军比，则很难说。他们很快会在战场上展开直接较量，还是让战绩来说话吧。

话说回大西军。这时候的大西军已经在云南休养生息了两年，养得兵强马壮。孙可望等人想来想去，虽然这时候云南平安无事，但在这乱世里，被波及是早晚的事，与其被动被波及，不如主动作出选择。

选谁呢，只能是永历帝，因为老万岁张献忠是死于清军箭下，并且在生前交代过他们不可降清，谁要是敢提投降清朝，立马就得被群殴死。

那就永历帝吧，不过在出山之前，得有个名分。

在这一年早些时候，孙可望派出杨畏知出使肇庆，给永历帝送去了一封信。信里表示了自己的祝福，希望永历帝长命百岁，随便提了个小要求，请封自己为秦王，以便率大西军出滇抗清。

为啥是秦王呢，因为张献忠之前曾经有秦王的称号，这对孙可望有点特别的意义。在另一个层面，则涉及大西军内部的利害关系。这在之前的“壮志未酬堵胤锡”一节中已有说明。

如果是在明初，公爵是非常稀罕值钱的，但这时候是残明，公爵、侯爵已经遍地开花，手里稍有点兵力的总兵们不是公就是侯。

孙可望统领大西军，实力雄厚，部队战斗力强悍，不是那些战斗力羸弱的总兵们可比，如果仅封他为公爵，不仅满足不了他的愿望，反而是对他的一种羞辱。

堵胤锡这时还在，他赶紧从中斡旋，稳住大西军使者，同时连续上疏请求朝廷改封。

永历帝这才折中改封孙可望为“平辽王”。

那么，孙可望得到这个“平辽王”的反应如何呢，他虽然不满，但也无奈，因为他得到的根本就不是平辽王的封号。

孙可望请封

孙可望请封，大西军要出滇抗清。永历朝廷商量来商量去，给孙可望封了个“平辽王”。

虽然都是王，这单字王和双字王的区别可大了去了，评书里经常会出现“一字并肩王”这样的说法，就是因为单字王的地位崇高。

按明朝制度，单字王是亲王，双字王只是郡王。明朝的这个秦王，是朱元璋的第二个儿子，首代秦王朱樉在众子中第一个受封，地位又是众多藩王里最高的，然后才排到晋王。

这也是孙可望请封秦王的原因。对永历朝廷来说，这个秦王的封号也是个宝贝疙瘩，永历帝和大臣们无论如何也不肯封出去，只肯给个“平辽王”。

这个“平辽王”是个什么王，明朝压根就没有过“平辽王”。不光明朝没有，历史上也从来没有过“平辽王”。唐朝薛仁贵的“平辽王”也是说书的杜撰出来的。永历朝廷的几个大臣私下一捣鼓，拿个杜撰的“平辽王”封给孙可望，纯粹也就是为了应付他，欺负他读书少。

但是，经典的一幕来了。照理说，孙可望得到封号，必定要拍桌子骂娘，或许还会一脚把使者踹翻。想不到的是，孙可望相当地满意，老脸笑成了一朵花。

这是咋回事？因为孙可望得到的封号，根本就不是平辽王，而是他要求的秦王。

这必定有猫腻了，是的，猫腻就出在陈邦傅身上。

这个陈邦傅前面已经不止一次提到，在孔有德攻下桂林后，他干脆投降了清军。当然，这时候他还披着明朝的外衣，还是永历朝廷的庆国公。

庆国公陈邦傅的小九九是效仿云南沐氏永镇地方。为了他的大业，他打压排斥一切妨碍他的力量，其中包括“忠贞营”。

陈邦傅之前想效仿刘承胤，“挟天子以令诸侯”，挟持永历帝达到自己的目的，为此他联络了高一功，想借助“忠贞营”的力量来帮助自己。高一功虽然是土匪出身，在大是大非的问题上却坐得很正，严词拒绝了陈邦傅，两方因此结怨。

结怨就结怨吧，都在官场混，谁还没有几个敌人呢。高一功是永历朝廷这边最能打的，兵力也多，所以不把陈邦傅放在眼里。

陈邦傅确实干不过高一功，但孙可望可以。

高一功听说了孙可望请封的消息，便以长辈的身份给孙可望写了一封信。为啥是长辈呢，因为高一功是李自成的妻子高桂英的弟弟，因此和张献忠同辈，这也没毛病。

毛病出在高一功这时还不了解大西军的实力。

当年张献忠战死之后，大西军最惨的时候只剩下了万把人。高一功的印象还停留在两年多以前，认为孙可望现在的兵力最多也就两三万人，和自己差不多。

如果像高一功想的这样，孙可望确实是没有资格封王的。高一功本人已经为明朝打了四年的仗，也只是个公爵，孙可望一来就要封王，高一功觉得于情于理都有点过分。

为此，高一功就给孙可望写了一封信，劝他不要称王。既然是长辈写给晚辈的信，信里的语气就不会那么尊敬了，教训晚辈两句肯定也是有的。

不难想象，现在统率大西军的孙可望实力远超高一功，他接到这封信后会有什么反应。

这个机会，被投机者陈邦傅抓住了，他认为可以利用孙可望除掉高一功。

如果陈邦傅生活在现代，肯定是一个成功的商人，他竟然想出了个天才的主意，自己假造了一封圣旨，以永历帝的名义册封孙可望为秦王。圣旨写得极其谦卑，竟然说永历帝要“率天下臣民以父师事王”，认孙可望当爹。

封王不仅仅是宣读一下圣旨，还得有金印。陈邦傅或许是舍不得金子，就用银子刻了一枚印，外面镀了一层金，告诉孙可望，这就是秦王的金印了。

孙可望是个大老粗，第一次跟朝廷打交道，被糊弄得一愣一愣的。世界上还有这么大胆的骗子，竟敢假造圣旨，这是他做梦也想不到的。

既然皇帝老儿这么给自己面子，孙可望也不含糊。为了显示对皇帝的尊重，也展示自己的实力，孙可望下令昆明军队全体出动，隆重地搞了一场仪式。接旨之时，三军山呼万岁，地动山摇，场面极为壮观。

孙可望觉得自己是秦王了，要立即让所有人知道，他下令把这个天大的喜事与全云南的官员、驻军、土司、百姓分享。

原本云南的明朝官员接受孙可望的领导多少还有点疙瘩，觉得是受了委屈，现在看到孙可望正式被永历朝廷册封，大家又找回了在明朝当官的感觉，孙可望在云南更加一言九鼎。

可惜的是，假的永远也成不了真的。孙可望这边刚刚把头衔安上，正牌使者杨畏知就回来了。杨畏知一瞅也有些迷糊，莫不是自己穿越了，等他细细地把事情搞清楚，才知道遇到“李鬼”了。

这事没法藏着掖着，杨畏知坦白告诉孙可望，他前些天接的圣旨是假的，朝廷封他的其实是“平辽王”。

要说孙可望当时的反应，肯定好不到哪里去。“平辽王”和秦王谬之千里，孙可望开始就自称“平东王”，如果开始就跟孙可望说封的是“平辽王”，他或许发场火，朝廷再安抚一下，给个台阶也就下了。现在孙可望受封秦王已经人尽皆知，再要告诉大家，我老孙被人摆了一道，要把秦王降级成“平辽王”，他这脸往哪放。

孙可望请封秦王却被陈邦傅忽悠，永历帝封的王又货不对板，孙可望是什么人，哪里会咽下这口气。

于是，第二回合的撕扯开始了。孙可望又派杨畏知去和永历朝廷谈判，目的只有一个，不要“平辽王”，其他乱七八糟的头衔都可以不要，金印也可以不要，但必须给换成秦王。

这下永历朝廷就非常尴尬了。他们肯定是惹不起孙可望，就连个区区陈邦傅现在也不是他们能碰的。但要承认孙可望是秦王，他们也是不愿意的。

于是，永历朝廷继续和稀泥，和孙可望讨价还价：改成“兴秦王”行不？“定秦王”行不行？

孙可望坚决表示：没门。

云南上上下下现在都知道他受封的是秦王，两字王变成三字王算怎么回事，要让全滇看自己的笑话，孙可望以后还怎么统领部下。

一来二去，孙可望也烦了，懒得再扯下去，只甩下一句话：“国姓岂敢冒，王封何敢承。臣等惟一意办虏，功成之日，自听公议。”他也不要圣旨了，金印也不用重刻，就用陈邦傅送的那颗假印，你爱承认不承认，反正老子就是秦王了。

这事就这样拖着，一个既成事实，一个坚决不承认。八字还没最终一撇，永历帝忽然发现再这样扯下去，自己恐怕没资格给任何人封王了。因为清军已经攻克桂林和广州，离自己越来越近，他这个皇帝都要保不住，哪里还能给别人封王。

清军也不着急，让朱由榔在南宁过了个年。1651 年二月，他们决定给朱由榔添点堵，派出追兵逼近南宁。这时候，永历帝已经没人能指望了，看来看去只有靠曾经的“流贼”孙可望、李定国来拯救自己，这真是莫大的讽刺。

讽刺归讽刺，这时候已经管不了那么多了，永历朝廷派出使者向孙可望求救。孙可望派大将贺九仪率五千兵马，把永历朝廷接到贵州安龙。

孙可望当然也没这么老实，永历帝叫他干啥他就干啥，接皇帝过来是有条件的。在半路上，贺九仪突然在船上跟永历朝廷谈起了条件，还是正式册封秦王的事。

杨畏知是大明官员出身，懂得官场的那一套规矩。贺九仪却不同，在接触永历朝廷之前，他一直是跟着张献忠干的杀官的事情，哪管什么礼仪规制。

没读过书的贺九仪言语比较粗鲁，也没什么礼貌。内阁首辅严起恒觉得流亡朝廷也是朝廷，该教教贺九仪做人，他拍着桌子大怒：“你想要威胁朝廷吗？”

贺九仪愣了一下，立即反应过来——一棒子把严起恒敲进了河里。

大家一见贺九仪这么“客气”，迅速达成共识，决定正式承认孙可望为秦王，这场长达两年之久的封王之争终于结束。

平心而论，孙可望请封个秦王，过分吗？我觉得是不过分的。大西军当时拥有十万以上的兵力，又有经营得极好的云南省地盘，在这个公爵已经遍地走的时代，封个秦王又能怎么地。不给封的原因还是朝中那帮大臣的思想在作怪。

坏处是，经过这么一折腾，孙可望原本至少还算热情，现在让他看到了永历朝廷的无能和虚弱，两者的关系也称不上合作融洽了，并且给大西军内部团结造成了很大的损害。

好了，不管怎么说，孙可望终于解决了头衔的麻烦，大西军也该出滇抗清了。

要说孙可望军人出身，还是比较雷厉风行的，他跟永历朝廷争归争，在军事上已经开始了行动。

大西军要出滇，要先有路出去，这时大西军和抗清前线之间还隔着贵州、四川等省的部分或大部。这些地方不在大西军控制下，也不在清军控制下，它们的实际控制者是明朝军队。这些名义上的明军，早已成为事实上的军阀，互相争夺地盘，扩充实力，没有人肯真心抗清，因为那意味着消耗自己的力量。

孙可望在1649年派先锋白文选带兵进入贵州。贵州的军阀皮熊、王祥等受命监视大西军，他们不敢出兵作战，想要卖个萌、讨个饶就能换得大西军放自己一马。

孙可望不吃他们这一套，下令用武力强行收编他们。对于军中这些事，孙可望是门儿清，知道留着他们在背后只能坏事。

皮熊、王祥这些人的兵力只能骚扰地方，和大西军作战根本不够看。

经过一系列作战，大西军轻松地击败地方军阀势力，把他们收编，贵州也被大西军接管。

孙可望派出白文选、冯双礼，砍瓜切菜一样对付了盘踞在贵州的几个军阀，贵州被纳入管辖。除了贵州还有四川，孙可望先是写信给川陕总督樊一蘅，信里也不客气，意思是我现在是秦王，马上就要出兵抗清了。你在地头上也只是个光杆司令，手下没几个听你的。现在你必须听我的，把路让出来，让我来收编那几个不听话的贼王八，把力量整合起来对抗清朝，否则的话云云。

樊一蘅是个老资格的官僚，从崇祯三年（1630 年）起就在指挥军队和农民军作战，曹文诏、马科、贺人龙、杨展等大大小小的头面人物都曾接受他的指挥作战。樊一蘅的对手从高迎祥换到李自成、张献忠，那时候孙可望还在姓他干老子的姓，如今虽然窝在四川没有了实力，但也受不了这个。

樊一蘅派出中军都督佥事彭明杨、筠连县知县魏鸣玉作为使者来到贵阳回应孙可望。孙可望没那么多弯弯绕，直接质问："你樊某人作为国家重臣，朝廷派你经略陕川，你作出了点啥成绩？"

彭明杨替樊一蘅回答：

"老臣尽瘁同于武侯，乃心王室同于郗鉴。但兵势有强弱，故成功有迟早耳。殿下若肯相容，大事尚可济也。若必加兵，诚恐来归之人皆解体矣。不几负率土之望乎？"

自比武侯、郗鉴，牛皮吹得有点大。孙可望懒得和这些文人争辩，你不服气，那就比比拳头。

孙可望没能和樊一蘅掰上手腕，后者没给孙可望机会，很快就病死了。樊一蘅死了，孙可望也不会停，他派抚南将军刘文秀统兵二路入川，击败了一些零星的抵抗，顺利地收编了四川境内的明军武大定、袁韬、李乾德等部，也建立起了和夔东大顺军余部的联系。继贵州之后，四川也成了抗清基地。

在大西军收拾贵州、四川的时候，永历朝廷也没闲着，因为实在是闲不住。桂林、广州失陷后，朱由榔先是逃到浔州，在浔州差点被陈邦傅活捉当了投名状，好不容易冒着倾盆大雨又逃到了南宁。这时候，永历帝已经惨得像个叫花子，无兵无将又没地盘，随便来队农民军都能把他给生擒了。

原来永历帝还在加封问题上和孙可望不断撕扯，到这时候他已经穷途末路，只能接受孙可望的安排，跟着孙可望派来的贺九仪、张明志来到了贵州。对于爵位他也不讲究了，秦王就秦王，你要啥王都给你。

孙可望本来是个狠人，在对待李定国、刘文秀等兄弟们的手段上就能看得出。如今看到永历帝犬落平阳，他的“狠”字上又多了一个点，成了个“狼”，这只“狼”早晚会对人下口。

虽然正式被封为了秦王，但是孙可望的胃口并不会得到满足。就孙可望来说，他既需要朱明皇帝这面旗帜，把永历帝掌握在自己手中，借以“挟天子以令诸侯”；又明知朱由榔和忠于明室的朝臣是在山穷水尽的情况下才违心地同意真封他为秦王。

于是，他采取“敬鬼神而远之”的策略，名义上尊奉永历年号，自己却正式自称秦国“国主”，在贵阳建立行营六部，以范鑛、马兆羲、任僎、万年策等为吏、户、礼、兵部尚书，从而实际上接管了永历朝廷的权力。

孙可望这么干，注定是得不到民心的。对大家来说，明朝这面旗帜才能团结所有人，如果他想单干，则注定会遭到抛弃。对于他的行为，大西军还在观望，明朝大臣们则表示无法忍受，有气节的人毕竟还在。

比如，杨畏知。

杨畏知原本是个无名小卒，却在云南发挥了巨大的作用，沐天波的命就是他救的，沙定洲也是被他忽悠瘸的。可以说没有杨畏知，这时的云南还不知道是个啥样。

但是，杨畏知和孙可望合作的前提是忠于明室，这是他的底线，没有任何商量的余地。

当杨畏知奉孙可望之命来到南宁时，认为贺九仪等逼死首席大学士严起恒有伤大体，就上疏劾奏二将。永历帝决定破格授予杨畏知礼部侍郎兼东阁大学士的官衔入朝辅政。

这一措施本来是为了加强朝廷同原大西军将领之间联络的纽带。不料，孙可望得知后大为不满，命令贺九仪把杨畏知押回贵阳，责问他为什么擅自接受永历朝廷大学士的职务。

杨畏知回答道，既然你已经接受朝廷的秦王封爵，我为什么不可以接受朝廷的大学士职务。这话回答得合情合理，无懈可击，却让孙可望暴跳如雷，在他看来杨畏知早已是自己的部下，如今胳膊肘往外拐就是背叛。

孙可望认定他心向永历帝，不忠于己，下令把他拖出去斩首。

杨畏知是在乱世中成长起来的将领，能在大西军和永历朝廷之间起到桥梁的作用，他的经验和能力在这时已经弥足珍贵。堵胤锡死后，就要数杨畏知能在两者间进行沟通。

孙可望擅杀杨畏知，在为杨畏知惋惜的同时，孙可望的野心也已经充分地暴露了出来。

舟山战役

在江西、两广都被清军占领后，明朝的残余力量事实上被割裂成了两个区域，除了这时候跑到贵州的朱由榔，在东南沿海还存在着抗清力量。

孙可望的野心初步暴露，和永历朝廷开始离心离德。在东南这旮旯，这时还有鲁监国朱以海和郑成功两股势力，但他们打的旗号都不是永历。

鲁监国一度登陆反攻并取得了一些战果，随后被清军击败退保舟山，仍旧矢志抗清，并同陆上的一些义师保持着联络，还是沿海的一面旗帜。

多尔衮派出两路大军攻取两广前，必须先要拔掉身边这根刺，否则一旦自己主力出击，鲁监国可能会攻击尚可喜腹背或是干脆直接进军北方。

清军先是派兵征讨四明山寨和三盘山寨等地方的义师，鲁监国陆战外行，郑成功也不可能发兵来救，山寨孤立无援，被一一平定。鲁监国的羽翼被剪除了。

永历五年（1651 年）八月，清军征调了浙闽总督陈锦、杭州提督田雄、固山额真金砺、固山额真刘之源、金华总兵马进宝、吴淞水师总兵王爆等水陆兵马，云集在定关，发起旨在歼灭鲁监国政权的舟山战役。

面对威胁，朱以海召集将领开会，作出一个大胆的部署。朱以海本人和张名振、张煌言、阮骏亲自率领主力出征，目标不是清军入侵舟山的主力，而是进军长江口，直捣吴淞，舟山的防御则交给大将阮进。

这是个出其不意的方案，江浙清军主力这时都集中在定海，内地空虚，进军长江口不会遇到多少阻碍，这是一招“围魏救赵”之计，攻其必救，逼迫清军回师。但是，这同样也包含着风险，方案的成功要建立在舟山能抵抗住清军的攻击，拖到朱以海主力威胁到吴淞为止。

八月二十日，朱以海率部出征。第二天，清军士兵也登上战船，跨海来袭。

被朱以海委以重任的荡胡侯阮进精通海战，明军又早有部署。清军的水师这时还是菜鸟，都是收编的明军，以吴淞水师和浙江水师为主力的舰队并不算太强大。毕生经历了无数海战的阮进即使不能击溃清军水师，自保也是绰绰有余的。

战况很激烈，阮进是员勇将，身先士卒指挥进攻，率领自己的旗舰直取清军统帅金砺的座船，是所谓“擒贼先擒王”。

但是，人算不如天算。阮进战船抛出火球攻击金砺的座船，火球却不偏不倚地击中敌船桅杆被反弹回来引发大火。阮进跳海逃生却又被清军擒获，被寄予厚望的荡胡侯阮进就这样憋屈地报销，给明军士气以沉重打击。明军舰队群龙无首，终被清军击溃，舟山防御战宣告失败。

清军乘胜登陆。舟山明军能做的是在海上挡住清军，一旦让敌军登陆，陆战则不是他们所擅长。即便如此，明军还是以数千人兵力死守舟山城十天，从八月二十日到九月初一，舟山还在明军手中。

另一边，朱以海、张名振率领的奇兵进展顺利，击退了浙江清军和吴淞水师的拦截，眼看就要逼近长江口，却传来了舟山危急的报告。

这下形势逆转了过来，后方告急的不是清军，变成了明军。这种情况下，朱以海只能选择回救，否则就算能攻下吴淞口，自己也是一支孤军，势必被清军前后堵截予以歼灭。张名振指挥舰队火速回援。清军已破译了鲁监国的作战方案，在舟山附近海面严阵以待，目的并不是要歼灭朱以海的水师，而是要尽力拖住他们，为攻占舟山争取时间。

虽然明军水师战力占优，但是始终无法摆脱清军的纠缠。这时，舟山城已经无法守住了。九月初二，清军从城西打开缺口蜂拥而入，城内刘世勋、张名扬、马泰等率众巷战，力尽阵亡，舟山城宣告被占领。朱以海、张名振等出征前把家属都留在了城内，鲁监国的正妃陈氏等投井而死，西宫妃荣氏和世子留哥被清军俘获。城内其余官员：大学士张肯堂、礼部尚书吴钟峦、兵部尚书李向中、工部尚书朱永祐、通政使郑遵俭、兵科给事中董志宁、兵部职方司郎中朱养时等都自杀殉国。

舟山是鲁监国政权赖以生存的最后基地，舟山失守对于朱以海的打击将是致命的。

舟山失守，鲁监国等人却还没登陆，虽然痛惜但也无可奈何，眼看大势已去，只得指挥舰队南下温州三盘。虽然三盘有陆地能驻军，但没有粮食。陈锦趁明军缺粮，派出浙江总兵马进宝等追击，趁张名振等出海寻粮之际，又攻下了三盘。屡遭失败又没有粮草，神仙也熬不住，这时鲁监国已失去了所有基地，成了漂泊在海上的一支孤军。他们最大的对手现在不是清军，而是大自然，能否生存下去才是最主要的问题。

生死选择下，不少原本意志坚定的人也当了逃兵，都督静洋将军张英，都督挂印总兵阮述、阮玉，新袭荡胡侯阮美，都督总兵阮捷、魏宾先后投降了清朝。对于他们，我觉得并没有太多好指责的，确实太难了。

总结下鲁监国的失败，他所采取的战略是“围魏救赵”，这当然也是朱以海和手下高级将领研究而来。从理论上来看，它是一出奇招，也是切实可行的，可以达到不付出多少代价就能挫败清军攻势的目的。

被朱以海委以重任的阮进其实是个可靠的将领，他“擒贼先擒王”的战术也称得上一招妙棋。败就败在了战场的瞬息万变。在作战主要依靠主将的冷兵器年代，指挥系统的中心就在于帅旗，帅旗一倒，部众就失去了统一的指挥，各自为战的结果必然是被各个击破。纵然明军有心抵抗也无能为力，战场上靠一己之力无法扭转整体的颓势，很大程度上，这只能说是天意了。

换作别人，身边既无家属，部众纷纷逃亡，没有地盘又缺衣少食，终日漂泊海上，心态很可能就崩了，不得不称赞朱以海的意志确实顽强。

但是，现实问题毕竟还要解决。不得已之下，朱以海和张名振等人率余部进入了郑成功的势力范围，在海坛岛登陆以作喘息。

郑成功是个奇怪的人，他从来没有真正忠于过哪个皇帝，也从来没有在心里真正承认过哪个皇帝，更没有真正背叛过哪个皇帝。在他眼里，自己才是真正的“皇帝”，但这个意思不能明说，枪打出头鸟，把话挑明了就没意思了，在自己的势力范围内当个“皇帝”就行了。

郑成功和他老爹郑芝龙决裂时，隆武帝还在，于是他奉隆武帝为正朔，这没什么问题。几个月后，隆武帝遇害，绍武帝和永历帝在广东争立，他还是奉隆武帝为正统，解释为时局未明，也算能够理解。绍武帝很快被害，天下只剩下永历一个明朝皇帝，他继续尊奉的还是隆武帝，并且出兵与永历帝的手下明军争夺地盘。而隆武帝已去世好几年，这是啥意思，大家都不是瞎子。

又把隆武的牌位供奉了好几年，郑成功自己也觉得说不过去了，总不能这么混一辈子，那是要被人戳脊梁骨的，于是承认了永历帝为正统。当然承认归承认，永历帝想要指挥郑成功那是做千秋大梦，别说安排人进去，连根针都插不进。

鲁监国进入郑成功的地盘，怎么对待他，考验着郑成功。

杀了他？鲁监国坚持抗清天下共睹，他依然在东南沿海有很大的威信。同时，鲁监国的手下还有张名振、张煌言等一批忠心耿耿的将领和大批军队，杀之自己会成千夫所指，并可能造成火拼，郑成功不会这么蠢。

接受他，是个不错的方案。虽然鲁监国这时很虚弱，兵力却还不少，尤其拥有一支还算强大的水师力量，这正是郑成功扩充实力所急需的。养一个鲁监国不费多少大米，接收下来，慢慢地消化他的实力，既能落下个好名声，又能加强自己，一举两得。

于是，1652年，郑成功同意鲁监国朱以海和部众进驻厦门。为了方便见面，朱以海自己去掉了监国名号，并给永历帝上表称藩，从此鲁监国不复存在，剩下的只有朱以海。

郑成功有自己的小九九，让鲁监国入驻后，他的打算是让朱以海在自己这里当寓公，收编朱以海的部下，为此他对朱以海的军队采取容纳和逐步改编的方针。

为此他要严密控制朱以海和部下的联系，张煌言曾经回忆：

岁在壬辰，予避地鹭左（即厦门），云霖俨然在焉，欢然道故。予时栾栾棘人耳，不敢轻有赠答；而云霖囊中草多感时悲逝，亦不肯轻以示人。

控制之外，更要加以行动。对于朱以海的将领，郑成功一方面保留他们原来的爵位；另一方面又把他们纳入自己的军事编制，如派张名振管水师前军，周鹤芝管水师后军，阮骏任水师前镇。

这确实收到了不少效果，朱以海的一部分兵将转入了郑成功治下，而以张名振为首的大多数鲁监国兵将仍然保持自己的系统。在大敌当前的形势下，双方都承认偏处西南的永历帝为正统，大体上维持着相互依存的同盟关系。

第六章
大西军

大西军出征

在明末这十几年的历史上，从弘光帝到永历帝，都有过翻盘的机会。弘光帝的牌面最好，牌技最烂，一年不到输了个精光；隆武帝的牌技不错，奈何没有牌面；永历帝的牌面最烂，牌技也好不到哪里去，偏偏坚持得最久，而且还闹出了几次大动静。

金声桓“反正”、李成栋“反正”，咱们之前都已经详细说过。虽然一度有中兴的气象，终究没有取得突破性进展，只是昙花一现。下面要说的不同，它是和八旗军实打实、硬碰硬地刚正面，并且一度形势大好，这就是大西军的作战经过。

从1650年到1651年，孙可望前期已经派出刘文秀、李定国等悍将收编了四川、贵州拥兵自重的军阀，在西南这一片，没人再敢跟大西军叫板了。乱世里，拳头就是硬道理，跟那些迂腐的官员和把自保放在首位的总兵们没道理可讲，孙可望很强势。

1651年是永历五年、顺治八年，大西军已做好全面战争准备。孙可望兵分两路，派冯双礼带领一万骑兵，数万步兵，还有特种武器——几十头战象，从贵州进军湖南。自己则和李定国、刘文秀率主力从四川出发，目标是沅州。

冯双礼是老资格的大西军悍将，早在张献忠时代就是大西军五军都督之一。他原先归属艾能奇，艾能奇战死后，部众归冯双礼统领。

冯双礼取道铜仁、平溪，进抵沅州城下。沅州城内总计有三千多清军。其实，这已经不少了，因为沅州城不大，驻扎不了太多军队，另外这跟清军的战略有关。

顺治已经当了八年皇帝，也就是说，清朝已入关八年。在跟大顺军、大西军、各路明军、义军等大大小小的对手作战后，清朝得出结论，这帮人都是兵痞，看上去咋咋呼呼，实际上只能吓唬老百姓，只要八旗军一出，都是手到擒来。

这种看法并不是没有道理，此前明军围攻过无数城池，只要清军人数不是太少且战略得当，就很难被攻下。广州、赣州、荆州、长沙都是一次次证明，只要城池坚固，几千清军就能抵挡数万明军的长期攻击，甚至还有能力反击。所以，对于沅州这样的小城来说，三千多人的军队已经不少了。

只是这次，他们面对的是大西军，这时应该被称为明军了。

这也怪不得多尔衮。大西军退入云南后，几年之内几乎长期与世隔绝，不要说清军，连明军和大顺军都不清楚他们的真正实力。

强不强，还要战绩来说话。冯双礼二话不说，指挥手下把沅州围得像铁桶一样。四月十五日，明军攻城，当天城破，守将郑一统、知州柴宫桂被活捉。

兵贵神速，冯双礼马不停蹄，移兵辰州。在辰州，明军遇到了顽强抵抗，因为驻扎在这里的总兵徐勇是员悍将，并且还有续顺公沈永忠的两万兵马支援，一时无法得手。

眼见陷入僵持，冯双礼虚晃一枪，掉头奔赴靖州。因为这时（1652年），大西军中战斗力最强的那位已经进入湖南，也在向靖州进军，他就是李定国。

李定国和冯双礼于1652年五月中旬在靖州会师。沈永忠眼见不妙，派出张国柱带着八千兵马支援靖州。张国柱也是员勇将，此后成为云南提督，在吴三桂造反时是其手下数得着的名将。

不过，这时张国柱在李定国面前还不够看的，八千人马陷入包围，被明军嘁里咔嚓一顿砍，损失五千二百多人，八百多匹战马，自己侥幸逃生。

张国柱一垮，意味着靖州防御的崩溃。李定国顺利拿下靖州，乘胜又攻下武冈。

张国柱一波带走了沈永忠八千精锐，沈永忠是清军在湖南境内最大的机动力量，这时显然已经伤筋动骨，士气更加消沉。之前，他还能跟冯双礼打一打，李定国入湘后，面对清军形成了一边倒的优势。沈永忠不敢再送人头，率领手下一路后退，先从宝庆退到长沙，很快又放弃长沙逃到岳州，再退就要退入湖北。

沈永忠逃跑，既意味着清朝军事力量的逃离，也意味着地方官员失去了对各地的控制力。兵败如山倒，短短一两个月，多尔衮派驻到各地的道员、知府、知州、知县纷纷逃跑。除了徐勇还顽强地守着辰州，沈永忠还控制着常德、岳州之外，湖南全省几乎完全被明军收复。

看一下时间，从冯双礼四月中旬出兵到八月中旬，过去了四个多月。当初孔有德等“三顺王”入湖南，把何腾蛟赶到广西、湖南边界地方花了五个多月。相比之下，李定国的效率更高。

当然，孔有德的宿命时刻也快要来到。

桂林之战

从地图上看，湖南邻近湖北、江西、两广四省，这些地方此时全都在清朝控制之下。那么，明军下一步的目标是哪里，不懂军事的朋友应该也能看得出来。

广西。

据守广西的，不是别人，正是大名鼎鼎的孔有德。

虽然孔有德在历史上的名声不咋样，不过有一说一，他的军事才干还是过硬的，在同时期的“四汉王”里面，孔有德排在吴三桂之后，位居第二。此前，多尔衮派兵进攻广西和广东，就是安排的孔有德自领一路，耿仲明和尚可喜一起统领另一路。

并且，孔有德自视甚高，经常跟同事闹别扭，耿仲明、尚可喜这样的老兄弟不久前还被他嫌弃过。在李定国进攻湖南时，清朝续顺公沈永忠曾向孔有德告急，请求他派兵火速支援。但是，沈永忠此前因为钱粮问题弹劾过孔有德，孔有德乐得落井下石，他告诉使者：“之前你们老大打我的小报告，现在有难想到我了，我孔有德只守自己的广西，兵是不会出的。”一口拒绝了沈永忠。

但是，现在轮到孔有德自己了。

1652 年六月，李定国留下冯双礼继续收割湖南，自己亲自率领精锐由湘入桂，进攻孔有德部将孙龙、李养性镇守的全州。几天后即攻克全州，孙龙、李养性和手下清军被明军全歼。

全州是桂林门户，全州一失，桂林必定进入紧急状态。孔有德对自己军队的战斗力颇为自信，亲提主力出桂林，来到严关，试图把李定国挡在桂林之外。

当天两军进行野战，结果毫无悬念，孔有德大败，损失不计其数，“浮尸蔽江下”。孔有德这才知道厉害，自己这次面对的不是以前软绵绵的明军，恐怕要吃不了兜着走。他连夜放弃严关，把身边的部队全部调入桂林城内，同时飞檄急调广西其他各地的守军：南宁提督线国安、梧州总兵马雄、柳州总兵全节等放弃驻地，全部急救省城。

如果孔有德在李定国进军桂林前调兵回援省城，或许还有一线希望，可是此时哪里还来得及。明朝又没有高铁，各地总兵集结兵力再赶过来至少也要几天时间，可是李定国不会给孔有德这个机会。

七月初二，李定国先礼后兵，派马进忠劝降孔有德，马进忠和孔有德部下王允成过去是好友。据说，孔有德和王允成商量后，有投降的意图，因为李定国的攻势太过凌厉，估摸着很难撑到援军到来。

孔有德还在犹豫不定，李定国却不打算跟他客气了。一天以后，看到城里还没竖起白旗，李定国二话不说下令攻城。

事实正如孔有德预料的那样，桂林连一天都没撑住，当天中午城门就被攻破。明军进城，开始清剿负隅顽抗的清军。到这时，孔有德已经是上天无路，入地无门，他把抢掠来的珍宝集中起来，自己放了把火去见了阎王。

再说说孔有德的家人。他的妻子白氏把儿子孔庭训托付给侍卫白云龙，嘱咐道："苟得免，度为沙弥。勿效乃父作贼一生，下场有今日耳。"

孔庭训有没有效仿他父亲无法得知，因为他没能跑出去，被明军抓获，几年后被处死。

唯一跑出去的孔家直系亲属是孔有德的妹妹孔四贞。孔四贞此后的经历颇有几分传奇色彩，她被孝庄太后收为养女，封为和硕格格，传说还跟顺治皇帝一度眉来眼去。此后，她在康熙朝和丈夫孙延龄被派到广西，显赫一时。"三藩之乱"被波及，最后在京师去世，享年七十八岁。现在北京有个地名公主坟，据说就是因孔四贞而得名。

除城内孔氏族人外，被活捉的官员还有原明朝的庆国公陈邦傅、其子文水伯陈曾禹、清广西巡按王荃可、署布政使张星光等。其中陈邦傅父子的经历还值得一说。

李定国占领桂林后，广西各地的清军总兵都傻了眼。老大没了，省城没了，如果再不跑，李定国把通往广东的路一封，大家都是瓮中的老鳖，一个也跑不了。

于是，孔有德麾下的提督线国安、总兵马雄、全节等带着各地的大小官员开始跑路，目的地是同一个——邻近广东的梧州。

逃跑过程非常狼狈，全节花了十几天跑到梧州，回头看看，手下的兵马都跑没了，不是投降就是哗变，断后的后营副将沈邦清也被击毙。线国安、马雄等人的情况也好不到哪里去，他们一口气跑到了尚可喜那里，剩下来的兵连原来一半都不到。

李定国七月初二兵抵桂林城下，七月十五日，广西全省已经宣告收复。广西战役，李定国"擒贼先擒王"，一战攻克桂林，直接导致了广西其他清军的不战而逃，这就是“不战而屈人之兵”。

兴奋之余，如果把眼光同时放到湖南和广西战场，我们能看到，李定国指挥下的明军是在两线作战，收复湖南和广西是同步进行的。也就是说，从四月中旬出兵到八月中旬，四个多月来，湘桂两省基本宣告克复。

快，确实是快，可是，太快真的好吗？

李定国攻克桂林，收复广西全境。桂林之战中，除了逼死孔有德，还有个收获，就是活捉了陈邦傅、陈曾禹父子。

陈邦傅就是永历朝的庆国公，此人私欲极重，此前拒绝进广东援救杜永和，又假造圣旨忽悠孙可望，还试图效仿刘承胤挟持永历帝，坏事干了一箩筐。

陈邦傅拥兵自重，想的是效仿云南沐家，永镇西南，所以哪个当皇帝对他不重要，对朝廷常常是阳奉阴违，没人能指挥得动他。

到了清军逼近桂林时，陈邦傅干脆投降了孔有德。要说投降这档子事，在明末也不稀奇，投降的文臣武将多如牛毛，也不在乎多他一个。不过，陈邦傅投降后立功心切，为孔有德诱杀了昔日同僚、宣国公焦琏，并且甘当清军先锋，先后攻取浔州、平乐、清远等地。

投降还能理解，卖力向以前的同事下手，主动为以前的敌人卖命，这就太不地道了，陈邦傅的人品确实差。他被活捉后，李定国把他们父子用囚车送到贵阳，交给孙可望处置。

孙可望一看，这不是忽悠我的那货嘛，没啥可说的，杀。

怎么杀，有讲究，不是一刀了事，也不是千刀万剐，孙可望还有更损的招——“剥皮揎草”。

“剥皮揎草”，是明初朱元璋发明的酷刑，它是把人皮完整地剥下来，做成袋状，在里面填充稻草后悬挂示众。

从永乐之后，这种刑罚逐渐不见于记载，大概是由于它太过残酷，不宜推广。

不过，孙可望对剥皮并不陌生。在大西军攻入四川后，张献忠就恢复了这种刑罚，在四川对很多不听话的人用过，所以孙可望很了解。

可能是出于对张献忠的想念，孙可望下令对陈邦傅父子施以“剥皮揎草”之刑，并把尸体送往安龙等地示众。意思是告诉大家，这就是叛徒的下场。

虽然陈邦傅父子论罪该死，但是孙可望的手也确实黑了点，他指望着拿“剥皮揎草”立威，没承想却恼了一个人——御史李如月。

御史这个职务，属于言官，职责就是发声以正视听，不管大事小事，言官都能弹劾。因为这就是他们的工作，如果不开口就可能失业。

李如月觉得孙可望太过残暴，于是发挥自己的言官本色，在永历帝面前参了一本，弹劾孙可望“擅杀勋将，无人臣礼”。

就弹劾内容来说，有些牛头不对马嘴。陈邦傅原来名义上勉强算得上勋将。不过，在他降清之后，这些老皇历早就翻篇了，何况他还甘当清军前驱，攻城略地，与原来的同事们为敌，无论在哪个朝代，这样的人捉到了都得被判死罪。李如月的这个弹劾，莫名其妙。

永历帝也觉得他糊涂，下令把他杖责四十，好好反省。

本来事情到这里也就过去了，没想到事情被孙可望的手下张应科知道了，张应科自然要报告孙可望。

孙可望勃然大怒，下令逮捕李如月。逮捕了干啥呢？用刑！用什么刑？“剥皮揎草”！你不是弹劾我用刑吗，今天让你也尝尝。

孙可望具体是怎么杀害李如月的，史料是这么记载的：

俄缚如月至朝门，有负石灰一筐，稻草一捆，置于其前。如月问：“如何用此？”其人曰：“是揎你的草！”如月叱曰：“瞎奴！此株株是文章，节节是忠肠也！”既而应科立右角门阶，捧可望令旨，喝如月跪。如月叱曰：“我是朝廷命官，岂跪贼令？！”乃步至中门，向阙再拜。……应科促令仆地，剖脊，及臀，如月大呼曰：“死得快活，浑身清凉！”又呼可望名，大骂不绝。及断至手足，转前胸，犹微声恨骂；至颈绝而死。随以灰渍之，纫以线，后乃入草，移北城门通衢阁上，悬之……

我是看得毛骨悚然，最后李如月被挂在阁上，不知底下路过的人作何感想……是震慑于孙可望的手段，还是叹息李如月的遭遇。

孙可望为什么如此勃然大怒，对一个小小御史动用如此酷刑，大约是和李如月在奏疏中的文字有关，“擅杀勋将，无人臣礼”。这句话李如月用得并不合适，但他却未卜先知一样，准确地预言了孙可望之后的行动。

孙可望得势后，越来越目中无人，篡位自立的野心也越来越明显，对永历帝全无人臣之礼，俨然以皇帝自居。

永历帝发出密诏，召大西军的二号人物李定国前来护驾。事情被孙可望得知，他下令逮捕与永历帝同谋的十八位大臣，全部处死，是为“十八先生之狱”。

这就是“擅杀勋将，无人臣礼”了。

此后，孙可望统兵进攻李定国，部下不愿内战，他众叛亲离，一气之下投降了清朝，出卖了兄弟们，谋得个“义王”的头衔。

最后，孙可望也没有什么好下场，死得不明不白，倒是身后落得一片骂名。

李如月之死，是明朝剥的最后一张人皮，到这，孙可望的本性已经暴露。大西军如果能同仇敌忾，南明或许还有一丝希望。但是，孙可望一闹内斗，那就是理论上的希望也没有了，彻底地亡了。

这就是鲁迅先生所说的：

“大明一朝，以剥皮始，以剥皮终，可谓始终不变。”

永历六年（1652年），李定国势如破竹地收复了广西、湖南。按照常规思路，两广连为一体，又离北京较远，这时候乘胜进攻广东，然后又能拿下江西、福建的话，就能恢复到之前隆武帝时期的大部分版图，然后可以图谋南京。

在这时候，北京的顺治皇帝作出了反应。他任命尼堪为定远大将军，统率京师八旗出征，目标是收复湖南和广西。

尼堪的来头不小，他是努尔哈赤的孙子，褚英的第三个儿子，十五岁起就跟着多铎、阿济格等在战场上混。入关以后，他始终活跃在清军和大顺军、大西军、明军的交战舞台上，既是百战名将，又是宗室亲王。

在努尔哈赤、皇太极时期，八旗人才济济，尼堪或许还称不上出众，但到了顺治时期，他已经是理政三王之一，除了郑亲王济尔哈朗和承泽亲王硕塞，接下来就要排到尼堪。

尼堪率军南下，在八月初抵达湖南宝庆府。

这时，明军的兵力部署是这样的，由于湖南清军主力和官员已经逃跑，没有什么大仗要打，李定国只留下部分兵力接收州县，自己则亲率主力南下攻取了广西。

另外，以大西军为主力的明军还有另一路力量很强的兵马，就是孙可望亲自统领的军队，这时候还在贵州整装待发。

贵州紧邻湖南，傻子也看得出来，最好的办法就是孙可望亲自率兵进入湖南抵挡尼堪大军，李定国则继续稳固刚刚拿下的广西，伺机进攻广东；或者也可以在稳守广西的基础上，分兵支援湖南，这些都是比较稳妥的战术。

但是，孙可望说：不行！他下令，李定国立即率领主力从广西进入湖南迎击尼堪。

作为军事统帅，孙可望不是菜鸟，也是战场上打滚活到现在的，他做出的每个指令必然都有目的。孙可望的目的不会写下来，不过很明显，他是希望借尼堪之手削弱李定国的力量。

尼堪胜，李定国的威名和实力都将大损，自己将更容易控制他。

尼堪败，李定国的部下也会被消耗，自己也能得到渔翁之利。

尤其尼堪率领的是八旗精兵，自己也是身经百战，联系到从清军入关后到现在，八旗军几乎没打过败仗。李定国就算能击败尼堪，自身也将受到重大杀伤。大西军在凤凰山和八旗军交过手，深知对手的凌厉。

孙可望没有想到，他这个有些自私的命令，却成全了李定国的威名。

但是，话说回来，李定国手下的兵力总是有限的，要入湘大战尼堪，刚拿下的广西必然就没办法留重兵防守，这就给了广东的清军以可乘之机。

此时留守广东的，还是尚可喜、耿继茂这两个搭档。八月底，李定国前脚刚走，尚可喜就下令孔有德的老部下线国安、马雄、全节等人率军水陆并进，九月初五就占领了梧州。虽然明军节节抵抗，终究人数过少。第二年（1653 年）正月，桂林再次被占领，李定国的努力被浪费了。

多尔衮之死

广西的事有点丧气，再看看湖南战场。

李定国在 1652 年十月三十日率军抵达衡阳，尼堪在此之前已经进入了湖南，击败了马进忠等人率领的小股部队。十一月二十二日，尼堪统领兵马进抵衡阳附近。李定国和尼堪相距仅几十里地，一场决战即将展开。

李定国率领的是精锐，但人数并不多，只有四五万人，不过明军有个新兵种——战象，这是大西军从云南得到的。尼堪也并非没有帮手，他手下的贝勒屯齐、镇国公汉岱、固山贝子扎喀纳等人也都是宿将。

看到这里，大家或许有些奇怪，怎么才这几年过去，清朝刚入关时那批猛将就都不见了？因为这个时候，清朝刚刚发生了一件天大的事——多尔衮死了。

多尔衮是在前两年死的，准确点说，时间是 1650 年的十二月初九，还差一天就是元旦。

多尔衮死得很突然，他还很年轻，只有三十九岁，就是在当时这也是个年富力强的年纪。他的死因是在上个月打猎时坠马摔伤，熬到年底，终究没熬过去，薨于长城外的喀喇城。

对清朝来说，入关后最大的事就是多尔衮的突然死亡。他活着的时候，权势煊赫，对内已经彻底把曾经跟他对立的豪格一派整到了只能吃土。八旗内他一人独大，顺治皇帝也只是个傀儡。要是按照剧本走下去，多尔衮哪天一高兴把福临赶下龙椅，自己黄袍加身，大家也一点不会意外，他绝对有那个实力。

如果不按剧本走，多尔衮早点篡位，又很巧地在 1650 年这一年死掉，那清朝将失去话事人，内部很可能将充满动荡和仇杀。李定国在这时反攻，可真是赶上了好机会。

对于王朝更迭来说，除自身的实力外，运气也很重要，或者换一个词——“天命”。比如，刘秀在昆阳之战“位面之子”一般的表现；比如，朱棣“靖难”过程的神奇；或者不久之前，李自成的意外被杀、李成栋的落水死亡，这些都是突发或出人意料的事件，光用“实力”难以解释。

多尔衮兼政治强人和军事强人于一身，虽然入关后也有剃发易服的败笔，但应对基本得当。曾经强大的对手，在他的打击下要么宣告灭亡，要么风雨飘摇，清朝的根基已经打下了，他给顺治皇帝留下的是钱粮富足的大半个中原。

多尔衮如此强势，他的死亡不可避免会带来震荡，特别是对于八旗内部的派系来说。

之前，对多尔衮这位清朝实际最高的统治者并没有说太多，这有点不应该。因为在这六年里，多尔衮才是天底下权势最显赫的人，不能略过他。

皇太极驾崩后，多尔衮与豪格争位，最后的结果是六岁的福临坐上了皇位，多尔衮与济尔哈朗一起辅政，并且多尔衮的地位还在济尔哈朗之下。

多尔衮手段高明，他利用一出换旗事件，成功地让自己的地位上升到济尔哈朗之上，继而一步步地登上权力的顶峰。

具体过程是这样的。

后金崇德八年（1643 年），对后金来说，这一年发生的天大的事是皇太极在九月去世以及随后引发的皇位争夺。

争位的双方是以两白旗为主、镶红旗和正蓝旗为辅的派系支持多尔衮，而两黄旗和镶蓝旗、正红旗的派系支持豪格。

争位的结果，是多尔衮和豪格谁也无法压制对方，只得各退一步，拥立皇太极的第九子，时年只有六岁的福临即位，也就是以后的顺治皇帝。

一起拥立顺治皇帝并不意味着矛盾就此解除，福临年幼，济尔哈朗与多尔衮共同辅政。在接下来的时间里，多尔衮要一步步地登上权力之巅，就必然要打击济尔哈朗，把权力集中到自己手里。

这年十月，又发生了一件小事，豫亲王多铎被人举报，他霸占了大臣范文程的妻子。

这事在今天来看性质很恶劣，在那个年代却算不了什么大事。在八旗制度下，多铎的举动并不算违法，他是正白旗旗主，范文程则隶属正白旗。即使范文程的官职不小，见到多铎也一样要下跪行礼。

多铎夺范文程妻虽不违法，却有失体统。范文程是后金重臣，早在努尔哈赤时代就主动归附，诸多计谋出自他手。从努尔哈赤到皇太极对范文程都很器重，皇太极将他任命为大学士，可称文臣之首。

多铎夺范妻于理不妥，既然被告发，也该受到些惩罚。没料到的是，两位辅政王爷里济尔哈朗没说什么，多铎的同母哥哥多尔衮却对他作出严厉惩罚，他让多铎付出了被剥夺十五个牛录的代价。

多铎是正白旗旗主，正白旗与镶黄旗、正黄旗一起是“上三旗”。它的前身更是努尔哈赤亲领的镶黄旗，努尔哈赤去世前将它拨给最小的儿子多铎，正白旗也因此兵强马壮，是八旗中实力数一数二的大旗。

如今被夺近三分之一牛录，正白旗看上去损失惨重。然而，多铎是多尔衮的亲兄弟，这多尔衮莫不是自剪羽翼不成？

这起事件却没这么简单，它是多尔衮压制济尔哈朗的手段之一，显示出了多尔衮高明的政治手段。

多尔衮虽与济尔哈朗一起辅政，但由于皇太极生前和济尔哈朗关系亲近，多尔衮的政治地位是不如济尔哈朗的。不管是在誓词里，还是在仪式上，济尔哈朗的名次都排在多尔衮之前，大臣有事要上奏，也是先奏济尔哈朗。

而且，多尔衮在八旗里的地位也比较尴尬，他只是镶白旗旗主，在镶白旗里也仅能领半旗牛录，另一半是归他的兄长阿济格所领。

这也是当初皇太极制衡多尔衮三兄弟的手段，对他们进行分化瓦解，比如不时轮换两白旗旗主人选等。

济尔哈朗是镶蓝旗旗主。在皇太极时代，八旗排列的顺序是：镶黄、正黄、正白、正红、镶白、镶红、正蓝、镶蓝。镶白和镶蓝都是“下五旗”，多尔衮又仅掌握一半牛录，在政治地位上本已不如济尔哈朗，旗内的实力也比不上，多尔衮无疑处于劣势。

咋办呢？多铎霸占范文程妻子就是个很好的借口，多尔衮要借此翻身。

多铎性格散漫，并没有太大的政治野心，他更有兴趣的是美女和打仗。正白旗旗主这样优越的政治地位，给了多铎也相当于浪费。并且，多铎本人当时和多尔衮也有点矛盾，《清太宗实录》记载“多罗豫郡王多铎与和硕睿亲王多尔衮不协……藐视亲王”，他还故意和多尔衮的政敌豪格接近，不能不予以警告，“夺妻事件”正好给了多尔衮处置多铎的理由。

多尔衮的手段，不止罚多铎十五个牛录这么简单，他还直接整出了一起“换旗事件”。

具体结果是这样的：多尔衮原先领的是排名第五的镶白旗，事件之后，他成了排名第三的正白旗旗主。也就是说，多尔衮和多铎互换了旗纛。

且慢，正白旗不是被剥夺了十五个牛录吗，如此交换，多尔衮的实力不是反而被削弱了？

这当然逃不过多尔衮的算计，这次交换不光是换旗，连旗内所属的旗人也一并进行交换。也就是说，原先多铎的正白旗被剥夺了十五个牛录，又改换旗纛成了镶白旗。被夺的十五个牛录则补充进了多尔衮旗下，并连同原先的镶白旗内人口全部换成了正白旗旗籍。

那么，多尔衮之前不是只能领旗内一半牛录吗，这在换旗之后也不是问题，因为他把自己旗下的阿济格及他所属牛录调到了多铎旗下。

如此一来，多尔衮既独领正白旗，又给镶白旗补充了一点规模，让它不至于太过弱小。

虽然看上去还是在多尔衮三个亲兄弟之间倒来倒去，但是意义可不一样。阿济格是三人里的老大，却没有什么政治智商，与多尔衮的性格也是背道而驰，暴脾气，还容易惹事，多尔衮对他时有不满。

多铎也不是玩政治的料，在争位之时，他莽撞地说出，“若不允（立多尔衮），当立我”“不立我，论长当立礼亲王”这样缺少政治头脑的话，当然不会得到多尔衮的支持。他甚至还跟多尔衮生气，故意跟豪格结交。这两人与多尔衮兄弟之情虽在，政治上却帮不了多尔衮太多，反而分散了多尔衮的实力。

多尔衮这一招，既没有减少同母三兄弟共同的力量，又把资源集中到自己手里掌控，他再也不是那个只能领镶白旗一半牛录的多尔衮了。

那么，他的政敌济尔哈朗呢，就眼睁睁地看着多尔衮这样壮大自己吗？

济尔哈朗也没办法，因为这是符合规定的。

在皇太极时期，就曾把两白旗和两黄旗改旗互换，多尔衮这样做有先例可循。至于多铎被夺的牛录归于多尔衮旗下，之前也早就发生过。皇太极时期，多铎也是因为犯罪被剥夺了十几个牛录，归属给了其兄多尔衮。按照八旗分封领属制度，同一支系的领旗具有关联性，多铎被夺牛录归于其兄多尔衮旗下也是顺理成章。

多尔衮的所作所为都是八旗制度下合法合理的举动，一套组合拳下来，看得济尔哈朗目瞪口呆却又无计可施，纵有千般不乐意，也只能眼睁睁地看着对手壮大自己。

从多尔衮三兄弟的角度来说，阿济格被调去与多铎一起，旗属却没有变化，还是镶白旗，并且仍旧统领自己的手下，没理由有什么怨言。多铎和多尔衮毕竟是同母兄弟，虽然有小矛盾，但两人关系也非比他人。如果换成其他旗主，多尔衮如此操作，难免会引来对方旗主的攻击，而兄弟多铎却没有这个问题，只需要好生安抚便是。多尔衮掌权后对多铎极为重用，也是投桃报李。

多尔衮通过这样一套猛如虎的操作，达到了四个目的：

一、抬高了自己的政治地位。成为“上三旗”的正白旗旗主，不仅把第八位的镶蓝旗旗主济尔哈朗抛离，排名更超过了宗室元老之首代善的正红旗，仅位于皇帝的两黄旗之下。

二、加强了自己的实力。此前，多尔衮仅拥有镶白旗的一半牛录，换旗之后，多铎被夺的十五个牛录归属多尔衮旗下，原本和多尔衮分享旗内权力的阿济格又被打发去了多铎的镶白旗，多尔衮就完全掌握了正白旗。

三、打击和警告了政敌。虽然多铎是多尔衮的弟弟，但正白旗旗主的身份在他身上并不能发挥什么作用，并且多铎还要和多尔衮闹不痛快。借此机会，可以警告一下多铎，让他不要站错队。另外，他又顺手打击了一下豪格，豪格因为被查出知情不报也被惩处，罚银三千两。

四、在政治上拉拢人心。要压倒济尔哈朗，树立威信，拉拢人心也是必不可少的。为汉臣范文程出头重罚多铎，表现出多尔衮对大臣们的重视，对法规执行也一丝不苟，即使宗室亲王犯法也要加以严惩。如此恩威并施，又能让范文程等人感恩戴德。

“换旗事件”过后，多尔衮重新整合了同母三兄弟的力量，在领旗的位次和势力上都超越了济尔哈朗，为他此后控制朝政迈出了重要一步。

很快，多尔衮与济尔哈朗同称“摄政王”，随后继续步步紧逼控制大权。几个月后，济尔哈朗就不得不让出名次，因为事实上多尔衮已凌驾于他之上。

济尔哈朗不得不宣布：

嗣后凡各衙门办理事务，或有应白于我二王者，或有记档者，皆先启知睿亲王，档子书名亦宜先书睿亲王名。

多尔衮也就此在他大权独揽的道路上越走越远，从“叔父摄政王”，到“皇叔父摄政王”，再到“皇父摄政王”，如果不是在壮年意外身亡，取代顺治皇帝也是大有可能的。

结合多尔衮的性格来看，这种办事灵活、善于利用形势的手段也是他能成为明末清初风云人物的原因。

多铎犯事，处置得不好，则损害了三兄弟共同的实力，这违背多尔衮要压倒济尔哈朗的决心。经过多尔衮一顿操作，坏事变好事，既强化了自己的实力，又没有削弱三兄弟整体的实力，还让政敌无话可说，同时又拉拢了人心，手段相当高明。

再看以后，多尔衮进入北京后一度急不可耐地颁布剃发令，但在一片反对声中他没有坚持，而是很快取消了法令。当时清朝尚立足未稳，这个决定很及时。

此后，他一度膨胀，派出多铎和阿济格分兵两路同时攻打弘光朝廷和陕西的李自成。清军在怀庆与大顺军交战失败后，多尔衮意识到两线作战力有未逮，又立即调整战略，调回多铎与阿济格夹攻陕西，取得对大顺军的决定性胜利。

凡此种种，还有不少例子。多尔衮这种灵活机变、善于审时度势的性格是他能成一时之人杰的原因之一。在这点上，他要领先同时代的对手不少。

多尔衮去世前，清军已将永历朝廷压迫到了西南一隅、岌岌可危。清朝最后能问鼎天下，多尔衮算得上居功至伟。

与之形成巨大反差的是多尔衮在意外暴亡仅两个多月后，他的待遇就发生了天翻地覆的变化。顺治皇帝下旨宣布了多尔衮的十四条罪状，追夺一切封典，毁墓掘尸，并对多尔衮一党进行严厉清算。

表面上看是顺治皇帝下的旨意，但当时福临刚满十三周岁，这个年龄难以如此杀伐决断。这些决定的作出与皇家另一位重要人物——孝庄皇太后显然脱不了关系。

民间流传的“孝庄下嫁多尔衮”的传说并没有真凭实据，孝庄太后的政治智商却是公认的。以孝庄太后为代表的力量对多尔衮进行如此凶狠的清算，实际也是清朝贵族内政治派系的倾轧。

首先，多尔衮入关后实行的一些政策侵犯了清朝其他权贵的权益。

多尔衮进入北京后，首先是力排众议地确定了迁都北京，让远在盛京的小皇帝赶到北京再重新登基了一次，北京从此确定为清朝的首都。

但是在当时，这些决定在八旗内部是有不同声音的。

清军进入北京之初，迁都北京并未被提上议事日程。虽然多尔衮坚持认为“京师乃天下之根本”，但以英郡王阿济格为代表的不少高级将领都表示反对。阿济格认为，汉人跟满人是不会一条心的，应该放手劫掠，让将士任取妇女财富，如同皇太极时代数次入关一样，让大家满载而归。

这是相当一部分满族将领的心声，他们都留恋故土，不愿就此改变生活习惯。

多尔衮的战略眼光无疑高出阿济格许多，他力排众议，坚持迁都北京，并且抬出了皇太极生前说过的“若得北京，立即迁都”来，终于使得阿济格等一众满族将领无法再提出异议。

虽然平息了反对之声，但这决定无疑是得罪人的。即使从日后来看，这个决定对清朝无比正确，但当时也免不了有守旧派为此怨恨多尔衮。

另外，多尔衮为了缓和满汉矛盾，收拢人心，重用汉人官员。从效果来看，这招很管用，但同样有八旗贵族对此反对，认为这会损害满人的利益。

当然，在封建王朝里，大权独揽的多尔衮用人也难免有自己的喜好，这也成为政敌攻击他的理由。多尔衮死后，就有部下揭发“凡伊喜悦之人，不应官者滥官；不合伊者滥降”。

多尔衮赏罚严明，清朝贵族将领犯法，他也同样严惩，这就又得罪了一部分人。

这些因素加起来，朝中对多尔衮怀恨在心的人就为数不少。

其次，多尔衮大权独揽，对顺治皇帝福临的地位构成严重威胁。

多尔衮为了办公需要，可以把皇帝的玉玺拿到自己府上，想用就用，顺治皇帝会是啥感受？

多尔衮的头衔一变再变，从“叔父摄政王”变成“皇叔父摄政王”，最后变成了“皇父摄政王”。

福临是皇帝，那么“皇父”是什么，这跟叫爹有什么区别，再发展下去，“摄政王”那三个字就可以不要了。

顺治皇帝朝不保夕，孝庄太后自然也是如此，孤儿寡母只能任多尔衮行事。多尔衮不是皇帝胜似皇帝，顺治皇帝在多尔衮死后才敢说“睿王摄政，朕惟拱手以承祭祀。凡天下国家之事，朕既不预，亦未有向朕详陈者”。

多尔衮的飞扬跋扈，无疑在母子二人心中投下了恐怖的阴影。说实话，如果多尔衮不是狩猎坠马意外死亡，假以时日，正当壮年的多尔衮取代顺治皇帝也很有可能。

另外，就是八旗集团内部的互相倾轧。

多尔衮领正白旗、镶白旗两旗，从始至终，他都与拥立顺治皇帝的正黄旗、镶黄旗两旗存在矛盾。多尔衮为了压制两黄旗，手段冷酷无情，两黄旗大臣索尼、遏必隆、鳌拜等在多尔衮时代或遭罢黜，或被籍没，结怨极深。

济尔哈朗是努尔哈赤时代的八大贝勒之一，又是皇太极时代的四大亲王之一。他和多尔衮开始同为摄政王，名次在多尔衮之前，在八旗内也是德高望重，却被多尔衮一步步地踩在了脚底。虽然济尔哈朗为人低调，主动让出了名次，但多尔衮却还要羞辱他。多尔衮以济尔哈朗的王府超标为由，罢黜了他的辅政王，换上了自己的弟弟多铎。这份羞辱，济尔哈朗自然会铭记于心。

当初与多尔衮争位的豪格则更是被幽禁至死，死后福晋还被多尔衮所纳，更令许多支持豪格的大臣不平。

以上种种，多尔衮在世时当然没人敢乱发议论。如果多尔衮是正常死亡，死前把身后事安排得井井有条，也不会出太大的幺蛾子。但多尔衮是突然暴死，也就没来得及安排后事，他自己正值壮年，又怎么会想到一次狩猎事故就导致自己离世呢。

再加上多尔衮本人并无子嗣，弟弟多铎已死，兄长阿济格又是个政治低能，没有了掌握权力的血亲，最后弄得个众叛亲离、群起而攻之后惨遭清算，也就不奇怪了。

多尔衮被清算，不光关系到他个人，而且关系到整个派系，比如他的亲信，之前曾和谭泰一起出征湖南的何洛会。

何洛会不姓何，他也不是汉人，而是满族人，隶属镶白旗。其父阿吉赖曾随清太祖努尔哈赤征战，因功升至牛录额真。阿吉赖去世后，何洛会承袭其职，并兼任巴牙喇甲喇章京。天聪八年（1634 年），随军攻锦州。

入关后，何洛会先后参加对李自成作战，击败大顺军大将贺珍、刘体纯，又授靖远大将军入四川作战。顺治五年（1648 年），他跟随谭泰进入江西作战，连续平定金声桓、王得仁、李成栋等明朝旧将。

从皇太极到多尔衮，从关外杀到关内，何洛会称得上久经战阵，战功赫赫，算是个将才，并因功进世职为“三等精奇尼哈番”，也就是子爵。

如果光从军功上看，虽然何洛会没当过总领全军的主帅，也算得上独当一面的大将。清朝入关后急需人才，何洛会这样的人正应该有用武之地。

但是，抛开军功，从人品上看，何洛会其实是个小人。

崇德六年（1641 年），明清松锦之战正酣，事关国运的大战，两方面谁也不敢马虎。这时，何洛会临时担任正黄旗蒙古固山额真，清军正在紧张地“围点打援”。何洛会却私自允许手下士兵回家，这违反了战时制度，按罪应当要革职查办、籍没家产。皇太极出于爱惜人才的角度考虑，从轻发落，仅仅罚了他一笔钱了事。

第二年，清军攻下了锦州。赢下了生死攸关的松锦之战，大家都很高兴，仗打赢了当然要战后表功，已升任本旗固山额真的何洛会却玩了手阴的，瞒报了手下护军统领鄂罗塞臣先入敌阵之功。何洛会遭人举报，本来该革职拿问，皇太极却再次宽恕了他。

身为上司两次犯错，何洛会的缺点已经有所暴露，隐瞒部下军功可称为小人，但这些还只是小问题。

崇德八年（1643 年），皇太极突然病逝，皇位继承人问题成为争夺的焦点，这是清朝历史上一个危险的阶段。争夺的焦点在于两黄旗拥戴的是皇太极的长子豪格，两白旗拥戴的是皇太极的兄弟多尔衮。最后的结果是双方妥协，谁也当不成皇帝，另立年仅六岁的皇太极第九子福临，这就是顺治皇帝。

权力的争斗并没有随着顺治皇帝继位而平息，多尔衮与豪格两人始终在明争暗斗，水火不容。

身为人臣，八旗的主要人员也要选择站队。身处政治旋涡，这本也是人之常情，没有什么好指责的。

何洛会是豪格两黄旗属下的将领，此时他转变了立场，选择投靠多尔衮。就政治来说，这也没什么大问题，见风使舵的人也不止他何洛会一个。

不过，何洛会的问题在于为了利益卖主求荣。他投靠多尔衮后，立即告发豪格和两黄旗的大臣扬善、俄莫克图、伊成格、罗硕（扬善之子）等人“诋诽睿亲王，且将谋乱”。多尔衮正要对付豪格，有了何洛会这个人证，豪格百口莫辩。顺治元年（1644 年）四月，扬善等四名大臣被斩首弃市，豪格被夺爵罚银，废为庶人。

多尔衮终于整垮了豪格，何洛会在其中要记首功。多尔衮也没忘记何洛会，把他提拔为“一等阿达哈哈番”，又把抄没的俄莫克图、伊成格家产赐给他。何洛会通过出卖旧主赚得盆满钵满。

虽然豪格被暂时废黜，但反对多尔衮的力量却没有平息。到了清军入关后，豪格又被复爵，并且领兵出征，平定了张献忠，立下军功。

立功的豪格争回了政治资本，看上去此后地位应该更加稳固才对。不过，政治没这么简单，对志在大权独揽的多尔衮来说，豪格和郑亲王济尔哈朗的存在就是对自己的威胁。

有利益就有人去追逐。豪格回京后，舒尔哈齐之孙贝子屯齐揭发济尔哈朗隐瞒索尼、图赖等人密谋立肃亲王豪格为帝，济尔哈朗因此被降爵。豪格这次更惨，被判幽禁，失去了自由，不久死于狱中，年仅四十岁。在这事里，也少不了何洛会的身影，他再次出面作证。

纵观豪格与多尔衮的斗争，原本属于豪格的何洛会反水在其中起到了很大作用，他的作用是落井下石、推波助澜，也凭借优异的表现成为多尔衮的心腹。

从何洛会的角度来看，多尔衮当时不过三十岁出头，正是年富力强，他的头衔从“皇叔父摄政王”变成“皇父摄政王”。1647 年以后，多尔衮已经不用再向顺治皇帝行跪拜礼，“以后凡行礼处，跪拜永远停止”。并且把皇帝的玺印都拿到了自己府上，宣称是方便办公。

以这样的改变来看，要说多尔衮在将来取福临而代之也很有可能，这样的话何洛会当然更加水涨船高，加衔晋爵，永保富贵都不在话下。

然而，人算不如天算。何洛会的小算盘打得啪啪响，却没想到多尔衮会年纪轻轻的突然暴死，年仅三十九岁。

多尔衮之死带来的是政局的剧烈动荡，对何洛会来说，变天了。

多尔衮在世时，顺治皇帝被完全压制，几乎朝不保夕。他的突然死亡，宣告福临头上的一座大山突然没了，顺治皇帝顺势宣布亲政。

皇权之争是残酷的。多尔衮之前和豪格叔侄相残，顺治皇帝掌权后也不会客气，除了对多尔衮追夺封典、毁墓掘尸，属于多尔衮一派的大臣们自然也要被追究，刚林、巴哈纳、冷僧机、谭泰、拜尹图等接连被处罚。

当初和何洛会都属于多尔衮一派的谭泰、苏克萨哈等都掉转枪口，站出来揭发何洛会的罪责。最后，何洛会被确认犯有三大罪状：

何洛会前首告肃王，非肃王有抗上之罪也。罪一。以恶言加肃王诸子。罪一。睿王欲另驻永平时，同与密谋。罪一。

这些罪责，其实也和之前豪格被控的罪状一样，无所谓真假，目的只是给何洛会定罪。

于是，曾经显赫的盛京将军何洛会，就此被判处凌迟之刑，一生钻营的他最终落得个如此下场。

另外，顺治皇帝查处多尔衮一党，力度不小，被斩首的大臣也不少，不过仅有何洛会连同其弟一例被判处凌迟极刑，这又事关何洛会自己的行为。

何洛会本属豪格，卖主求荣，自己原属的两黄旗大臣大都对他咬牙切齿，不屑于他的人品。多尔衮倒台，众人都落井下石，严惩这个钻营投机的小人。豪格被多尔衮整死，多尔衮又已不在，豪格手下将领们的怨气大部分都要撒到何洛会头上，他最后判刑最重也就成了众望所归。

皇室内部的权力之争，异常血腥残酷，常常上演骨肉相残、父子相煎的人间惨剧，有道是“最是无情帝王家”。在绝对的权力面前，亲情并不存在，清朝同样不能例外。

例如，在努尔哈赤死后，皇太极等人为争夺汗位，就逼迫多尔衮的生母阿巴亥殉葬。而清初多尔衮与豪格的叔侄之争，多尔衮与福临的矛盾，都已经到了你死我活的程度。任何人卷入争斗，其命运必然随着派系斗争的走势变化而波动，何洛会就是其中典型一例。

所以，多尔衮在世时，何洛会被委以重任，曾统辖整个东北地区，权倾一时。多尔衮死后，何洛会就被用最残酷的凌迟酷刑处死。

何洛会跌宕起伏的命运固然与他惯于投机、钻营的个人品质有关，但同时也是清初皇室惨烈斗争的一个典型缩影。

何洛会是清朝首任也是死得最惨的一任盛京将军。之后，两黄旗翻身，多尔衮一派失势被清算，这就是残酷的政治斗争。

有斗争就有损失，到了1651年，顺治皇帝翻翻花名册要找人领兵出征，去跟李定国一争高下的时候，发现可用的人不多了。

豪格已死，阿济格已被幽禁还有几个月寿命，济尔哈朗年老身体不支，博洛、勒克德浑重病，刚林、巴哈纳、冷僧机、谭泰、拜尹图被杀，何洛会被凌迟。

还有个问题是容易被忽略的，就是蒙古的威胁。

说到蒙古，不少人认为自从皇太极击败林丹汗后，蒙古就被收编，满蒙亲如一家，来自蒙古的威胁就不复存在了。

这只是指的漠南蒙古。

北元灭亡后，蒙古分裂成两个部分，瓦剌和鞑靼，他们分别占据蒙古草原东西部分。

西蒙古瓦剌大名鼎鼎，以制造了曾经震动天下的“土木堡之变”而闻名，强盛时东蒙古的鞑靼、兀良哈等部落都要听命于它。经过脱欢和也先父子两代人的奋斗，瓦剌再次从形式上控制了蒙古诸部。它的疆域也达到元朝之后蒙古汗国的最大范围，东起女真，西达哈密及其以西的裕勒都斯河流域，北抵叶尼塞河上游，南临长城的广袤地区，控制的地区甚至比明朝还要大，史称“漠北东西万里，无敢与之抗者”。

瓦剌的复国梦来得快去得也快，在强人也先死后，蒙古就再次陷入分崩离析。瓦剌开始衰弱，东蒙古的鞑靼部又卷土重来，瓦剌诸部只得往西迁移，再也没能恢复也先时期的强盛。直到清朝康熙时期出了个噶尔丹，那时他们的部落被称作卫拉特，其实意思是一样的，卫拉特就是瓦剌，也是厄鲁特，这是它们在不同时期的称呼而已。由于居住地的关系，在这个时候，卫拉特也被称为漠西蒙古。

同样地，东部蒙古——鞑靼，由于居住在漠南，就被对应地称为漠南蒙古。漠南蒙古各部在林丹汗败亡后并入清朝，编为蒙古八旗，为大清南征北战立下了汗马功劳。

除了漠西和漠南，在漠北还分布着诸多蒙古部落，他们被称为漠北蒙古，来自 16 世纪中叶后从东蒙古本部中迁移到漠北的喀尔喀诸部。

明末，蒙古末代大汗林丹汗联明抗金，但还是不敌皇太极，1632 年被皇太极击败。林丹汗远遁青海，两年后病死。

林丹汗死后，其子额哲投降后金，漠南蒙古也就是察哈尔诸部被征服了。

许多人以为蒙古自此就被全部纳入清朝统治了，实际上差得远，还有漠北喀尔喀诸部和漠西卫拉特诸部。

漠北、漠西、漠南三大部分蒙古部落里，皇太极征服的只是漠南蒙古而已，漠西和漠北并不听从大清号令，相反还时时有反攻倒算的野心。

喀尔喀是漠北蒙古诸部的统称，当时主要包括了三大部：土谢图汗、札萨克图汗、车臣汗。

喀尔喀诸部见后金势大，也致书与后金通好。崇德三年（1638 年），喀尔喀三部“遣使来朝”，以后，每年各贡“白驼一，白马八，谓之九白之贡”。

虽然如此，但是喀尔喀和卫拉特贵族并不甘心重蹈察哈尔部的覆辙。1640 年 8 月，他们在塔尔巴哈台会盟，约定共同御敌。

顺治三年（1646 年），苏尼特东路首领塔巴海达尔汉和硕齐之子腾机思发动叛乱。

本来清朝已许配给腾机思一位郡主，封他为和硕额驸、札萨克多罗郡王，诏世袭罔替。

腾机思是蒙古雄主达延汗的六世孙，他受到车臣汗硕垒的诱惑，一心想要恢复祖上荣光，就与弟弟腾机特和手下诸台吉叛清，投奔车臣汗，想要合兵一处闹出大动静。

多尔衮立即任命豫亲王多铎为扬威大将军，带领多罗承泽郡王硕塞，动员京师八旗和外藩科尔沁、察哈尔等蒙古八旗兵力平叛。

多尔衮明确交代多铎，如果可能，把车臣汗硕垒也一并一网打尽，“务尽根诛”。

喀尔喀蒙古虽勇，却不是身经百战的多铎的对手，在布尔哈图被追上并击败，腾机思的儿子巴图、侄儿多尔济，台吉茂海都被阵斩。

车臣汗硕垒、土谢图汗衮布没有坐视不理，派自己儿子们率两万喀尔喀联军增援腾机思。蒙古联军在扎济布拉克回身与清军又大战一场，结果还是没有悬念，再次被击败。

第二天，车臣汗硕垒又派四个儿子率四部兵马三万余人与清军决战。经过鏖战，清军再次大胜，一路追杀出二十多里，硕垒和腾机思只得远遁色楞格河。

在外面窝了一年，眼看实在打不过清军，顺治四年（1647 年），硕垒、衮布先遣使向清谢罪，获得多尔衮赦免。第二年（1648 年）宣布归降，腾机思也恢复了爵位，但这么一折腾，他没过多久就病死了。

经过腾机思事件，清朝展示了强大的军力，喀尔喀和卫拉特贵族本以为建立同盟之后可以谋求彻底独立，并能拉回已归附清朝的漠南蒙古，但没想到第一次与多尔衮刀兵相见，就遭到如此惨败。

腾机思事件虽然结束，但余波却还没平息，喀尔喀与清朝的关系仍处于紧张之中，不肯诚心臣服，清朝也在找机会给这个刺头点教训。

前文讲到姜瓖反清前，多尔衮派出军队到大同附近，正是为了防备喀尔喀。

在顺治五年（1648 年）十一月，喀尔喀部落二楚虎尔带兵逼近边界，这正好为多尔衮提供了用兵的口实，他派英亲王阿济格统兵戍守大同，并调八旗游牧蒙古官兵之半，守住阿尔其图苏门哈达等地方。

第二年（1649 年）二月，大同总兵姜瓖据城叛清归明，京畿震动，多尔衮极为重视，领兵亲征。

大军行进到古尔班口，得到情报，硕垒汗正调集兵马在边境蠢蠢欲动，离这里只有十日路程。

多尔衮早就看硕垒汗不顺眼，一直想要重点打击他，权衡轻重，他下令全军出张家口，先征喀尔喀。但是，这次出征由于一路缺水没能达成，多尔衮遂回军围大同。

十月，多尔衮再次得到情报，二楚虎尔行踪再现，于是他再次领兵亲征，终因情报失实，劳而无功。

多尔衮随即下令，以多罗郡王岳乐为宣威大将军，统兵戍防归化城，防止喀尔喀侵入。

向南要向永历朝用兵，向北要保留兵力防备喀尔喀—卫拉特联盟这个外患，也就不难理解顺治皇帝用兵为何如此捉襟见肘。

顺治七年（1650 年）冬，一代枭雄多尔衮暴亡，没能完成打击喀尔喀的愿望，但清朝的政策并未改变。

一时无力大举用兵进攻，就以制裁和招抚为主，从经济上打击、政治上拉拢喀尔喀诸部。

例如，严禁内地百姓和兵丁购买喀尔喀驼马，违者一律鞭打或治罪。

经济制裁很有效，喀尔喀部落既打不过清朝，又不能做生意，迫于压力，顺治七年（1650 年）十月，诸部派出代表团与清朝议和。

清朝很强硬，回复：

尔等如欲复通盟好，尔以表来，我以敕往。二楚虎尔所掠巴林牲畜，如数偿我，赎俄木布额尔德尼、巴尔布冰图侵犯之罪，并赎巴尔布冰图擅入土默特杀掠之罪。

并提出警告：

尔亦自知仅存弹丸之地，勿恃荒远勿听尔属下奸人之言，致陨尔绪……今若速还我人畜，献所罚驼马，遣为首贝勒贝子大臣来朝则已，不然致有后悔。

这简直就是赤裸裸的威胁，然而国力强大就是腰杆硬，喀尔喀诸部即使不服，也只得接受。

顺治十年（1653 年），喀尔喀还打算争取一下，致书表达不满，跟清朝提提条件，扬言：从前赏例太薄，我等再不来贡。

这又换来一顿大骂：

尔弹丸小国，逼处一方，慎勿恃道里辽远，听奸邪言词，以败和好……今尔速将所有我国人畜并额贡驼马，遣为首贝勒贝子大臣来觐则已，否则后悔。

喀尔喀贵族左思右想，还是决定服软，不冒这个险，毕竟搭上身家性命不值得。

顺治十四年（1657 年），喀尔喀派札萨克图汗之子冰图台吉率众台吉向清廷“悔罪朝贡”。良好的态度得到顺治皇帝赞赏，他表示“朕不念旧恶，其从前杀掠人口、劫夺牲畜之罪，悉行宽宥”。

至此，清朝与喀尔喀的关系才恢复友好。直到准噶尔与喀尔喀爆发战争，继而清朝卷入，通过清准战争，才最终平定了喀尔喀与准噶尔，这已是乾隆年间的事情了。

因此，在 1651 年这个时候，敬谨亲王尼堪就成了清朝的中流砥柱。

衡阳大捷

1652 年十一月二十二日，李定国和尼堪在衡州摆开战场，一场决战就要展开。

虽然尼堪听说李定国节节胜利，但战胜的主要是绿营军队，自己统率的是八旗精兵，又从关外一路杀到关内，李定国充其量也就是张献忠的干儿子，张献忠都被剿灭了，李定国还能翻天不成？

尼堪人狠话不多，第二天天色未亮就亲自勒兵直进，想要复制之前的胜利，一仗击垮李定国。在尼堪的亲自带领下，八旗军发起暴风雨般的冲击，明军果然无法抵挡。一番大战后，连之前对阵孔有德曾大显神威的战象也无法奏效，根据清军战后的报捷“追杀二十余里，斩获甚多。得象四、马八百二十有奇”。尼堪的自信不是没有道理，硬碰硬的第一仗，明军损失颇大。

尼堪得意扬扬，根据以往的经验，与明军交战只要初战得胜，接下来就如同砍瓜切菜，甚至不用怎么动手，对面的敌人就会不战自溃或是主动投降，在之前明军确实如此。不过，这次他的对手是李定国。

初战不利，李定国意识到八旗精锐确实不好对付。不过，李定国如果只知道蛮干，也无法成为同时代的名将，他已在第二天给尼堪安排好了套餐。

次日，尼堪早早饱餐战饭率军出击，按他的设想，明军的战象都无法奈何他，这天的战斗将比第一天还要轻松。战场的形势也印证着尼堪的想法。

明军面对凶悍的八旗军，似乎丧失了抵抗意志，开战不久就纷纷败退。尼堪一看胜局已定，只想着扩大战果，他把指挥权交给贝子屯齐，自己率领着五千多精锐尾随追击，想要一举拿下衡阳。

都知道穷寇莫追，尼堪不知有没有读过《三国演义》，不过从战场的形势来判断，他率领的兵力不算少又是精兵，就算遇到风险，总还可以全身而退。

尼堪还是不了解李定国，伏兵之计是李定国的拿手好戏，他和部下早已在战场上操练得无比纯熟。这次李定国安排明军佯败，在埋伏圈里布下重兵，为的就是尼堪的项上人头。

尼堪率兵紧追，远远地离开了自己的主力，一直追出了二十多里。李定国一声号令，明军突然伏兵四起，全军出击，把尼堪所部截断。

尼堪果然是悍将，戎马半生使得他即使落入重围也并不慌乱，试图重整队伍击破包围圈。他策马左冲右突，口中大喊“我军击贼无退者。我为宗室，退，何面目归乎？”即使作为敌人，李定国也不得不承认尼堪的悍勇。

但这时候清军队形已乱，被分割包围，首尾不能兼顾。如果说五千八旗兵集结在一起能发挥出100的战力值，那失去统一指挥后，分散的八旗兵的战斗力就要减半。

尼堪本人拼力死战，李定国则指挥部下不断缩小包围圈。力战之下，尼堪的战马首先脱力，马腿一软把他摔了下来。尼堪这时箭支已射光，他拔刀下马步战。由于尼堪的亲王服在战场上实在太过耀眼，他这里早就吸引了最多的明军。大家知道这是个大人物，无不奋勇争先，谁都想立个头功。护卫一个个战死，尼堪身边的人越来越少，最后在混战中被捅成了马蜂窝。最值钱的是尼堪的首级，“东珠璀璨嵌兜鍪，千金竟购大王头”，知道杀死的是尼堪，李定国全军欢声雷动。

屯齐率领的清军主力被远远地落在后面，等他们赶到战场，就听到明军欢声震天。屯齐知道不妙，从逃出的士兵口中得到尼堪被击杀的消息。即便如此，屯齐也要尽力抢回尼堪的尸首以便交代，否则堂堂一个亲王在战场上尸骨无存，是后金（清朝）以来从未有过的耻辱。

屯齐率领清军反复三次冲入战阵，才找到尼堪的无头尸首。“敬谨亲王闻胜，轻骑疾进，遇伏战没，科尔昆三入围，求得王遗骸”。尼堪的首级当然早被拿到李定国处请功，再也难以找回。屯齐不敢再战，不得已只好垂头丧气地退回长沙。

衡阳之战的战果不只是尼堪，除了这位敬谨亲王，清军记录在案有名有姓的将领有二十五人阵亡，其中不乏护军统领喀尔他喇、副都统额色、护军参领恳哲等拥有一二三等轻车都尉爵位的将领，阵亡八旗将领的品级从正二品到从五品不等。这是从后金到清朝以来从没受到过的巨大损失，难怪顺治皇帝在战后哀叹“我朝用兵，从无此失”。

李定国入湘抗清，本来是孙可望的战略失误，尼堪本人和属下士兵也称得上足够强悍，没想到却成就了李定国的一世英名。一年之内，李定国“两厥名王”，威震天下，俨然有当年关羽雄风。为了避其锋芒，顺治皇帝一度动起了与永历朝廷划西南分治的念头，虽然没有成功，但这在一年多之前都是不可想象的。

孙可望调李定国入湘，原是误打误撞，事后来看却成了正确的选择。因为此时能与尼堪对阵的，非李定国莫属。能够加以证明的，是孙可望本人将在之后与八旗军的对垒中迎来一场失败。

李定国“两厥名王”，接连取得大捷，让明军无比扬眉吐气，也给清朝造成了很大的军事损失。不过，解气归解气，从当时的情况来看，李定国胜利的意义在精神层面来得更大。

如果换一个时间点，把李定国的胜利放到弘光朝多铎率军东下时，或者是隆武朝博洛进军杭州的时候，意义都会完全不一样。

因为那时候清朝立足未稳，八旗兵力有限，汉军还没能真正为其所用，如果遭受一场大的失败，都有可能动摇满洲权贵们攻取全国的决心。李定国击毙的尼堪，放到当时地位相当于阿济格、济尔哈朗这样的角色，这样的失败对八旗是个巨大的打击。凭借这样的胜利，让清朝知难而退、划江而治是完全有可能的。

到了 1651 年，形势却不同了，清朝已经入关七年，随着金声桓、李成栋、姜瓖等人“反正”都被平定，鲁监国被打得长期流浪海上，郑成功又埋头培养自己的势力，明朝抵抗的力量越来越微弱。也就是说，清朝已经站稳了脚跟。

八旗将领出现了青黄不接的些许苗头，其实八旗兵也是一样。经过长年征战，哪怕是原来的大头兵都拥有了相当的产业，不再是烂命一条，加上年龄的增加，他们的作战能力下降，作战意志也不像之前那么坚决，八旗兵逐渐不复当年之勇。

既然这样，清朝拿什么部队来打呢？答案是汉军，也就是绿营。

清朝改编绿营军队的工作始终在进行，按照筛选标准，投降的明军通常会有一二成被选中编入绿营。经年累月，投降的部队没有一百来万也有五六十万人，仅仅左良玉之子左梦庚在九江就带着部下二十多万人投降了阿济格，最终阿济格只留下了两万多人。

按照这个比例，八旗军被消耗了不少，绿营却滚雪球一样越滚越大，已经拥有数十万人的规模。并且，这是精挑细选而来，相当于明军的精锐，作战能力不差。

所以，除非战事特别紧急，八旗将领和军队退出了战场主力的阵容，转而以类似监军、督战队的身份在军队里存在。比如，李成栋进攻广东时手下有一万多人，与他形影不离的佟养甲手下有一千多八旗兵，就是起到这样的作用。孔有德、尚可喜等也跟李成栋相同，他们进攻湖广和广东时，都是统率绿营为主的军队，八旗兵只占一小部分比例。八旗军退居二线，让绿营兵和明军打头阵，不到关键时刻不动用，这样既能减少伤亡，又能起到监视绿营兵和在最后关头夺取首功的作用。

李定国的胜利虽然很辉煌，也给了清廷很大的震动，但清朝的实力没有受到根本打击，划江而治的念头也就是在顺治皇帝心里一闪而过。因为放眼全国，也就只有李定国这一路人马表现生猛，其他明军还是一副温吞水的样子，不足以全面构成威胁。

尤其是紧接着衡阳之战的保宁之战，让顺治皇帝看到原大西军、现明军也就只有一个李定国，虽然其他人比永历朝廷原来的部队猛一点，但是吴三桂这些人也还能扛一扛。看到这里，顺治皇帝把心又放回了肚子里。划江而治？凭保宁之战的表现，不可能的。

保宁之战

之前，孙可望派出军队，收编了四川境内的主要军阀，控制了四川大部分，打算把它建设成为跟贵州一样的后方模范省。之前，四川在张献忠入川后成为战场，又被张献忠统治得人口大减、四处凋敝，之后清军虽然击败大西军进入过四川，谁知环顾四周，号称“天府之国”的四川这时候竟然连活人都看不见多少，更是穷得根本无法供养军队，不得已只好主动撤出四川。

经过五六年的休养生息，原来跑到大山里躲起来的人们逐渐回来重新生活，没有再次遭到战乱，经济也慢慢复苏，四川又焕发出了生机。

对清朝来说，四川当然是一块必欲得之而后快的宝地。之前撤退是因为兵力不足，加上粮饷无法供应，现在清朝已经拥有了可用之兵，不能坐视四川变成明军的大后方，于是顺治皇帝做出部署，出兵争夺四川。

派谁呢？上面已经说了，汉军为主，八旗军为辅。

顺治皇帝派出这支军队的首领，在我们一开头就反复出现过，他就是曾经的大明宁远总兵、平西伯，现在的大清平西王吴三桂。

吴三桂在击败李自成后曾被调回锦州雪藏了两年多，在顺治四年（1647 年）才又被调回关内，奉命和李国翰一起镇守汉中。李国翰是八旗将领，他的实际身份也就是吴三桂的监军。

吴三桂很清楚自己被雪藏是为了啥，派个李国翰在自己身边又是为了啥。到这时候，吴三桂想的只有如何表现自己的忠心，所以他在参与平定姜瓖“反正”时表现得比八旗军还凶猛，甚至在蒲城干出了屠城的事。

1652 年初，平西王吴三桂、定西将军固山额真李国翰率领所部兵马从汉中入川，准备平定四川。

1652 年（顺治九年，永历六年），吴三桂、李国翰率兵入川。孙可望却没有做好准备，他的前锋这时在湖南西部。吴三桂在二月初七抵达保宁，二十二日占领成都，二十五日占领嘉定，三月十四日占领重庆，四月下旬占领叙州，一路几乎没有打什么大仗。孙可望留在四川的兵力太少，无力与吴三桂争夺，成都、重庆等重镇都是不攻自破或是被主动放弃，清军的进展出乎意料地顺利。

这与孙可望的战略部署失当有关，他认为清朝在战场连遭失败，应当会收缩防守，不会再有能力主动出击。虽然孙可望是沙场老将，但在大西军出滇后的战略上却已连续出现失误，这也是孙可望的特点，内政强于军事。

四川被占领，孙可望无法置之不理，否则下一步贵州就会受到威胁，于是他再次派出刘文秀带兵收复四川。

刘文秀兵分三路，从建昌、叙永、彭水入川，之前主动撤退的白文选也反攻重庆进行呼应。

吴三桂入川本来也没想到如此顺利，两个多月已经占领了大半个四川。顺利归顺利，但这同时带来一个问题，就是吴三桂带来的兵力远不够控制这么大的地方。

等明军发起反击的时候，形势逆转，兵少将寡又要防守大片区域的变成了吴三桂，这就跟他进军之前明军的处境一样。

吴三桂、李国翰等高级将领紧急开会，商量的结果是决定“全师北撤，以保万全”，唯恐在四川被明军“包了饺子”。

来得容易，去就没这么简单了，清军一路撤退，明军一路追击，四川民众也群起响应。撤退路上，清军总兵南一魁、梅勒章京白含真都被活捉，一路败着退回了保宁。根据记载：“刘文秀之入蜀也，善抚恤军士。蜀人闻大军至，多响应。于是，重庆、叙州诸府县次第皆复。吴三桂迎战辄败，敛军以奔，趋保保宁。”

于是，双方的目光都聚焦到了保宁。

保宁是川北门户，川北则是汉中门户，拿下了保宁，就可以进一步威胁汉中。原来的大西军中有不少是陕西人，打回家乡是他们的夙愿。

对清朝来说，湖南战场刚刚遭遇严重失败，如果汉中再有失，那顺治皇帝真的要考虑划江而治了。

所以，保宁之战，对双方都格外重要。

在保宁之战前，入川的清军已经放弃了之前占领的所有地盘，四川全境已经基本被大西军收复，他们所占据的只是保宁这一座孤城。

保宁城的地势是三面环水，嘉陵江和东河把它包围，江河相当于它的护城河，对面都是山岭，只有北面可以展开部队进攻。

这情景似乎有点眼熟。是的，这和之前的赣州很像，也是江河为护城河，只有一面能进攻。

那么，再回忆一下明军几次进攻赣州的经过，这在前面讲得很清楚。虽然明军拥有绝对优势兵力，但强攻之下也始终无法拿下赣州。

这时保宁城内的情况是，清军虽然受到一些损失，建制却基本完好，但同所有被围困的城池一样，保宁面临着粮食问题。吴三桂带兵仓促退回保宁，根本没想到提前储存粮食，而保宁城中储积的一些军粮全是由陕西汉中历尽艰辛转运来的，势必不能持久。

相比赣州，保宁城外的明军还有地势之利。保宁城外都是山岭，明军可以利用地形，居高临下地用火器威胁到城内，也就是“长技在鸟铳，铳之胜势在高山，延山放铳，据险凭城，不谓不张”。

刘文秀最稳妥的做法是派兵扼守住保宁环水的三面，提防清军的反击，只在北面留少量兵力牵制和骚扰。兵法云“围城必阙”，也就是要给被包围的敌人留出一条后路，以瓦解敌军的斗志。

然而，刘文秀自入川以来，连战连胜，几乎收复了四川，看到李定国节节胜利，自己也不甘示弱。现在形势大好，眼看吴三桂只敢龟缩在城内，自己正好毕其功于一役，击毙吴三桂，消灭四川的所有清军。

刘文秀是张献忠四个义子之一，早年就追随张献忠，也是身经百战，他对自己的能力有强烈的自信。十月初二，刘文秀率领手下大将王复臣、王自奇、李本高、祁三升、关友才、张先壁等五万大军逼近保宁，他下令把主力部署在城北，磨刀霍霍，准备强攻。

如果刘文秀的部下实力强大，这种打法也不能说错，不过这时他只有五万多人，在数量上并不占据绝对优势。但之前的胜利让刘文秀自信满满，让他认为清军就和撤退时一样是一群待宰的羔羊。并且，刘文秀连战连胜，如果让这样的对手在自己手上逃回陕西，面子往哪里去放，于是他拒绝了手下王复臣等人的提议，执意要强攻保宁。

刘文秀或许没考虑过他的对手，或许是对他的对手不了解，他面对的是平西王吴三桂。吴三桂能走到今天这一步，在明朝和清朝都混得如鱼得水，从资历和经验上，都要高出刘文秀不少。

十月初八，明军按照部署云集保宁城北，做好了攻城准备。刘文秀登上东北的山头，居高临下，志得意满，打算一举攻下保宁，拿下吴三桂项上人头，不让李定国独美。想想就很美好，清朝已经“挂”了两个王爷，再拿下吴三桂，明军杀回陕西指日可待。

那么，这时候城里的吴三桂在干吗呢？作为沙场宿将，吴三桂是不会坐以待毙的，他派出斥候侦察明军的兵力部署，为的是找出明军的薄弱处。

吴三桂有个大胆的想法。

他能混到今天这个地步，不是光靠投降换来的。吴三桂从少年时期就在军中玩命，虽说有家族的光环，但如果没有真功夫，也无法在这个乱世生存到现在。

在同时期的清军将领里，论军事能力，吴三桂绝对是个出类拔萃者，与八旗将领相比也毫不逊色。少年时期的吴三桂就胆比天大，敢率几个亲兵就杀入后金军包围圈，救出父亲吴襄；松锦之战失败时，其他总兵都损兵折将、不成建制，吴三桂却找到了八旗军的薄弱处突围而出，损失不大，这些都是其能力的体现。

吴三桂选来选去，选中了一个人——张先壁。

张先壁是刘文秀手下，准确说是归属刘文秀统率，因为他本来就是明朝将领。

张先壁的资历相当老了，崇祯时期就在总督傅宗龙军中效力，累功升为参将、副总兵。崇祯皇帝还活着的时候，军队里的军衔还没有通货膨胀，副总兵还是个战区副司令的高级军官，可见张先壁还是有点实力的。

奇妙的是，张先壁和张献忠的大西军颇有渊源，可以说是始终相爱相杀。张先壁是云南人，他有一支自己的力量“滇奇营”，有些战斗力，始终参与围剿张献忠，给张献忠造成了不少麻烦，“八大王”对他颇为头疼。

张献忠起事后，攻占武昌，张先壁不敌撤退。随后，张先壁与刘承胤为了抢地盘发生冲突，两人明争暗斗，都大肆招募兵力，扩充自己的势力。本来张先壁所部还能打一打，兵力这么一掺水，战斗力急剧下降，兵多了粮饷又不够。这也不是问题，出去抢掠就行了，这是明末武将通用的做法，此时的张先壁也已经军阀化。

随后，张先壁被何腾蛟收编，成为“楚军”的一部分，跟着何腾蛟丢人现眼了几年。何腾蛟被俘杀后，张先壁不肯归属永历朝廷指挥，占据沅州，恢复了军阀的老路子。等到孙可望出师，收服各路诸侯，张先壁一看大西军势大，不敢来硬的，于是依附了孙可望，这时被划归刘文秀统率来到四川作战。

保宁城下的明军里，张先壁所部也正在其中。

从以上我们可以看到，张先壁不是大西军嫡系，他的部下战斗力也不比当年，谈不上有多出色。

所谓知己知彼才能百战百胜，吴三桂显然读过兵法，他选择了张先壁这里作为突破口。

由于只有北面一处可以攻城，明军集中了所有主力，列成长长的战阵，史料记载中，兵马“蔽山而下，炮声震天”，“南自江岸，北至沙沟子，横列十五里，前列战象，次用火炮、鸟铳、挨牌、扁刀、弓箭、长枪，层叠里许，蜂拥攻城”。

在刘文秀和明军眼里，吴三桂和保宁城内的清军已是瓮中之鳖，只待束手就擒。明军熙熙攘攘，只想着攻城，完全没有想到还有“防守”二字。吴三桂在城里挨了几个时辰，等到天色已经全亮，前几波攻击的明军锐气已经被消磨。吴三桂率领挑选的精兵，全部换上八旗兵的服色，开门直奔张先璧杀去。

不光是张先璧，所有人都没想到清兵竟然还敢杀出城来，而且是清一色的八旗兵，大家准备的都是攻城的家伙，没有一点防备。张先璧所部战斗力又弱，无法抵挡吴三桂，稍事抵抗就纷纷逃窜，这也正是何腾蛟“楚军”的作风。

我们知道古代作战没有先进的通信和指挥手段，全靠士兵观察军旗进退。张先璧部一退，冲乱了邻近明军的阵脚，周围的王复臣、姚之贞等人搞不清状况，手下士兵看到军旗倒卷，纷纷跟着拔脚撤退。由张先璧一点，吴三桂打开了缺口，冲垮了明军整体的阵型，这一招在古代军事上叫作“倒卷珠帘”，被不少名将在以少胜多的战役中多次使用。

无法结阵的士兵就是一团散沙，无法立足，任凭吴三桂砍杀。如果这时能有效收回兵力，还不至于损失太大。偏偏张先璧之弟张先轸看到部下败退，试图力挽狂澜背水一战，他下令砍断了江上的浮桥，亲自在江边督战。要命的是战场混乱，张先轸断桥的消息无法及时地传递到其他总兵那里，败兵潮水般往江边退来无人约束，事实上也已经无法约束，张先轸更加无法有效控制。清军在后面追杀，许多人为了逃命跳水淹死，回身复战的士兵又势单力孤，大多死于清军刀下。

原来的大西军左军都督，现在的明军灭虏将军王复臣在江边被围，无法过桥，清军把他里外围得密不透风。王复臣大喊“大丈夫不能生擒名王，岂能被虏所辱”，力战不支后，自刎而死。

此战，明军还有总兵姚之贞、张先轸、王继业、杨春普等被清军擒杀，损失士卒大半、战象三只、马骡二千三百余匹，刘文秀的抚南王金印也被清军缴获。

保宁之战的重要性，我们前面已经分析过了。在李定国接连取得大捷的情况下，已经动摇了顺治皇帝的信心，这时候所欠缺的就是再取得一两场像桂林、衡阳那样的大胜。保宁之战如果获胜，永历朝廷才真正具备与清朝南北分治的军事基础。然而，刘文秀的这一战失败，相当于断送了李定国打下的心理优势。

更为重要的是，保宁之战让顺治皇帝看到了原来汉军还是很能打的，吴三桂还是可以重用的。之前，吴三桂其实一直处于雪藏状态，李自成身亡后，清朝就没怎么派他打过大仗。这一仗也是吴三桂的翻身之仗，既表现出他的有勇有谋，又让顺治皇帝看到了他的忠诚。恰好这时清朝又遭遇了不大不小的将领危机，吴三桂的表现恰逢其时。

孙可望的动向

保宁之战，吴三桂虽然取胜也是惊险万分，但一个玩不好自己就会全军覆没，战后吴三桂也感慨："生平未尝见如此劲敌，特欠一着耳。"

张先壁引发明军溃败，功亏一篑，自己却在乱军中保全了性命，跟着刘文秀带领残兵返回了贵州。但他没能躲过孙可望的怒火，被下令乱棍打死。除了张先壁，孙可望还下令解除了刘文秀的兵权，将他发回昆明闲住。

表面上看，孙可望此举也算合理。不过，孙可望这个人没这么简单，他办事有极强的目的性，解除刘文秀的兵权，还有其他考虑。

之前一直在说李定国，现在该说说孙可望了，毕竟他才是大西军最大的大佬。在现在整个永历朝廷和军队里，孙可望才是真正的掌权者。

在李定国衡阳之战的时候，其实有一个细节。李定国在设下包围圈时，同时作出了一个部署，由于手下兵力不足，他调孙可望手下的马进忠、冯双礼所部移军白杲市设伏，为的是在伏击成功后南北夹击，一举全歼清军主力。

这个方案很有预见性，李定国也确实打了一场漂亮的伏击战，阵斩了敬谨亲王尼堪。虽然清军损失颇大，但主力还在，李定国并没有实力吃掉他们。

如果此时乘胜进军夹击，正是大好机会。但是，孙可望得知消息后，下密令让冯双礼和马进忠退走。李定国势单力孤，无力全歼屯齐，只能驻守衡州，错失了扩大战果的好机会。

不管是输是赢，李定国和刘文秀都与清军硬碰硬地交战过了，终于该轮到孙可望了。

1652年（顺治九年，永历六年）十一月初一，孙可望亲自带领主力出贵州进入湖南，他的第一个目标是总兵徐勇固守的沅州。

说到这个徐勇，也是老熟人了，他本身就是左良玉麾下的总兵，跟随左梦庚降清后被重用，多有立功。金声桓“反正”时，徐勇担任清朝长沙总兵，他拒绝了金声桓的招降并坚守长沙，多尔衮曾表彰其忠心可嘉。

徐勇最露脸的时候是在“忠贞营”围攻长沙之战中。那一仗长沙已经摇摇欲坠，徐勇在城头督战露出面目，被城下一箭射倒，算是好好地露了把脸。

不过说起来，徐勇虽是降将，却绝对忠于清朝，几次三番遭受围攻，他都死战不降，是个可以依靠的将领。李定国席卷湖南、广西后，各地将官大多闻风而逃，徐勇却仍然坚守辰州，拼死抵抗，并击败了明军的进攻，阵斩总兵张景春，生擒数名明将。消息报到北京，顺治皇帝晋升他为左都督，并进世职“三等阿思哈尼哈番”，赐冠服、弓矢、鞍马。对于一名汉将来说，这是极高的荣耀。

徐勇人如其名，是员勇将，他在等待着和前两次一样的奇迹出现。

但是，奇迹不会来了，尼堪已死，孙可望入湘，徐勇手下只有三千兵。孙可望的招降被徐勇拒绝，派出大将白文选带五万大军来攻辰州，并且还有战象助阵。

徐勇是守城好手，于是勒兵固守，但兵力相差实在悬殊。最后，白文选在东门列象阵破门而入，徐勇不降，在巷战中被杀，阖门三十九人被杀，辰州城内清朝大小官员也都被处斩。孙可望攻下了辰州。

值得一提的是徐勇死后的待遇，抛开立场来看，作为军人，徐勇为清朝付出了所有，全家尽忠而死，顺治皇帝下旨“徐勇屡着战功，忠节殉难，阖门受害，深可悯恻”，爵位由侄儿徐自贵继承。不过，到了乾隆朝编写《贰臣录》的时候，徐勇还是被列入贰臣名单，若他泉下有知，不知作何感想。

这时，明军在湖南的形势可以说是一片大好，孙可望攻下辰州，李定国衡阳大捷，一前一后地紧接着发生。即使之前错过了乘胜追击屯齐的机会，这时候明军也还有两个选择，并且都很理想。

一是两军会师。这样明军人数大增，有近十万人的规模，并以原大西军为主，战斗力强劲，士气也正是高昂的好时机，不管面对什么样的对手都能一战。

二是保持分兵，两面夹击屯齐。屯齐所部是湖南仅有的清军主力，是尼堪阵亡后的败兵，但建制基本完整。如果这时将其击败甚至全歼，清朝在湖南就再也无法立足。相反，明军如果取胜，可以会合“夔东十三家”兵力北取湖北，东攻江西，很可能形成势如破竹的局面。

这么好的局面，简直是永历朝廷撑到现在都没有遇到过的。屯齐是舒尔哈齐的孙子，虽然参加了松锦之战，但在清军里只是小字辈，顺治六年（1649 年）刚刚进封贝勒，还缺乏独立统率军队的能力，与尼堪相比差了不少。孙可望和李定国一起出击，屯齐很难抵挡。

在这节骨眼上，孙可望作出了一个惊人的决定。

在之前讲到大西军余部的时候就已经说过，孙可望被推为盟主，是最大的大佬没错，但有人的地方就有江湖，也就有派系，放到大西军里同样适用。

孙可望是盟主，也是张献忠四大义子之一。那么问题来了，除了孙可望，张献忠还有三位义子，他们在之前和孙可望是平级的。张献忠在时，大家都没话说；张献忠不在了，他们会那么听孙可望的话吗？

这时，艾能奇已经去世了，除了孙可望还剩李定国和刘文秀，他们各自有自己的部众，并不归孙可望直接指挥。孙可望可以统率他们，但没法吃掉他们，这就是孙可望的心病。

如果孙可望一心“复明”，这不是大问题，只要都是抗清，谁打都是打。李定国和刘文秀出滇后也并没有保存实力，虽然有胜有败，但每一仗也都是全力以赴。

问题还是出在孙可望身上。

从开头起，孙可望抗清的目的就不单纯，所以他和李定国等人尿不到一壶里。孙可望通过种种手段削平拥兵的永历武将后，已经是实际上的永历朝廷第一人。这时朱由榔蛰居在安龙，一举一动完全在他控制之下，明军指挥权又都在他手，集军政大权于一身，孙可望开始动起了花花肠子。

永历帝对他已毫无威胁，那就还剩下两个人要对付——刘文秀和李定国。

正好，刘文秀在保宁吃了一场大败仗，丢失了之前的大好局面，同时损兵折将，这正合孙可望的心意。

如果刘文秀实力强劲，孙可望不敢贸然动他。如果孙可望指望刘文秀再出力，那应该调兵补充给他。而孙可望的决定是解除刘文秀的兵权，把他发往昆明闲住。

刘文秀相当于"下野"了。

几十年的兄弟，说翻脸就翻脸，孙可望的做法寒了无数大西军老兄弟的心。

如果说罢免刘文秀，孙可望还有军法上的理由，那么接下来他对李定国则是赤裸裸地动起了刀子。

李定国"两厥名王"后，声望达到了顶峰，同时也触动了孙可望敏感的神经，眼见李定国再这么发展下去，自己这个老大更加无力控制他。要控制李定国，硬拼显然不可取，只能智取。

孙可望进行密谋，召李定国来沅州参加军事会议，只等他一到就将他拘捕，同时安排冯双礼接收他的兵马。只要刘文秀、李定国一除，其他人就不足虑，他的目的也就实现了一大半。

孙可望是安排明白了，可他忽略了人心的重要性，即使在原来的大西军内部，对他不以为然的也大有人在，只是慑于他的淫威，不敢表现出来。

明面上不敢表现，不妨碍暗中活动，孙可望的方案很快就透露出去，知情人赶往李定国军中告密，阻止他去赴这场鸿门宴。

李定国知情后长叹："我与抚南弟（刘文秀）同起云南，一旦绁误，辄遭废弃。忌我，当必尤甚。本欲共图恢复，今忌刻如此，安能成大功乎？”

为了避免与孙可望发生冲突，李定国放弃湖南，率领部下五万多人撤回广西，几十年的兄弟情谊就此一笔勾销。短短时间，一起出生入死的三个好兄弟变得形单影只，这都是孙可望的私心所致。

免了刘文秀，走了李定国，孙可望要在湖南独自面对清军了。

即便如此，孙可望统率的仍然是明军主力，手下有白文选、冯双礼等大将，兵力更是比刘文秀、李定国都要雄厚许多，达到了十余万人。这样的孙可望是不会认尿的，他要独自消灭屯齐主力，以提高自己的声望。

1653 年（永历七年、顺治十年）三月十五日，孙可望兵抵宝庆岔路口，屯齐正屯兵在此。明军先锋白文选、冯双礼、马进忠与清军在周家铺对峙，谁也不敢贸然先发动攻击。孙可望得知后，连夜率领亲军赶到，第二天就指挥人马全力攻向清军。

孙可望亲自上阵，表现得颇为勇猛，记载中他一马当先，阵斩数人。清军抵挡不住败下阵来，第一阵明军获胜。

但是，孙可望犯下一个错误，他没有扎住阵脚等待手下兵力全部赶到，就急于与清军决战，第一阵的胜利更是让他踌躇满志。这似乎有点眼熟，是的，不久之前刚殒命的尼堪也是先胜一阵后兵败身亡。

屯齐没有尼堪那样悍勇的名声，却务实许多，他调动兵力在正面拖住明军，却分出一支兵，由佟图赖率领，引军突袭孙可望中军。这是“擒贼先擒王”的计策。中军遭袭，孙可望没有防备，明军因此大乱被击败，伤亡极大，退回武冈。

十年四月，贝勒率师大败孙可望于周家铺，横尸遍野。可望单骑走武冈。我师乘胜逐之，遂复宝庆府。

顺便说一句，这位率奇兵立功的佟图赖有个女儿嫁给了顺治皇帝，成为孝康章皇后。他有个外孙叫玄烨，也就是康熙皇帝，另外他还有个孙女也是皇后。

之所以提这么一出，因为这是明军和清军力量对比的一个方面，清朝的宗室相当得力，个个都肯亲冒矢石，尼堪、屯齐这些都是如此；而明朝从朱棣起，宗室只是个符号，在这点上清朝确实比明朝做得更好。

第七章
广东和长江

“太极宗师”郑成功

虽说孙可望战败了，不过有一说一，清军在这场战役中也损失很大，阵亡了两位正黄旗的梅勒章京韦征、武京，还有许多品级低一些的武官。由此可见，如果孙可望打得稳妥一点，宝庆之战是完全有可能获胜的。其实，包括之前刘文秀的保宁之战也是这样，保宁之战中清军也损失了十几名正三品以上的武官，同样伤亡不小。

八旗官兵在几场大战里伤筋动骨，开国王爷们又或病或亡，顺治皇帝用人一时有点捉襟见肘。经过讨论，顺治十年（1653 年），清朝作出了一个重大决定——任命洪承畴出任“五省经略”。

对洪承畴来说，总督数省这种事，他早在崇祯四年（1631 年）就干过，那时候是接替被罢免的杨鹤。此后他又总督蓟辽，在松锦统率八路总兵，经略五省这种事也算得上轻轻松松。

不过，对清朝来说，这是大事。

从清朝入关到现在，地方军政一把手这种事，从来都是由旗人担任，汉军功劳再大，如李成栋，最多也就是当个提督，当不了总督。现在任命洪承畴一下子经略五省，就有点吓人了。虽然洪承畴只是总督军务，但如果他有异心，那麻烦就大了。

别急，仔细看看这五省，会发现这里面还有名堂，这五省是湖广、广东、广西、云南、贵州。

这时满打满算，存在清朝军事力量的只有湖广、广东、广西三省，云南和贵州是大西军的大本营，所以洪承畴名义上是总督五省，实际是总督三省。话说回来，就算是总督三省，也已经权力很大，相当于明朝的三边总督，这在清朝历史上也是破天荒的头一遭。

更为重要的是调兵，因为清朝这时既缺统帅，又缺兵力。调哪儿的兵呢？八旗总共就那么点人，还要留人拱卫京畿，经过李定国等人这么一折腾，能派出去的真心不多了。

洪承畴上疏给出了建议，“选调堪战将兵以期剿抚奏效”，条件只有一个——“堪战将兵”。也就是说，只要你能打，别管什么旗兵、汉兵了，统统调给我。

经过吴三桂等人在保宁打了一场反击战，顺治皇帝逐渐放松了对降将的戒心。另外，清军也是实在没兵可调了，靠八旗这么点人要扫平全国现在看来不现实，往往是按下了这头，那头又翘了起来，反而是八旗兵被日渐消耗，这样下去很危险，只能重用汉军了。

洪承畴的调兵条件看似简单，其实很苛刻，首先是有地域限制，“其北直、山东、江浙腹里弱兵不得混入”，只能挑选陕西、山西、辽东、河南籍的兵员；其次必须是精锐中的精锐，不要数量只要质量。

本身清朝收编的绿营，已经把投降的明军裁汰了一遍，十个人里只能留两三个人。洪承畴在这个基础上再进行大浪淘沙，精挑细选之下，最终选出了一万一千多名合格的兵将。如果按照比例来说，相当于在绿营里再取十之一二，确实相当精锐。清朝开始真正重用汉军，就从这里开始了。

然后又要说说郑成功了，大西军出滇这段时间，郑成功在干吗呢？

对郑成功来说，这段时间是个机会，他正忙着在东南沿海扩充实力。扩充实力是郑成功念念不忘的头等大事，但这不可避免地要和别的势力发生冲突，比如清朝。郑成功的策略非常圆滑，他派兵到福建、广东沿海的地区招兵买马，征收粮草，而又尽量避免和清军发生冲突。利用清朝兵力不足的机会，郑成功派出的人可以深入县城、府城外做动作，可又守住一个原则：绝不进城，始终在清朝官员的眼皮子底下活动。

如果清军兵力雄厚，那也没啥说的，出兵围剿就是，问题是现在正在和李定国、孙可望等大打出手，没有兵力可调。清朝的地方官员只要郑成功不来攻打城池就谢天谢地了，对郑军的行动只能干瞪眼。

所以，就出现了这样的怪事，官员们都是清朝任命的，百姓名义上也是大清的子民，但郑成功却在清朝的领地上收钱收人，搞得老百姓有点糊涂，这钱粮到底该交给谁？

无论对哪个政权来说，这种情况都是太岁头上动土，是可忍孰不可忍。但是，顺治皇帝这时还有其他念头，他想招降郑成功。

对于招降郑成功，顺治皇帝是很有把握的，因为郑成功的老爹郑芝龙现在就在自己手里。

而且，郑芝龙不仅是郑成功老爹，更是郑氏集团的前首领，带领大家发家致富的关键人物，威望崇高，就算郑成功接了班，也不过才几年时间。郑芝龙这张牌，顺治皇帝觉得是张王牌。

既然要打亲情牌，那就得先伺候好郑芝龙。尴尬的是，郑芝龙被骗到北京后一直处于被软禁的状态，答应好的高官厚禄没影子，人身也没有自由，还时时受到监视。在那没啥娱乐项目的时代，你想想有多难受。

想来想去，顺治皇帝想出了一个好主意。他表示自己是一直很欣赏郑芝龙的，但是郑芝龙受到这样的待遇原因并不在自己，为啥呢？因为之前自己不掌权啊，那都是多尔衮冒的坏水，现在他一命归天了，自己要拨乱反正。

听上去好像还有点道理。

顺治皇帝解除了对郑芝龙的监视，当然只是明里的监视。并且，清廷允许郑芝龙在城里行走，如果要出城，还是要先申请的。同时，让郑芝龙送一个儿子来，自己要提拔，这是质子那老一套，不用多解释。于是，郑芝龙把二儿子郑世忠送入宫中，顺治皇帝任命其为二等侍卫。

除了这些，还有一些其他手段，比如追查郑成功家产被夺一事，又把福建的部分郑氏亲属送到京城来和族长郑芝龙团聚等。

一顿好哄，能用的招也用得差不多了。顺治皇帝在顺治九年（1652年）下敕谕，要求浙闽总督刘清泰展开招抚郑成功的工作。

招抚的条件还是对郑芝龙的老一套，换汤不换药，许诺郑成功仍然镇守福建，保留自己的军队，只要在名义上剃发归顺即可。当然，还附加了一样东西——郑芝龙写来的信。

对郑成功而言，这都是自己玩剩下的。当初博洛的许诺和现在的条件如出一辙，结果还不是翻脸比翻书还快，自己要是还信这个，那就跟二傻子没什么区别。

之前已经说过，郑成功是个非常圆滑的人，他办事有一个宗旨：能拖则拖，既不说同意也不说拒绝，往往让对方感觉他已经同意了，实际根本不是那么回事。

对顺治皇帝来说，招降郑成功的目的也不是那么单纯，能招降最好，如果做不到，那就先稳住郑成功，别让他现在跳出来捣乱，不然自己要在两线开战，实在是力有未逮。

谁也不比谁傻，就算有郑芝龙这张牌，顺治皇帝还是提醒刘清泰“尔当开诚推心，令彼悦服，仍详筹察，勿堕狡谋”。

也就是对刘清泰说：谈你好好谈，要表现出诚意，不过也别以为郑成功好对付，这家伙很狡猾，你别上了他的当。

所以，这场谈判就是在双方各怀鬼胎的情况下进行的。

几轮谈判过去，已经过了好几个月，却并没有什么明确的结果。本来也不可能有结果，因为双方的出发点根本不同。

郑成功表示，要我归顺？可以啊，那得把之前博洛答应交给我老爹管辖的浙江、福建、广东三省划给我。

这个条件对顺治皇帝来说当然无法接受，但也不能一口回绝，堵死谈判的大门，于是坐地还价：哎呀，三省之地有点多啊，现在地主家也没有余粮。要不这样吧，我先划漳州、潮州、惠州、泉州四府给你驻扎，这几个地方的粮饷也都给你，只要你肯上岸来，什么都好说。

郑成功一看，成啊，那我就不客气了。他立即派兵前往大搞征收，把地皮刮了一遍，“大县十万，小县五万”，搞走了四百多万的粮饷。

搞完征收，拍拍屁股，走人，从哪儿来的回哪儿去。

顺治皇帝的鼻子都要气歪了，好你个郑成功，粮也收了，饷也征了，人影却不见了。想来想去，顺治皇帝觉得不能白吃亏，既然你收了粮饷，也就意味着你默认了条件，于是 1653 年（顺治十年）五月下旨，封郑成功为海澄公，郑芝龙为同安侯，郑鸿逵为奉化伯，郑芝豹授左都督，给泉州一府地方供郑成功安插和供养军队。

郑成功没说接受，也没说不接受，只是对使者说：海澄公是个公爵，却只给我一府之地，还不如个提督，这是啥意思？他又玩了一手太极，把使者挡了回去。

顺治皇帝一看，难办啊，那就这样吧，之前许诺的漳州、潮州、惠州、泉州四府还是给你，另外再送你颗靖海将军的大印，这样地也有了，官也有了，总可以了吧？

古时车马很慢，书信很远，从福建到北京几个来回一走，大半年又过去了，这一转眼就到了 1654 年，郑成功和顺治皇帝的太极已经玩了一年半。

正月十三日，海澄公和靖海将军的敕印终于送达了福州。二十日，使者来到郑成功军中，准备宣读诏书，发放敕印。

顺治皇帝派来的使者是侍读学士郑库纳、扎齐讷，他们觉得，折腾了这么久，这次郑成功没有表示异议，这一趟总算是稳了。

他们还是小看了郑成功的太极功力。

宣读诏书前，还有件重要的事要做——剃发。

在郑库纳、扎齐讷看来，这不应该成为问题，既然接受清朝的任命，那自然是要剃发的。

郑成功说，剃发我是要剃的，不过现在不想剃，等我准备好了，会自己上疏汇报剃发工作的，不用两位使者费心了。

这就尴尬了，使者坚持不剃发就不能读诏书，郑成功也坚持读不读诏书随便你，剃发再说。

郑库纳、扎齐讷憋了五天，没法说服郑成功，掉头回到了福州。

这谈判谈得既不算决裂，又不算成功，而郑成功还在不断地派出人手来征粮征饷。

福建巡抚佟国器苦啊，打又不能打，说又不听，郑成功就跟个“熊孩子”似的。他向顺治皇帝汇报“有司莫知攸措，剿抚两无适从，将来事不可知”。

略为讽刺的是，被郑成功拒绝的海澄公爵位，最终还是落到了郑氏后人头上，那是他的孙子：郑克塽。不知这是巧合还是康熙皇帝的恶意报复，这是后话了，暂且不提。

到这时候，明眼人都能看出郑成功并没有归降的意思，他不过是在拖延时间，乘机壮大自己的实力。刘清泰密奏“抚局之变，不可不防，则剿局之备，不可不早”，其他官员也是一片讨伐之声。

郑成功能不能成功招抚，还关系到一个人的身家性命，他老爹郑芝龙。在一片喊打声中，郑芝龙慌了手脚，他明白一旦谈判破裂，自己的项上人头就可能不保。

郑芝龙急啊，这时他成了对谈判最热心的人，反复上疏，说自己觉得还能再抢救一下。之前谈判不温不火是因为任用的使者不够给力，他提出派自己儿子郑世忠带上几个同郑成功关系好的旧属下，跟着使者一起去谈判，动之以情晓之以理，必定能成功。

顺治皇帝决定再给郑芝龙一个机会，顺治十一年（1654年）八月十三日，再次派出使者偕同郑成功的二弟郑世忠，还有属下黄征明、李德、周继武等携带敕书到达福州。

这次，他们碰了更大的钉子。

郑成功把谈判地点定在安平镇，然后抽调兵力，“列营数十里，旗帜飞扬，盔甲鲜明”，把整个安平镇布置得如同铁桶一般。

九月十七日，使者叶成格、阿山等带着郑世忠来到安平镇，一看这阵势，心里就凉了半截，这哪是谈判，鸿门宴还差不多。

谈判过程不用细说，九月二十九日，谈判完全破裂，使者一行返回北京。

表面上看，郑成功通过“拖”字诀拖了顺治皇帝两年多，使自己得到了很大的好处。但顺治皇帝并没有吃亏，清朝只是损失了一些粮饷，换来了郑成功这段时间的按兵不动，其实是相当合算的。因为在同一时期，李定国还在不断掀起大风大浪。

李定国一入广东

交代完郑成功这两年的动向，也就明白了他厉兵秣马却按兵不动的原因，这又要说回李定国。

李定国退回广西，是为了避免和孙可望发生摩擦，这时两个人并没有公开决裂。这点还是要说明的，表面上大家至少还都打着永历的旗号进行着抗清的工作。

李定国进入广西后，首先收复了梧州。梧州这地方接近两广交界之处，到广州也就五百多里，是两广的门户。既然从湖南退了回来，再要出兵那就只能选择东进广东。

从时局来看，攻打广东也是个不错的选择。

广西多山，在明朝还是比较贫瘠的。广东由于有沿海地区商业的支持，经济发达，历来就是税赋重地，税收能达到广西的十倍之多。控制了广东，财政就有了保障。

进军广东还有个理想的条件，郑成功在东南沿海活动。这时李定国和郑成功虽接触不多，但两人都在同一旗号之下，想来应该是战友，有郑成功在海上呼应，攻打广东要容易许多。李定国的想法是和郑成功会师，水陆并进，收复广东后就能顺势收取福建，进而进军江浙。

从战略上说，这很可行。清朝也就是怕他们这么来闹，所以始终在笼络郑成功，不一定非得让他归降，只要能稳住他，不配合李定国出兵就算达到了目的。

当然，这一切李定国并不知情。

李定国派人同郑成功联络，同时自己挥师入粤，永历七年（1653 年）三月初攻克德庆，三月二十五日，兵抵肇庆城下。

之前永历帝把肇庆作为自己的行在，是有原因的，因为肇庆是座古城。

肇庆建城，始自北宋仁宗时期，侬智高起兵反叛，大将军狄青平定侬智高后在肇庆建城。此后数百年肇庆城墙数十次得到整修，北宋政和三年（1113 年）肇庆城墙包砖，土城变成了砖城；成化十六年（1480 年）又把城墙加厚；崇祯十四年（1641 年），肇庆府总督张镜心把墙体增高 3.5 尺；清顺治八年（1651 年），总兵许尔显、知府张之璧增建炮台六座，窝铺一百四十八间，水城炮台二所，拆除城墙附近的房屋，增修楼堞等。

经过历次加固，肇庆已不是个小城，所以被永历帝选为行在所在地。

李定国大军入粤，广东大受震动。广东的抗清力量始终存在，即使在之后，像天地会这样的组织的主要活动地区也是在广东。晋王一到，原本蛰伏的义军势力和不得已归降清朝的原明军将领立刻抬头，如岑溪的宋国相、韦应登；降将周金汤、叶标、施尚义；沿海自发的抗清水师；潜伏在清远大山中的义军等，其中值得一说的是潮州总兵郝尚久。

郝尚久，河南人，李成栋部将。李成栋归明后，郝尚久出任潮州总兵，封新泰伯。

潮州位于福建、广东交界之处，前面也提到过，这一带是郑成功最喜欢光顾的地方，这也意味着郝尚久注定要和郑成功发生不少交集。

郝尚久在归明后，做了一件不甚光彩的事，牵涉到一个人物，对后来的时局产生了不小的影响。

这个人就是施琅。

在隆武朝黄道周悲壮北伐的时候，曾经提到过施琅，当时他还是个热血青年，在郑芝龙手下任职。感动于黄道周的执着，他义无反顾地加入了北伐队伍。

施琅的经历和他为人处世的态度，可以说是明末这个时间段的一个样板。

参加北伐的施琅本是一腔热血，但黄道周的这支军队实在不像话，要啥没啥，被称为“扁担军”，这样的军队不是去打仗而是去送死。

施琅的脑瓜子挺灵活，半路上就离开了黄道周，回归郑芝龙。郑芝龙降清，带走了郑氏的大部分人马，总计有兵将十一万三千人。施琅正在其中，这是他首次降清。

随后，施琅被划拨到李成栋部下，跟着李成栋参加了平定广东之战。要说能打，施琅所部比不上李成栋从西北带来的身经百战的老部下，不过也在广东出力颇多，在与广东抗清义师战斗中起到了不小的作用。

即便如此，李成栋还是看不起“南兵”，认为他们“脆弱不堪，无资战守”。这是从戚继光起就遗留下来的南北兵之争的问题，是个无解的死循环。

到了李成栋反清之后，施琅也在其中。李成栋认为这群“南兵”不是真心跟随自己，于是安排得力部将郝尚久对施琅所部进行清洗。

施琅被安排从广东回福建戍守，这是一个阴谋，而郝尚久早已埋伏在路上，突袭了施琅。

施琅总算命大，且战且退，在粤闽交界终于冲出了包围圈。但他的从弟肇琏、肇序都死于郝尚久手下，部下损失殆尽，这仇算是结下了。

郑芝龙降清后反被软禁，施琅不再相信清朝，掉头投靠了郑成功，成为他手下的得力干将。

郝尚久则被封为潮州总兵，新泰伯。

于是，潮州就成了郑成功最喜欢来溜达的地方之一，抢抢粮，征征税。郝尚久的兵力不足以与郑成功对抗，被搞得叫苦连天。

不过不要紧，清军很快再次来了，尚可喜入广东。郝尚久与镇守广州的杜永和同为李成栋旧部，却不愿发兵援助，反而投降了尚可喜。这里面有个原因，就是实在被郑成功搞得太烦了。

可能郝尚久命里注定要和郑成功相爱相杀，降清后他还是被任命为潮州总兵。这时郑成功的势力盘踞在揭阳，此时郝尚久有了清军撑腰，不再惧怕郑成功，举兵和郑对抗，第二年郑成功被赶出了揭阳。

明末清初这段时间，反反复复的人已经看了不少，这是现实和理想的一种冲突，施琅、郝尚久都是如此。除了利益上的选择，在理想上有人安于现实，有人不安于现实，这是人性真实的体现。

所以，相比于被粉饰的盛世，过于脸谱化的忠奸人物，这样被忽略的历史反而更加真实，没有立场统一的史官去歌功颂德，就是活生生的人。

李定国出兵，点燃了郝尚久胸中熄灭已久的火焰，他再次拉起反清的大旗进行呼应。

这时，李定国兵临肇庆，郝尚久携潮州“反正”。从地图上看，肇庆和潮州在广东东西两个方向，中心位置就是广东的省城广州。

显然，郝尚久起兵无法直接威胁到广州，因为惠州、漳州的清军都牵制着他，郝部实际是一支孤军。从这点上看，郝尚久算得上勇气可嘉。

虽然郝尚久势单力孤，但局势还是大有可为，这在于一个关键人物——郑成功。

只要郑成功能出兵西进配合李定国和郝尚久，广东的清军就很难兼顾，三路人马就都有了机会。

郝尚久想到的，李定国也早已想到了。早在入粤之前，他就派人和郑成功联络，使者周全斌在1652年初见到了郑成功，两人谈得很愉快。郑成功还颇感兴趣地询问李定国的战略部署。周全斌也很高兴，唾沫横飞地给描述了一番，核心就是一句话：先取广东，然后进军福建，不过要达成这个目标，需要您出兵配合。

郑成功表示非常赞赏这个计划：“此诚妙论！”

然后就没有下文了。

既不反对，也不表态，这是郑成功一贯的太极功夫。

周全斌有些摸不着头脑，这位爷算是答应出兵呢还是不答应出兵呢？回去汇报李定国。李定国是武人，政治不是他所长，在他看来，既然不反对那就是答应了。

除了李定国，郝尚久也抛弃了多年的成见，派出密使请求郑成功出兵夹击清军。只要郑军出动威胁广州，郝尚久就有机会从潮州出兵，将给肇庆乃至全粤清军带来震动。

郑成功出兵了没有呢？出了。

李定国兵入广东，郝尚久在潮州“反正”，他们的计划中还缺少最后一块拼图——郑成功。

他们不知道的是，郑成功此时还处于和清朝和谈期间，虽然郑氏和顺治皇帝都是虚与委蛇，以为自己争取最大利益为目的，不过在客观上，郑成功此时显然不会真正地出兵帮助李定国或郝尚久。也就是说，顺治皇帝虽然损失了一些粮草税收，但是从结果看非常值得，郑成功确实被他稳住了。

当然，郑成功为人之圆滑，前文都有叙述，他也不会冒着与李定国乃至永历朝廷决裂的危险来取这些利益，所以他还是出了兵。

但是，时间不对。郑成功在这年七月“督师南下，先攻鸥汀逆寨”。鸥汀寨是个水寨，建在一片水田之中，郑军出击雷声大雨点小，又正逢连续大雨，郑军浅尝辄止，以雨田泥深的名义放弃了进攻。

郑军并没有就此撤退，他们随后移师揭阳。揭阳到潮州大概六七十里地，也就是郑成功再次进入了潮州。看上去，郑成功是率军来帮助郝尚久了。

郑军驻扎揭阳，继续熟悉的操作：征收粮食。潮州一向是郑成功最喜欢来的地方，熟门熟路，“征输行粮，各寨乐输”。同时，郑成功给郝尚久下令，坚守城池，切不可降清！

郝尚久感动得眼泪都要下来了，郑成功如此不计前嫌，亲统大军前来救援，实在是天不灭明啊，至于收点粮食，那也是应该的，这都是小事。

但是，形势不等人啊。为了对付郝尚久，清朝从江西调来了孔国治的南赣兵，会合广东清兵，归靖南王耿继茂、靖南将军哈哈木统率，也是在七八月间开始扫除潮州府外围各县。清军的目标很明确，就是潮州城内的郝尚久。

慢着，郑成功不是率军驻扎在潮州外围吗，是时候该他出马了。

但是，郑成功不会来了，他人呢？在揭阳驻扎了一个多月后，郑军收获满满，郑成功再次严令郝尚久不得降清，自己则带着部下扬帆起航，满载而归去也。

郝尚久的鼻子都气歪了，但又如之奈何，命令谁都会下，真正的压力全在郝尚久身上。八月十三日，清军包围了潮州城。郝尚久确实没有投降，他坚守了一个多月后城破，郝尚久与其子郝尧自尽，清军“屠城，斩杀无算”。

潮州遭受围困期间，郝尚久也曾派人冲出城外，再次向郑成功求援。郑成功慨然应允，派出了二流将领陈六御率水军应援。陈六御的速度和之前提过的郝摇旗有得一拼，结果当然是等不到陈六御，郝尚久早已败亡。

无论如何，对郑成功来说，这手太极赚了一大批粮草，又没有和永历帝、顺治帝翻脸。乱世里，到手的就是最实惠的，不清不明又有何妨。

那么，李定国呢？同样苦等郑成功呼应的李定国呢？

他已经败了。

怎么败的，再回头看一下。

李定国在永历七年（1653 年）三月二十五日兵抵肇庆城下，次日就开始攻城，城内驻守的是肇庆总兵许尔显。

许尔显是尚可喜的老部下，也是皮岛出身，当初尚可喜决意投降皇太极，就是派出许尔显前往接洽。此后，许尔显也一直归属尚可喜统辖。清军占领广东后，许尔显被尚可喜委以肇庆总兵重任，驻于两广交界镇守大局，以为广州屏障。

许尔显也是能征惯战之将，肇庆城防颇为坚固，因此据城固守。李定国督兵强攻，一时竟无法得手，挖地道又被清军察觉。即使如此，许尔显还是深感形势危急，向广州连连求援。

形势已经分析过，清军能否派出援军，在于郑成功会不会出兵。既然郑成功只是虚晃一枪，郝尚久力孤，自然无力威胁广州，尚可喜就能派出援兵。

不光是派兵，尚可喜还亲自带领耿继茂和手下主力急行军赶到肇庆。

援兵一到，形势就发生了变化，原本李定国的兵力占据绝对优势，这时两军的人数已相差不多。

皮岛三将里，孔有德、耿精忠已死，只剩尚可喜一人。论资历与经验，同时期将领里尚可喜也可称得上翘楚。四月初八，尚可喜发起反击，以高赏格激励部下。重赏之下，必有勇夫，清军士卒拼死卖命，蜂拥向前。

李定国见清军士气旺盛，料到肇庆已难以得手，只得退军五里下寨。郝尚久、郑成功迟迟没有消息，清军反而越来越多，眼看相持下去也没有好处，李定国遂主动撤退，退回了广西，肇庆之战宣告结束。

通观李定国第一次入粤的肇庆之战，不难得出结论，问题主要出在郑成功身上。首先，郑成功被寄予厚望却只知虚与委蛇，是战事不利的主因。其次，李定国多少也有一些责任，没能乘清军援军未到时一鼓作气攻下肇庆，暴露了李军的攻坚能力还有所欠缺。

还有重要的一点，李定国在思想上还是没能搞清楚郑成功的真实意图。在那通信欠发达的年代，郑成功确实出兵忽悠了两下，却给李定国带来了错误判断，认为郑成功还能再争取一下，这又影响到了之后的广东战役。

肇庆之战，虽然李定国没能成功，但损失却并不大。撤退是主动的战略选择，他还在积蓄力量，选择时机，准备一次更大的战役。

再入广东

李定国在肇庆选择主动撤退，是为了积蓄力量。随着潮州的郝尚久被平定，明军第一次进攻广东之役也就草草收场。初次交锋后，李定国和尚可喜对各自的实力都有了点底细。

虽然击退了李定国，但是也并不意味着尚可喜就能把心放到肚子里了。他明白李定国兵力尚厚，不会这么简单地放过自己，尤其现在广东的清军并不多，李定国再杀回来也只是时间问题。

广东这时有多少清军，根据尚可喜给顺治皇帝上的奏疏里的数字来看，总共在三万人左右，并且绝大多数是汉军。汉军里又有区别，里面最能打的，还是尚可喜从辽东带来的老部下，再加上原来耿精忠手下现在归属他儿子耿继茂统率的人马，也是自辽东而来，这些兵总共有五千多人，剩下的都是补充而来的南方绿营兵。在尚可喜眼里，这些绿营兵“皆游荡之辈，俱非经战之辈”。

与之相比，虽然李定国手下在肇庆是损失了一些，但还有四五万人，并以他的老部下为主，战斗力有保证，兵力上还是李定国占优。

其实，李定国和尚可喜的兵力相加也比不上另外一个人：郑成功。这时的郑成功已大捞了几票，粮饷充足，他正好招兵买马，自称拥兵数十万。

数十万可能是吹牛，但郑成功这时的兵力在十万以上，战船上千艘的规模还是有的，郑氏集团已经恢复到了郑芝龙时期的盛况。

从这点上看，郑成功倒是没让部下失望。

所以，要想顺利拿下广东，得到郑成功的配合还是重中之重。如果说李定国单独进军，击败尚可喜的把握是60%，有了郑成功的配合就能提高到90%。

郑成功若出兵，那就不一样了，套路就丰富了许多。他可以出兵一起围攻尚可喜，也可以分兵抄清军的后路，还可以阻击来援的清军，总之局面一下子就活了。因此李定国再次派出使者，联络各地的义军，并把进军日期通知了郑成功，期待他约期来会。

做完这些准备工作，李定国在1654年（顺治十一年，永历八年）二月再次从柳州出兵，走横州，经灵山，入广东，兵至高州。

高州守将张月督兵扼守被击败，张月投降，随后雷州总兵先启玉也率城归附，李定国初战告捷。

为什么这次李定国把进军路线改为攻略粤南而不是从西入粤直取广州，这也和郑成功有关。在之前的出兵计划里，李定国约定郑成功会师的地点就选在了新会。

选在新会，有利于郑军发挥水师的优势，因为这里一面临海，行军路上又不会受到潮州和惠州清军的阻击，两军会师更容易。也就是说，郑成功你路上不用打仗，直接把船开过来，把人拉过来就行了。两军在新会会师再水陆夹攻，新会必然无法支撑。

虽然李定国早就把行动计划通知了郑成功，但是他在高州等了三个多月，始终没看见郑军的影子。郑成功这时当然不会来，他还在和顺治皇帝玩太极，争取更大的利益。至于李定国，先晾着再说，反正只要不和他直接冲突，李定国也不会来打自己。

高州无法长期供养大军，出师时间太久又会失去锐气，这么干耗着不是事。于是，李定国在六月中旬派出人马，会合广东当地的义师先对新会发起进攻。

这次进攻在六月二十九日开始，一般被认为是新会之战开始的时间，不过严格意义上来说其实不能算。

因为根据记载，李定国派出的本部人马只有一千多人，由部将吴子圣带领，其余的都是各地的义师。

这次进攻，可以看作一次试探性的进攻，目的有两个。一是引出广州的尚可喜、耿继茂所率领的广东清军主力。

对李定国来说，攻城作战并不是他所长，指望手下区区一千多人和战斗力不强的义军来攻下新会更加不现实。李定国的策略还是引出清军主力，在野战中将他们击败，这好过强攻城池。

二是配合李定国作战的有许多地方上的义军，他们的强项是水战，有许多水师战船。如果清军出击，水师可以趁机切断广州和新会之间的通道，给清军造成后勤上的压力，逼迫尚可喜和李定国决战。这段时间，即使郑成功不派主力大军，只要派出一支舰队助战，也能占领新会和广州之间的江门，控制广州地区的出海口，断其通道。

尚可喜非常鸡贼，他本是皮岛出身，对水师的作用比李定国还清楚。他只是派参将由云龙、右翼总兵吴进忠带着一部分兵力进入新会城帮助防御，自己则按兵不动，你李定国不来，我也不动弹，说什么也不肯离开广州。

李定国本人没有前往，是因为他这段时间病了。从四月开始，李定国就卧病在床，无法亲临前线指挥。虽然生病，但是李定国也没闲着，他和部下在高州、雷州等地方征集作战物资，赶制攻城器具，为作战做准备。

当然更为重要的，还是在等待郑成功。

从四月到八月，李定国一再派使者赶往厦门催促郑成功出兵，要求郑成功给个准信：你的兵到底哪天到，讲好了好一起发起总攻。

郑成功当然不会拒绝李定国，这种事他是干不出来的，可是真要派兵到新会参战，他也是不能干的，因为哪一方他都不想得罪。

咋办呢？不慌，这难不倒郑成功。

他给李定国回信：你别急，我早就派出部下率水军北伐江浙，给你牵制清朝的后方。另外，你放心，我自己也要出兵。不过两边都要派兵，现在人手有点紧张，你再等等啊，等我调好人一定水陆并进进攻潮州、惠州。

这封回信很有意思，表现了郑成功一贯顾左右而言他的风格。就事实来说，不能说郑成功没有派兵北伐，兵确实是有的，不过不是他派的，也不是郑家的军队，而是张名振和张煌言的，这点我们回头再说。至于最重要的一点，李定国所期望的会师新会，郑成功没接这个茬儿，用他拿手的太极挡了回去：兵我会出，就是不确定什么时间，至于地点，压根就没提新会。

虽说李定国望眼欲穿的是会师新会，会师则新会一鼓作气可下，然后合兵进攻广州也是水到渠成。如果说郑成功实在不愿会师，那么出兵攻潮州、惠州也是一个办法，这样广州两个方向都受到压力，无法向新会派出援军，李定国解决新会也就是时间问题。广东清军主力都在广州，潮州、惠州两府兵力空虚，郑成功也不难攻克，如此两军最终还是能合攻广州。

李定国接到回信，大失所望。不管是来新会还是攻惠州，只要有个时间都好说，像信里这样又说要打，又没说什么时候打，跟不打有什么区别。

失望之余，李定国还想再努力一下，他写了封回信给郑成功：

圣跸艰危，不可言喻。敕中怆怛之语，不谷读之痛心。五月至今，所待贵爵相应耳。倘确不能来，即示以的。不谷便另议舟师，以图进取。甚（慎）勿然诺浮沉，致贻耽阁。要知十月望后，恐无济于机宜矣。

这里面把形势已经说得相当清楚，从五月等到现在，一直在等你的消息，你说来又不来，到底来不来你给个痛快话，别老是婆婆妈妈的！如果再拖到十月，大好机会就错过了！

当然，到这份上，李定国也意识到再想依靠郑成功的力量是不可能了，他必须做好独立进攻新会的打算。

转眼到了十月，李定国实在无法再等，这时他的病也已养好，于是他亲自统领大军，从十月初三起猛攻新会。这个时间可以看作新会之战真正开始的时间。

这时又要提一下李定国所部的战斗力。就明末的汉人军队来说，排第一的应该是李自成手下襄阳建政之后的大顺军。它吸收了投降的明军精锐，加上李自成老“闯营”的底子，战斗力强于吴三桂的关宁军。不过，这支军队此后接连损失，补充的兵员素质不复以往，能征惯战的将领也损失惨重，到了改编为“忠贞营”时，战斗力已经比山海关之战时下降了不少。

排第二的是辽东军，包括吴三桂、孔有德、尚可喜、耿精忠这些人手下的军队。这时清军入关十年，这一代军人还没有完全老去，仍在当打之年。从开始对抗清军到入关与大顺军、明军作战，从北杀到南，这些军队与八旗军一样身经百战，经历战火的淬炼，战斗经验更加丰富。尤其他们基本都在原来的统帅手下作战，这么长时间下来，将领指挥起来更加得心应手，不管站在什么立场，也不得不承认这些士兵的战斗力很强。

排第三的才是大西军。在张献忠任统帅时，大西军给人印象最深刻的不是悍勇善战，而是狡黠多变的战术。张献忠攻略四川时，他就以灵活的战术直取重庆，让重兵把守的铜锣峡天险不攻自破，取得关键胜利。但是，如果论正面对抗，明朝一些二流将领，比如杨展、曾英等都能在大西军手上夺得一些胜利，张献忠也没有能凭借实力真正统治过四川全境。

就对手来说，大西军除了凤凰山一战，基本没有和八旗军交过手。那一战张献忠本人阵亡，大西军更是溃不成军，损失了大部分人马。此后，除了挺进云南帮助沐天波扫灭土司叛乱，大西军就没有经历过什么战事，直到出滇抗清。

大西军还有个弱点：不善攻城。

这是农民军的通病，官兵把农民军称为“流贼”，是因为农民军的作战特点——流动作战。他们以流动为特色，不重视固守一城一地，如果遇到实在难攻的坚城，通常会绕过城池而直奔下一个目标，因为本身攻城略地就不是他们的目的。

李定国手下明军，正是以他麾下的大西军为主力，所以攻城战并非其所长。从之前刘文秀的保宁之败，到李定国初进广东的肇庆之战，面对清军死守，他们都办法不多，很难通过强攻拿下城池。

现在，新会城内的清军经过了长期准备，死守的意志同样非常坚决。

1654年（顺治十一年，永历八年）十月初三，等不到郑成功的李定国挥兵猛攻新会。挖掘地道、大炮轰城、伐木填濠等战术能用的都用上了。城里的清军非常狡猾，屡屡把百姓驱赶到前方当炮灰，不惜一切代价保住城池。李定国既不忍伤害百姓，强攻效果又不明显，两军再次陷入相持之中。

李定国的大军出击了，广州的尚可喜也作出反应，十一月初十，他和耿继茂终于率领主力从广州出发救援新会。

但是，走到一半，尚可喜却不走了，他带领军队停在了三水，这是尚可喜的老谋深算之处。

如果这时直接进军新会，李定国还是兵力占优，这时他可以撤围新会，集中主力来攻，在野战中与尚可喜决战。假若尚可喜被击溃，则不光新会不保，广州也势必无法守住，广东的清军将全面崩盘。

尚可喜停留在三水，看上去是对新会见死不救，却可以牵制李定国，让他们时刻对后方小心翼翼，因为三水离新会不到一百五十里，一两天就能杀到。反之，如果李定国舍新会来攻三水，即使初战不利，尚可喜也能及时退回广州，不至于遭受毁灭性打击。

另外，还有关键的一点，顺治皇帝已经派出了靖南将军朱马喇率领满汉援兵驰援广东，尚可喜等到援兵到达会合后，击败李定国的概率就会大增。

尚可喜的战术很老到，新会城的情况却相当凄惨。李定国围城后，城内粮食短缺，这种形势下最通用的办法就是首先满足守军的粮食，但很快连守军都供应不上粮食了，怎么解决呢？《新会县志》原文记载："自被围半载，饥死者半，杀食者半，子女被掠者半。天降丧乱，未有如是之惨者也。"

也就是说，城里的居民成了食物。

等到十二月初十，靖南将军朱马喇终于率部抵达了三水。休整两天后，清朝平南王、靖南王、靖南将军三部清军合兵一处，向新会城外的明军发起了总攻。

清军用大炮轰乱了李定国最厉害的象阵。经过四天激战，李定国大军主力在今天新会北门外的圭峰山下被击溃，五万多主力损失过半，全线撤退。明军于二十四日退到高州，二十六日撤回广西，收复的州县重新落入清朝手中。新会一战，李定国损失惨重，先取广东再图江浙的战略再也无力执行，一度有望的复兴大业实际上宣告破灭。

总结新会之战，以往都认为郑成功不肯出兵配合是最主要的原因，事实确实如此，郑成功的私心拖延是失败的关键原因。但如果论个人原因，我看还是出在李定国自己身上。

为啥？因为从个人角度来说，郑成功压根就没真正想过出兵，他也从没给过一个肯定的答复，指望郑成功只是李定国的一厢情愿。

李定国的失误

从李定国第二次入粤作战的进程来看，有关键的一点他没有做好——

兵贵神速。

明军进入广东后，开始势如破竹，在三月初三就占领了高州，此后却长期停留在这里等待郑成功，这是决策的失误。

从三月初等到十月初，浪费了七个多月的时间才向新会发起总攻。从新会之战的过程来看，围城几个月后新会已经断粮，照这样推演，明军哪怕能提前一个月总攻，新会就会不攻自破。

假使李定国统率部下于三月马不停蹄地直攻新会，早就能攻下新会，然后可以直趋广州，逼迫尚可喜决战。拿下新会的另一个好处是可以控制更大的地盘，也就有了更多的兵力和粮饷来源。广东本地的义师本来就不少，缺少的只是训练和装备，几个月的时间又可以招募训练不少兵力进行补充。

围困广州，可以效仿尚可喜之前攻广州的套路，切断广州的海上通道，城内早晚缺粮。尚可喜进退两难，困守孤城不知是否能撑到援军抵达，出城决战一旦失败则死无葬身之地。

从时间上看，朱马喇的援兵要到十二月初才能抵达广州。从三月初到十二月初这九个多月的时间，李定国没能好好地加以利用，一方面与他生病有关，另一方面则是把希望过多地寄托于郑成功身上。但作为统帅，早就应该未雨绸缪地设计好多种预案。

晋王当然是赤胆忠心，但从用兵上看，他过于忠厚耿直，在计谋上不及尚可喜，张献忠的狡黠用兵没能被他传承下来。

之前逼死孔有德、阵斩尼堪固然辉煌，但也是拜对手过于托大所赐，一旦吴三桂、尚可喜之辈打起精神小心谨慎，李定国的优势就会大大缩水。

如果说李定国入粤后一鼓作气地直捣广州还能有 60% 的成功概率，那么过于倚仗郑成功，想借他人之力达到 100% 的成功概率，反而葬送了自己的优势；等到清军合兵，胜率至多只剩下 40%。即使攻下新会，也难以抵挡随后清军的进攻，失败就在情理之中了。

李定国在广东败了，却不等于明军的攻势都失利了，至少在这个时候，还有一支军队在对清朝保持着攻势。

还记得之前李定国派人与郑成功联络的结果吗，郑成功的回复是我已经派部下水师出兵北上了。他说的不全是假话，确实有一支水师北上抗清，不过他们却算不得郑成功的部下。

说到这个事，得接上之前讲过的鲁监国朱以海这头。

朱以海在浙西被击败后失去了粮饷根据地，只得流亡海上，最后投到郑成功这里。以郑成功的策略，西边闹得轰轰烈烈的李定国都能视而不理，当然更容不得朱以海来削弱自己的权威。

但表面上还是要客客气气的，毕竟朱以海是明朝宗室，又是浙东抗清领袖。郑成功必须做好官样文章，哪头都不能得罪。

朱以海可以供着，但他并非孤身一人，不仅拖家带口，而且还拉来了自己的部队。虽然朱以海被清军打败了，不过他的军队和郑成功一样，也是以水师为主，虽败却实力尚存，其中更有几员名将。

对郑成功来说，分化瓦解朱以海的手下，既削弱了朱以海的力量，又壮大了自身，是个一举两得的好办法。

人在屋檐下，不得不低头。朱以海现在要钱没钱，要粮没粮，只是靠着威望笼络着部下。但是，忠诚不能当饭吃，接下去要吃谁的饭，大家都要掂量掂量。

无须多么特别的手段，就是如此现实。况且，对朱以海手下许多将领、士兵来说，投到郑成功帐下也还是打着永历旗号，并不是降清，心理障碍并不难跨越，这就是旗号的好处。

但是，这里面并不包括两个人——张名振和张煌言。

张名振在崇祯晚期担任台州石浦游击，1644 年这个大舞台上，张名振一个小小的游击没有什么分量。第二年，朱由崧、朱常淓先后被俘，形势大坏。纷乱之际，鲁王朱以海在绍兴称监国，张名振率兵投到朱以海麾下，从此成为鲁监国的心腹。

张煌言是崇祯十五年（1642 年）的举人，这个功名来得有点晚，当时烽火已燃遍全国。张煌言时年二十二岁，已赢得“知兵”的名声，但终究阅历太浅，还没来得及为国出力，“甲申之变”就已发生。

与张名振类似，张煌言是在博洛占领杭州后投奔了鲁监国，随后就始终跟随左右。

此后的形势，我们之前都已讲过。博洛攻破钱塘江防线，鲁监国手下的大批官员投降。朱以海在张名振和张煌言的护卫下出海，经过一段颠沛流离的生活，1647 年，鲁监国一度声势大振，在福建攻城略地。无奈郑彩又闹起内讧，断送了大好形势。郑成功又仍然尊奉着死去的朱聿键不肯配合，机会就这样一再错失。

1649 年，张名振讨平占据舟山的军阀黄斌卿，为鲁监国占领了一个落脚点。1651 年，舟山之战失败后，朱以海无奈来投郑成功。

郑成功的算盘打得很好，也很有效果，不少朱以海部下都转而为郑成功效力。作为朱以海手下最著名也是最忠心的两位官员，如果能争取到张名振和张煌言，对郑成功的帮助更大。

史料里有这样一则记载，记录了郑成功和张名振的一番对话。

郑成功大大咧咧地问张名振：你当上定西侯已经好几年了，做了点啥事啊？

张名振回答：中兴大业。

郑成功：中兴大业，在哪儿？

张名振：成功了大家自然都能看到，不成功则在方寸之间。

郑成功奇怪地问：方寸之间是什么意思？

张名振解开衣襟露出脊背，背上刺着四个字“赤心报国”，字字深入肌肤。

郑成功也有些不好意思，命人拉出一筐历年来手下诽谤张名振的书信。张名振摆摆手表示，我不需要看，拉出去烧了便是。

郑成功想笼络张名振，任命他掌管水师前军，表面上看这是个表示信任的安排，实际上也是个计谋。

水师前军是郑成功部下的军队，张名振如果答应了，也就顺理成章地成了郑成功的部将。

张名振和张煌言对郑成功的心思摸得很清楚，他们明白这时候郑成功并无心出兵抗清，只是为了壮大自己的力量。对“二张”来说，效力朱以海的重要原因是朱以海始终坚持抗清，一有机会就出兵，这是与郑成功最大的不同。

其实张名振和张煌言并不在意为谁效力，只要能坚持“反清复明”就好。那么，与其被郑成功吞并，不如豁出去干一票，万一开创出新局面，还可以再迎回朱以海。

于是，1653 年（顺治十年，永历七年）八月，张名振和监军兵部侍郎张煌言带领五六百艘战船向北进发，开始了他们的北进。

注意这个时间点，李定国第二次进入广东是在 1654 年二月，这时候张名振、张煌言早已离开郑成功来到了崇明，并且即将开始他们的三入长江之役。所以，在四月和八月之间，李定国派使者与郑成功沟通时，郑成功才会说已派水师北上。当然北上并不是出自他的命令，相反是“二张”为了避免被郑成功吞并而采取的行动。

遗憾的是，李定国和张名振、张煌言无法互通声气，否则李定国入粤，无须郑成功出兵，只要张名振、张煌言率领手下水军夹攻新会，则新会必下，明军声势又必将大振。所以，在战场上，情报信息是指挥官赖以决胜的基础，敌我双方谁掌握了信息，谁就能知己知彼。

这时候的天下，信息最灵通的是清朝和郑氏，他们也彼此心照不宣，为自己的战略目的而进行着部署。

三入长江

张名振和张煌言率舰队在 1653 年十月到达崇明，清军兵少不敢迎战，攻城也不是水军所长。明军远道而来需要补给，干脆占据了崇明附近的沙洲进行开垦耕种，清军只能眼巴巴地在城里看着。

1654 年正月十七日，张名振、张煌言率部登船出发进入长江口，沿江而上，连续突破狼山（在今南通）、江阴、靖江等地清军江防，四天后就抵达瓜洲（今镇江），并在金山登岸。

张名振、张煌言带领五百名军士登上金山寺，向东南方向遥祭明孝陵，并题诗寄慨：

予以接济秦藩，师泊金山，遥拜孝陵，有感而赋。

十年横海一孤臣，佳气钟山望里真。

鹑首义旗方出楚，燕云羽檄已通闽。

王师枹鼓心肝噎，父老壶浆涕泪亲。

南望孝陵兵缟素，看会大纛纛龙津。

甲午年孟春月，定西侯张名振同诚意伯题并书。

细心的朋友可能发现，落款里并没有张煌言的名字，而是多了另外几个字：诚意伯。

诚意伯并不是张煌言，而是刘孔昭，他是刘伯温的后人，也是最后一位大明诚意伯。

刘孔昭早在多铎进入南京前就登过场，朱由崧从南京出逃后曾想投奔驻扎在太平府的刘孔昭，被当场拒绝。刘孔昭拒绝朱由崧的原因，可能是不喜欢这个皇帝，因为在弘光当政时期他就表现出多有不满，也可能是不愿受朱由崧拖累，因为这个目标太大，朱由崧到哪儿，清军必定跟到哪儿。

不过，无论如何，刘孔昭倒并不是个贪图荣华和贪生怕死之辈。此后，他先是归附隆武帝，朱聿键殉国后又投到鲁监国帐下，始终在坚持抗清。他也没有被郑成功拉拢，而是跟随张名振登上了北进的战船，这份勇气也算可嘉，在此为他小小地正一下名。这再次说明历史人物很复杂，不是非黑即白。

算起来，这是 1645 年多铎攻取江南后，时隔近十年再次有明朝官员登上金山寺，这里离南京只有一百五十余里。南京沦陷后，继任的几位皇帝都把恢复南京作为最重要的战略目标，如今南京遥遥在望，却又咫尺天涯。这也是明朝官员和军队最后一次登上金山寺。

张名振等人明白，深入长江只是因为清朝水师力量薄弱且措手不及，等清军反应过来，自己的兵力是无法与之正面抗衡的，所以这次远征精神上的意义更大。

三十六计，走为上计。在镇江停留几天后，张名振等部就登船返航，清朝从浦口、六合、龙潭调来的援军扑了个空。这就是初入长江。

三月二十九日，张名振等再率战船六百余艘进入长江，四月初七抵达仪真（今仪征），这里离南京同样近在咫尺。明军并没有登岸，而是在仪真城外江中烧毁了数百艘盐船。等到清朝调兵，明军水师又早已扬帆返航而去。这是二入长江。

九月初六，张名振改变了战略，挥军直抵上海城下，江宁巡抚周国佐亲自领兵火速前来救援，才稳定住城里的形势。

十二月，张名振再次率四百余艘战船入长江。这次更加深入，直抵南京郊外燕子坞并长久徘徊不去，与清军交战数场，直到第二年（1655 年）年初才撤回。这是三入长江。

表面来看，张名振、张煌言三入长江并没产生什么实际结果，其中第一次、第二次是草草收兵，更像海盗行动。明军为何不登岸攻击清军，哪怕无法占据住州县，也将造成极大的震动，让清军疲于应对。明军为何要仅仅进行示威般的航行呢？

事实当然没这么简单，张名振的三入长江，背后隐藏着一个大的战略。

讲到这里，我想说一下当时的时局。从清军以十万之众入关后算起到现在将近十年时间，虽然八旗军在战场上节节胜利，罕遭失败，但是有个问题不得不注意，随着占领地的扩大，清朝的兵力越来越捉襟见肘。

八旗军纵然战无不胜，也不可能是零伤亡，并且入关后还有非战事的减员，影响最大的可能是疾病，最典型的是天花。清军在关外没有受到天花的威胁，天气寒冷的辽东也不适合天花病毒的存活。入关后就不一样了，八旗将士对天花普遍没有免疫力，一旦染上死亡率极高。仅看宗室亲王，博洛、多铎等都是死于天花，更别说普通士兵。就算康熙皇帝继位后也染上了天花病重，还是依靠西洋传教士的金鸡纳霜也就是奎宁才得以治愈，不过脸上还是留下了无法愈合的伤疤，可想而知该病对八旗的影响。

因此十来年间，纵然得到一些补充，八旗军还是始终面临兵力不足的困境。同时，入关一代不可避免地老去也影响了战斗力，因此八旗军的威力已不如入关之初强劲。

那么，这对明朝来说意味着什么呢？意味着希望。

没错，希望。

你看永历帝几次被撵得上天无路入地无门，却又因为一两个将领的爆发而一度看到中兴的希望。

中兴就这么容易？

还真没那么难，至少在一个时间段里，清朝是虚胖的巨人，一拳就能揍出一个坑，如果一套组合拳下去，说不定就倒了。

这个时间段正是在多尔衮去世前后那几年。

这个时间，满洲将领青黄不接，士兵战斗力下降，兵力又处处告急。顺治皇帝不得不放手使用汉军，本已准备辞官的洪承畴又被请出来经略五省军务，一直不太放心的吴三桂也真正受到重用。

相应地，明军采取有针对性的战略，就能打击清朝的这个薄弱环节，争取改变天下大势。

针对性的战略是什么呢？最好是歼灭清军的有生力量。

有生力量指的是八旗军，他们是清朝打天下的基础，也是统治的基础。入关作战近十年，八旗兵逐渐老去，他们慢慢地退居“二线”，不再轻易地直接作战，而是以监军和预备队的方式存在于军队中。

消灭了八旗军的有生力量，最大的好处是赢得民心。

明朝在灭亡前后确实民心背离，但清军入关之后，人心转而思明的又大有人在。就拿二十多年之后的“三藩之乱”来说，响应吴三桂举兵的清朝将领就不在少数，可见明朝仍大有号召力，而此时永历帝已经死了十一年。

在永历帝还在的时候，八旗的监军作用更加明显，消灭一个八旗将佐，就减少了一份监军的力量，同时也削弱了清朝作战的实力。

因此对明军来说，城池的得失其实没那么重要。这时候的明军，不管是李定国还是孙可望，或者把郑成功也计算在内，还没有势如破竹地推到北京的实力，最好的方式就是对清朝“砍而不伐”。

“砍而不伐”，其实也就是皇太极时期对明朝的战略。虽然后金在辽东节节胜利，但不管是努尔哈赤还是皇太极都清楚自己并没有实力灭掉明朝。

皇太极没有选择强攻关宁锦防线，而是取道蒙古五次入关，给明朝造成一次次的打击，就像拿斧子一下下砍向明朝这棵大树的四围，却并不以伐倒它为目的。

明军的大量有生力量被消灭，经济遭受严重破坏，最终这棵大树轰然倒下了。

在永历这个时期也是如此，“砍而不伐”，以歼灭敌军的有生力量为主，此消彼长，势头就起来了。

因此相比李定国能否攻下肇庆，能否攻下新会；在衡阳由于孙可望的不配合错失战机，没能乘胜歼灭屯齐；刘文秀的保宁之败让吴三桂逃出生天，注重一城一地的得失是更大的失策。

这个时间段，也就只有一两年时间。等到洪承畴完成调兵，吴三桂挑起大梁，清朝也就进补完毕，不再虚胖了。

“二张”的战略，也正与此有关。

南明几个朝廷这十几年下来，从来不缺少机会，最需要的是什么，无疑是团结。就拿刚在新会遭遇失败的李定国来说，如果郑成功早点出兵配合，水陆并进，何至于啃不下一个新会。

郑成功有自己的打算，张名振、张煌言也有自己的算盘，他们意识到，一味地依靠郑成功是不靠谱的。然而，“二张”虽然也保留了一些战船和两万多人马，但要靠他们这点力量单挑清军，无异于以卵击石。

张名振与张煌言策划的是个更大的计划，他们想的是釜底抽薪。

这个方案的目标，是会同永历朝廷最大的实权人物——秦王孙可望，东西同时发动，让清朝顾此失彼。

仅仅这样还不够，这个计划还有重要的一环在清朝的腹地：联络内地的“反清复明”力量。

所以，完整地看这个计划，它由三方面组成：孙可望率军在湖广沿江东下，直捣南京；“二张”从东南北上，直入长江口，率军接应；南京附近的义师同时举兵，牵制南直隶清军的力量。

这个计划里，孙可望和“二张”是东西两路人马的首领；在中间，也有着关键人物的支持：钱谦益。

在弘光朝，曾反复提到钱谦益这个名字，他是文坛领袖，前东林党魁首，却在多铎兵抵南京时站到了投降队列的前排。在他身上又流传着“头皮痒”“水太凉”之类的说法，历来被作为首鼠两端投降派的代表。

其实，“头皮痒”“水太凉”都是段子，是后人牵强附会的说法，这点陈寅恪先生早就在著作里论证过。

钱谦益一念之差投降后，很快就后悔了。在北京待了一年，他就称病辞职，携妻子柳如是返回老家常熟。但是，钱谦益的影响力非同小可，清朝对他并不放心，唯恐他私底下出什么幺蛾子，在江南再整出个江阴故事来，所以对他监视得很严格。

事实上，钱谦益辞官回家后确实没闲着，他和妻子柳如是一直在谋划联络民间“反清复明”的力量，为此他还在顺治四年（1647 年）被关进刑部大牢。幸而柳如是扶病随行，上疏陈情，誓愿代死或从死，并且耗巨资多方活动后，钱谦益才在第二年被放出。

返回老家后，钱谦益夫妇行动更加小心，仍然保持着和抗清力量的联络，其中就包括张名振和张煌言等人。

钱谦益，是地下抗清力量的一个重要联络人，但他处于清朝地方上的监视下，难以抽身联络各方。这个任务就落在了另一个人——姚志卓身上。

姚志卓在朱以海组阁时，曾被封为仁武伯，他父亲姚之朔也在朝中效力。朱以海兵败后，父子被打散，姚之朔随败兵撤入广西，姚志卓却就地潜伏下来，逃过了清军追捕，转入地下，大概就是金庸笔下天地会好汉这一类的人物。

姚志卓矢志抗清，但靠一些江湖好汉是无济于事的，必须联络到正规军。永历帝继位后，许多当初与姚志卓一起举事的人投到朱由榔麾下，他利用这个条件往来于广西、贵州，与永历朝廷建立起了联系。

1653年七月，姚志卓在安龙受到永历帝和孙可望的召见。听说在东南腹地还有这样一批忠心耿耿的明朝旧臣，永历帝也非常感动，一口气撒出大批文书，任命了一批官员，让他们在内地策应，等待孙可望大军东下。

就这样，1653年十一月，姚志卓带着一箩筐文书回到了南京，随后又秘密拜会钱谦益。钱谦益没有实权和兵力，但他有钱和人脉。钱氏夫妇倾囊相助，帮助姚志卓先招募到了一支五百人左右的兵力，号称“五百罗汉”。

人数看上去不多，但这是骨干，只要进展顺利，振臂一呼，很快就能扩充成五千人、五万人。

从清军兵力上看，南方的主力还是屯齐率领的八旗军，这支军队在岔路口击退了孙可望，自身也损失较大，于1654年初被调回北京休整。接替防务的是洪承畴调集的远道而来的一万多汉军，这些士兵都是北方人，长途跋涉而来水土不服，病倒了一半，需要适应一段时间才能作战。这时清军的兵力是极其单薄的，正如前面所说的，这是一个有利的时间段。

“二张”的计划很完美，照此执行，三处同时发动，南京确实就危险了。南京如果失守，意义绝不仅仅是一座城，在经济、政治和军事上都将意义非凡。

张名振的三入长江，就是在这个背景下发起的。事情很清楚了，“二张”想的并不是靠自己的孤军深入腹地攻略江南，而是指望着里应外合，让清军顾此失彼。

虽然计划看上去很完美，但这个计划最大的问题就在于过于庞大。

庞大到要三路人马密切配合，紧密协同，才能达到理想的效果。假使其中一路出了问题，效果就要大打折扣，甚至于彻底失败。

结果正是如此。

“二张”这一路，他们做到了自己该做的，在一年内三次深入长江，为的就是先行吸引清军的注意，并为另外两路造势。钱谦益和姚志卓也不含糊，他们都舍出性命活动，武装起了一支力量。

问题就出在了孙可望这一路上。

按照计划，孙可望在 1653 年率大军东进，本该在湖南与李定国会师，只要消灭屯齐统率的南方八旗主力，拿下湖广就易如反掌，通往南京的道路也就畅通无阻了。

但是，孙可望既嫉妒李定国“两厥名王”的战绩，自己又不争气，被屯齐击败后，两军谁也无力继续进军，相持于沅州、辰州一线。

虽然孙可望心里都是自己的小九九，不过在抗清上，这时他的态度还算较为端正。至少他需要用战功来堵住大家的嘴，好压倒李定国，取得更大的威望。

因此，这时东征还在他的考虑之中。他下令重新起用之前被革职闲居的另一位老兄弟刘文秀，任命他为“大招讨，都督诸军，出师东伐”，这正对应孙可望与张名振之前的约定。

接下来的事情，就比较尴尬了，很难说到底是幸还是不幸。

东征本该是亲提大军，不行的话，李定国也是极佳人选。但在现实情况下，这两个人选都不可能了，只能把刘文秀再拉起来赶鸭子上架，人选从一开始就已经错了。

孙可望派刘文秀准备出征，自己却加紧了夺权，他与永历帝的矛盾越来越尖锐。虽然朱由榔不是什么强力君主，但无论是谁在地位受到威胁时都会想到自保。身边都是孙可望的人，有谁能来救他呢？只有李定国了。

朱由榔秘密派人向李定国求救，要他火速率兵救驾。同时，刘文秀也不甘心被孙可望当刀子使，他支持的是永历帝，加上之前孙可望不顾多年的兄弟情分，毫不留情地把他革职，更是让他郁闷。

刘文秀心里不痛快，带兵出征就不情不愿。他使出了“拖”字诀，在老家又是做衣服又是收庄稼，拖了一个多月才出发，1654年四月才到贵阳。到了孙可望正式授爵给他时，刘文秀又当众大唱反调，奉劝孙可望不要想着推倒菩萨自己成佛，当好住持就行了。

孙可望不听，继续加紧图谋称帝。刘文秀见劝说无效，东征也不征了，率军驻屯在贵州和湖南交界的天柱县，一连半年没动弹，这也是为了防备孙可望发动军事政变。

如此一来，张名振、钱谦益、姚志卓等人翘首以盼的大军当然连影子都不会出现，计划就此泡汤。

“二张”凭借舟师，还能在长江里来去自如，但长时间在敌占区活动的地下组织时间长了却难免暴露，首领姚志卓、贺王盛、眭本都遭出卖而被捕处死。

怪谁呢？看来看去，还是孙可望的责任。

洪承畴的补充

洪承畴的压力很大。

“五省经略”看起来风光，那是要干活儿的，如果这是个肥差，顺治皇帝早就安排宗室子弟而不会请他这个汉人来坐享其成。

洪承畴从北方精挑细选了一万多汉军精兵，精锐是精锐，但这支军队部署到南方，起到的作用并不是“1+1”，而是“2-1”，因为他们是去接防驻扎在湖南的屯齐所部八旗军的。

屯齐这支部队算得上最失败的一支八旗军，统帅敬谨亲王尼堪被击杀，亲王的精锐护军被全歼，将官也折损严重。此后在宝庆岔路口虽然击退孙可望，但是自身也损失不小。

本来大家跟随尼堪出征，想的是横扫李定国、孙可望等人，捞取军功与战利品的。谁想到寸功未立，连主帅也搭进去了。几场恶仗下来，这批八旗军战力受损严重，生怕李定国再杀个回马枪，个个伸长了脖子盼着朝廷派兵来接防。

洪承畴的兵，就是派这个用处来了。1654年四月（永历八年，顺治十一年），汉军终于抵达湖南，替下了屯齐，接过了岳州、长沙、宝庆一带的防务。

洪承畴也深知兵力不足，不断地发奏折向顺治皇帝叫苦，表示我这个“五省经略”的辖区许多都在明军控制下，湖南又久经战乱，一片残破，老百姓都逃光了，想就地招兵都招不到。

现在湖南防线守住都困难，别说进兵广西，必须另外再派八旗军来助战才能稳固防线。

兵力短缺，顺治皇帝当然知道，仅仅靠洪承畴的汉军，也实在有点不放心。屯齐回京后，顺治皇帝又派出固山额真陈泰为宁南靖寇大将军，率领固山额真蓝拜、济席哈、护军统领苏克萨哈等带着一批八旗军前往湖广助战。这位苏克萨哈就是日后的顾命大臣，这时他还是个正二品的武官。

八旗军一批一批地从京师出发，京师又不出产八旗，人口增加也没那么快，哪里来这样成批的兵力给顺治皇帝调动呢？说到兵力，不得不提一下另外一个概念，“新满洲”。

相对于“旧满洲”，“新满洲”是指新近归附满族的东北部族，具体来说，指的是女真三大部之一：野人女真。

努尔哈赤时期就征服了建州女真和海西女真各部，但要将野人女真各部完全征服，得等到皇太极时期。

在野人女真里，有个让人闻风色变的名字——索伦。

闻风色变是指所有人，包括努尔哈赤的八旗。

明清时期，索伦部并非一个民族，而是一个统称。

在满语里，它原来的意思是“居住在河上游的”，河指的是黑龙江，索伦部就是女真三大部之一，野人女真里分布在黑龙江上游众多部落的一个统称。

这是女真按地域命名的一种习惯，如建州女真以苏克苏护河流域为中心，海西女真以松花江流域为中心，野人女真就以黑龙江流域为中心。

野人女真不仅包括索伦部，它还分为两大部分：东海女真和黑龙江女真。

东海女真分布在松花江、乌苏里江沿岸，黑龙江女真分布在贝加尔湖以东、额尔古纳河、石勒喀河、黑龙江上游地区。

索伦部就是指的黑龙江女真里实力最雄厚的一些部落，各部自称“索伦”，因为“索伦骁勇闻天下”，故“籍其名以自壮”。

自从努尔哈赤起兵以来，女真兵的强悍就让明军胆寒，野战几乎难以取胜，只能凭借城池和火器固守。

起于白山黑水的八旗兵似乎生来就是为了打仗，但要说到骁勇善战，他们还是稍逊一筹，因为还有索伦兵的存在。

索伦兵有多强悍？乾隆皇帝说骑射是满洲之本，而要论骑射之精，莫有过于索伦者。

乾隆朝名将海兰察就是鄂温克族索伦人，年轻时他从征准部，策马追击时一箭射中敌将巴雅尔手肘，将其生擒。

乾隆四十六年（1781 年）在木兰围场围猎时，海兰察以两箭射死两头猛虎，“众诧为神勇”。对索伦人来说，这是在原始森林中生存所必备的技能。

清朝立国的八旗兵也曾经战无不胜，但入关后战斗力就进入了下降通道。对一支军队来说，难就难在如何在数百年的时间里始终保持战斗力，而索伦兵做到了，这就是他们的强悍之处。

努尔哈赤征服海西女真后，曾在天命元年（1616 年）发兵征讨野人女真，但兵锋并没有到达索伦各部落。

此后，皇太极时期三次向野人女真用兵，最后在崇德八年（1643 年）彻底征服了各部索伦。

皇太极征服索伦部后，把主动来投降的男女老幼编为索伦牛录，以索伦首领为牛录章京，并设置佐领，在其中挑选精壮男子编入满洲八旗。

在战争中被俘的索伦部众，则被编入了满洲牛录充实人口。如崇德五年（1640 年），清军曾俘获壮丁两千七百零九人，妇女老幼两千九百六十四人，都编为八旗牛录。

索伦牛录仍然被原地安置在黑龙江流域，数量有三十个，此外还有大量未被编入牛录的索伦部众。

“甲申之变”后，清朝入关，入关的不只是军队，家属亦逐步随军迁入，八旗是全民皆兵的。这样一来辽东就掀起一股移民潮，大清的发家之地没多久就成了人迹罕至的地方。

这时未被编入八旗牛录的索伦等黑龙江流域原住民还居住在当地，并没有内迁。

但是，东北并不太平，因为沙俄在崇祯年间就开始不断渗透，向东扩张，闯入了黑龙江流域。黑龙江流域各部落频频遭受沙俄侵扰，东北边疆发生了危机。

清朝此时忙于国内战争，顺治皇帝也遭到兵力危机，无力抽调兵力北上。

两个方向同时作战力有不逮，一番权衡后，清朝决定“攘外必先安内”，将黑龙江以北的索伦部内迁，坚壁清野，以切断沙俄的粮食来源。

清朝又把南迁的各族人口编为牛录，以索伦诸部为主体编设“布特哈打牲部落”进行管理。

“新满洲”为“旧满洲”补充了人口，但他们并没有全部迁入关内，仍生活在关外，其中最有战斗力的还是索伦部。

索伦部主要包括赫哲、鄂伦春、达呼尔、鄂温克等民族，他们是天生的猎人。入关十几年后，八旗军的战斗力出现了不小的下滑，而来自关外原始森林的索伦兵却保持着一贯的悍勇。

清朝深知保有一支具有战斗力的索伦兵有多么重要，虽然关内八旗在花花世界中纸醉金迷，但对索伦部却一点不放松，每年都进行严格的训练，以保持他们的战斗技能。

再坚强的意志，在世俗的染缸中也不免消退，就如同曾经称霸东亚的八旗军一样。清朝的办法是不许索伦兵与其他兵同处共居，以免沾染懒惰恶习。

看来清朝皇帝们也知道，环境让其他兵退化成了什么样。

顺治皇帝自然不会浪费这样优秀的兵源，索伦部众被源源不断地挑选进军队，成为有力的补充。

索伦兵在战场上的表现也让人刮目相看，打出了自己的名气，赢得了“虎兵”的称号。

可以把索伦兵理解为八旗军中的特种部队，由于族群较小，他们人数并不多，最多也就能征发两三千人，但战斗力确实强悍。拥有索伦兵的八旗军是令人望而生畏的，索伦兵就被清朝当成了“救火队员”，哪里战事紧张，就把他们往哪里调。

当然，索伦兵对清朝的贡献绝不止与南明的较量，他们始终被当作利刃使用。顺治皇帝之后，从康熙皇帝到光绪皇帝，有记录的索伦兵被征发了七十多次，平均不到三年就要出征一次，二十二个省都有远征的索伦兵的身影。雅克萨之战、长达七十年的清准战争、平定大小金川、翻越喜马拉雅山远征廓尔喀，索伦兵当仁不让都是清军的箭头。被后世捧成“兵王”的廓尔喀佣兵，在客场作战、长途远征的索伦兵面前也是胜少负多，一路败退而已。

进入近代，清朝已不是完成工业革命列强的对手，曾经悍勇无敌的索伦兵也独木难支，随着清军的一次次战败而沉沦。

即使如此，索伦兵战斗意志也并未褪色。国破家亡之际，索伦官兵一如百年前一般提枪上马，捍卫自己世代生存之地。

在近代著名的江桥抗战里，马占山招募了大量当地的达呼尔索伦骑兵，他们冒着炮火与日军骑兵决死作战。骑兵部队也是马占山手下为数不多对日军占有优势的兵种，赢得了所有人的尊敬。

当然，这是后话了。在顺治时期，索伦兵对大清是利刃，对南明却是凶刃，有了索伦兵等“新满洲”兵员的加入，八旗军的实力逐渐在恢复。

第八章
转折点

孙可望的想法

孙可望重新起用刘文秀，有心派他东征，但刘文秀担心孙可望搞阴谋，迟迟不肯动身。磨到1655年春天，在孙可望的一再催促下，已出任“大招讨”的刘文秀终于统领兵马出发了。他麾下有战象四十余只，兵力六万余人。

四月，刘文秀所部在辰州集结，按照计划要攻占常德，然后进军长沙，北上武昌，拿下武昌后就可以顺江东下南京。

计划归计划，虽说洪承畴只带来了一万多人，但那都是千挑万选的精锐，再加上湖南原有的绿营，陈泰增援的八旗军，这六万人即使再能打，人数上也不占优势。况且刘文秀擅长的是战略，临阵指挥本就不是他所长，而且他本人对出征也不太上心。

这样的对比之下，这次勉强的东征结局必然惨淡。五月二十三日，明军水师卢名臣首先抵达常德，遭到早有准备清军的伏击，全军覆没，卢名臣阵亡。刘文秀见出师不利，干脆放弃了进攻常德的计划，又趴窝不动弹了。换来的结果是又一次被孙可望解除兵权，再次回到昆明闲住去了。

即使如此，洪承畴也不敢贸然发动进攻，只能保持着守势，直到三年后大变发生。

大变还是来自孙可望，他从大西军出滇后不久就开始折腾，不闹出点大动静是不会死心的。

这时的孙可望早已不满足于当个区区秦王，朝政大权都控制在他手里，他的地位就相当于当初的多尔衮，永历帝就差没叫他叔了。到了1654年，孙可望更是变本加厉，手下大都称呼他为“国主”，取代永历帝眼看就是近在眼前、板上钉钉的事。

根据记载，孙可望在1654年八月已在贵阳设立了内阁，任命了诸多文武，紧锣密鼓地张罗着要取代朱由榔。

从实力上看，孙可望既有政权又有军权，要取代永历帝实在是轻而易举，连永历帝的亲信马吉翔等人都已经倒向了孙可望。

孙可望为何不干脆利落地动手，非得磨磨蹭蹭近两年还没有自立而只敢不断搞小动作呢？

不是对付不了朱由榔，孙可望也有自己的顾虑。

要知道，虽然永历帝完全在控制中，但供着这座菩萨和自己当菩萨，那是完全不一样的两个概念。

汉末的献帝是个“三无”皇帝，要权没权，要兵没兵，要钱没钱。但大家把他抢来抢去，谁也不敢真正动手要了他的命，更别说推倒汉献帝自己当皇帝了。

没别的，在千百年儒家思想影响下，法统大于天。孙可望再怎么跋扈，别人也就当他是个曹操，而曹操到死名义上都是汉室臣子。

曹操在世时也曾经动过自立的念头，结果一帮子对他忠心耿耿的手下就炸了。他最信任的荀彧表示你不能这么干，只是加九锡也不成，大家都是大汉的臣子，当初我们可是为了匡扶汉室才跟着你混的。

潜台词就是，你要这么做，可别怪我们翻脸。

虽然曹操把荀彧打入了冷宫，不再重用他，但是他也嗅到了危险的气息。哪怕汉献帝策划董承和伏完起兵反抗他，曹操到死也还是没敢废了汉献帝。

曹操是人杰，孙可望离曹操还差了十万八千里。我常说多尔衮生前想当皇帝，问题是哪怕多尔衮取代了顺治皇帝，帝位毕竟都在爱新觉罗家族里传承。再怎么说，大家都是一家人，李世民还玄武门杀兄弟呢，多尔衮要废了顺治皇帝自立，那也比曹操要稳得多。

孙可望呢，他算哪根葱？从出身来看，他既不姓朱，也没当过明朝的官，相反他是张献忠的养子，“流贼”出身，前半生都在和明军作战。如今摇身一变穿上官服没几年，就想废了永历帝自立，那他是该继续打大明的旗号，还是另立新朝，抑或直接继承张献忠的大西呢？

这是个很重要的问题，孙可望虽有军权，但外敌当前，他的武力并不足以解决问题。

再说，大西军也不是铁板一块，李定国几乎已和他公然决裂，刘文秀更对他牢骚满腹。大家因为有永历帝在才维持着脆弱的和平，没有真正翻脸。孙可望要是真敢取代永历帝，李定国、郑成功、张名振、张煌言这些人哪个会甘心居于他之下，孙可望立马就会被讨伐。

还是少不了朱由榔，永历帝即使是个庸才，也是联结众人不可或缺的纽带，谁少了他立马就玩不转。

虽然朱由榔能力平平，但他有个特点是嗅觉十分灵敏，多次逃脱清军围捕早就证明了这点。孙可望的步步紧逼，他岂能不知。

为了自己的生命安全，永历帝必须积极展开自救行动，不二人选当然是李定国。他召来大学士吴贞毓等密谋，派翰林院孔目周官以请假葬亲为名，身藏密敕前往李定国军中，召他带兵速来救驾。

等李定国收到密敕，朝廷里的风声已经走漏，孙可望立即下令抓捕，首席大学士吴贞毓等十八名大臣被抓，随后被处死，史称“十八先生案”。

虽然十八人赴死，但消息终于还是传到了李定国这里。

但是，时机有点不凑巧，李定国这时已率军入粤，正在焦急地等待着郑成功配合，水陆并进攻取新会。他既无法速战速决，也不能打到一半撤兵。

直到李定国大败于新会，撤回南宁休整后，他才有了时间和精力去考虑如何从孙可望控制下救出永历帝这件事。

尴尬的是，这时他的兵力损耗极大，已经无力与孙可望正面对抗了。要去安龙，就得带兵离开自己经营已久的广西，万一清兵乘虚来攻，广西万难守住。

弃守广西固然可惜，但考虑到永历帝对大明的重要性，李定国还是率本部人马赶赴安龙。

孙可望得到情报，在沿途安排部将阻截李定国，甚至下了坚壁清野的命令。照理来说，李定国的兵力不多，万难在短时间内突破重重封锁，顺利地到达安龙。

孙可望忽略了一个问题：人心。

他以为自己手下都会死心塌地听他命令，殊不知公道自在人心。孙可望之心如同司马昭，已经是路人皆知。即使常年跟随他的老部下，也对他的倒行逆施不以为然，与汉八旗作战本就已经是内战，如今又要对曾经的兄弟们——李定国和他的手下举起刀枪，许多人在情感上是无法接受的。

关羽过五关斩六将是硬闯，是演义，李定国一路突破重重阻碍，则靠的是自己的威信和大义。孙可望布置重兵的田州防线根本就没和李定国作战，两军士卒反而握手拥抱，搞起了联欢。其他小关隘的守军更是要么放行，要么逃跑，原来以为困难重重的安龙之路几乎是一路畅通。

孙可望一看不妙，把永历帝留在安龙不太靠谱，还是接到自己身边最放心，他派出心腹大将白文选前往安龙，负责把永历君臣搬进贵阳。

白文选和冯双礼都是最早跟随张献忠的一批人，也是大西军骁将，张献忠的前军都督，善打硬仗。张献忠死后，他们被划归孙可望麾下，成为受倚重的心腹将领。

孙可望是拿白文选当自己人的，问题是白文选并不这么想。虽然孙可望对自己挺好，但白文选有自己的价值观，他的资历相当老，是张献忠遗愿的忠实执行者。

张献忠阵亡前曾叮嘱大家“大明三百年正统，天意必不绝之。我死，尔急归明，毋为不义”。孙可望听过就忘了，白文选却始终牢牢记在心里。孙可望若是一心扶明，他归谁指挥都一样，如今孙可望倒行逆施，篡位之心路人皆知，白文选就不乐意了。

连白文选都有了想法，可想而知孙可望的野心是有多不得人心。

不过此时，公开反抗孙可望是不明智的，“十八先生案”还在眼前。白文选有心帮助永历帝，但不能公开地去做，名义上，他还是孙可望的部属。

阳奉阴违这招其实不难做到，离开了孙可望的视线，操作起来就容易多了。白文选在路上磨磨蹭蹭，到了安龙又找诸多借口。看上去是永历帝不配合，他老白也没办法。实际上，私底下白文选早就反了水，他把孙可望的心思一股脑地倒给了朱由榔，两人一唱一和地演起了双簧。

就这样，白文选十月出发前往安龙，磨了两个多月还没把永历帝带回贵阳。孙可望觉得有猫腻，又派出亲信叶应祯前来催逼。叶应祯才是真正的孙可望的亲信，执行命令不遗余力，他一到，朱由榔和白文选就演不下去了，逼宫这时才真正地开始执行起来。

这么长时间磨蹭下来，李定国已经逼近了安龙，他先派出参将杨祥带着密疏潜入安龙与永历帝接头。

非常幸运的是，杨祥没能躲过巡逻的士兵被抓获了。因为驻防的军队是白文选手下，白文选假装错认杨祥是孙可望派来的使者，反而派人保护他进宫面见永历帝，李定国和朱由榔终于牵上了线。

1656年正月二十二日，李定国的骑兵抵达安龙城下，大呼：“西府大兵至矣！”城里顿时欢声雷动，叶应祯见势不妙，想以武力劫持永历帝逃跑。白文选早有布置，叶应祯兵少无法硬来，只得狼狈地逃回贵阳。

李定国的对策

本该困难重重的救驾行动，进行得出乎意料的顺利，李定国未损一兵一卒就把永历帝救出了安龙。

四天后，李定国护卫着永历君臣离开安龙，1656年三月二十六日抵达昆明。偏远的云南成了皇帝的驻节之地，这也是破天荒头一遭。

李定国长期经营的是广西，为何舍近求远地跑到云南，因为这时广西已不在他的控制之中。

李定国如今带出本部人马前往安龙，并护送永历帝来到云南，广西事实上是被放弃了。清军不会错过这个机会，早在李定国还没到达安龙时，广东的尚可喜和耿继茂就会合湖南洪承畴的兵马向广西推进。李定国在广西只留下象征性的兵力维护地方，当然无力抵挡，于是明军主动撤退。二月初，广西大部分州县都落入清军手中。

李定国军中有永历帝在，不可能以身犯险地再回攻广西，贵州又是孙可望的势力范围。唯有云南驻扎着刘文秀，他也是永历帝的支持者，又有黔国公沐天波在，所以选择云南最为稳妥。

广西的不战而弃，也是因为孙可望的逼宫，这使局面更加恶化，李定国这几年东征西讨相当于白忙活了。

李定国立下救驾大功，朝廷自然要大大嘉奖。1656 年（永历十年，顺治十三年）四月，永历帝加封李定国为晋王，刘文秀为蜀王，李定国的亲信也多有封侯晋爵。

当初孙可望要请封个秦王，朝廷就闹得不可开交，如今这两个一字王爵，却没有任何争议，因为这时永历帝只有李定国可以依靠了。

虽然如此，但是众人觉得孙可望还能抢救一下，毕竟他兵多将广。万一两方真的水火不容交起战来，有百害而无一利，大家携手才可能有一线生机。

为了挽救孙可望，朝廷派出白文选和张虎为使者携带玺书前往贵阳进行劝说，这份玺书算得上用心良苦。因为怕刺激到孙可望，里面对他谋逆的行为只字未提，只用“失人臣礼”四个字一笔带过。相反为了示好，永历帝还对孙可望的部下加官晋爵，希望他们能幡然醒悟，消除前嫌。

但孙可望这时已经是猪油蒙了心，打算一条道走到黑了。白文选这时已被封为巩国公，孙可望恼怒于他阳奉阴违，打算将他处死，经诸将求情，才减为打一顿板子。

孙可望拒不接受调和，是因为他自信于自己的军事实力，这时他手下有十几万兵力，李定国却只有两三万人。在心理上，李定国一直是服从自己调度，如今要和他平起平坐，如果接受，日后很可能更要被李定国压倒，削弱自己的实力，好胜的孙可望怎么忍得下这口气。

孙可望派张虎回昆明复命，表示要李定国亲自来贵阳表示诚意，这事才能成。这摆明了是把李定国骗来诱杀。

李定国虽不会前往贵阳自投罗网，但也不愿老兄弟真正决裂，他奏准永历帝，派兵把孙可望在云南的妻儿老小护送到贵阳，做再一次的努力。

事已如此，李定国、刘文秀明白要劝孙可望回头实在难以做到，但他们还是不相信孙可望会真的举兵前来攻打。这时他们控制的地方只有云南一省，缺兵少粮，指望孙可望突然良心发现不太现实，他们迫切需要扩大范围，占领更多的地盘。

永历十年（1656 年）春天，蜀王刘文秀派先锋入川取下雅州。九月，他亲自率领主力进驻嘉定府洪雅县，开始尝试再次经略四川。

这时四川还没从战祸中恢复，清军控制着川北，明军控制着川西，中间是一片广阔的无人区，四处凋敝。如果不解决粮饷问题，谁也无力推倒对手。

但四川又是个非常重要的地方，因为在三峡地区活跃着“夔东十三家”，他们就是受到排挤愤而出走的“忠贞营”将士。李过、高一功这时已去世，李来亨接过了他们的衣钵，众人又推举刘体纯主持军务，郝摇旗、袁宗第这些老资格的将领都听其号令。

恶劣的局面下，大家反而变得更加团结，他们以茅麓山为中心、占有二十余县、拥兵数万。并且，将领们都接受了永历帝的封赏，其中李来亨封临国公，刘体纯封皖国公，郝摇旗封益国公，袁宗第封靖国公。

如果能打通四川，再度与“忠贞营”联手，堵胤锡盼望的局面就要成为现实。

刘文秀要经略四川，为难的不是作战，因为这时四川境内并没有多少清军，吴三桂已经带兵撤回了汉中，只留下四川巡抚李国英在保宁留守。

原因正是因为粮食短缺，四川供养不起那么多大兵，吴三桂是带兵回汉中就食去了。

没有粮食，不要说作战，什么军队都待不下去，所以刘文秀最要紧的事是恢复生产。

恢复生产不是短时间能做到的事，没有一年半载无法收效。恰好刘文秀还算比较擅长干这活，在他的主持下，兵丁开始屯田，联系地方上的绅士，叫回逃到大山里的人们，一切开始变得有模有样起来。

照此发展下去，刘文秀是有能力在四川干出一番事业的，没想到不久后发生的事，让他的希望化为了泡影。

虽然与孙可望谈不拢，朱由榔、李定国、刘文秀他们也总还存着一线希望，保持着克制。

但是，孙可望不这么想，不仅贵州在他控制之下，云南也有不少他的亲信部将。孙可望坐拥绝对优势兵力，又自认为德高望重，只要举兵振臂一呼，就能将云南轻易收入囊中。

既然实力这么强，如今反正已撕破脸，为啥还要听永历朝廷的号令呢，自己单干不是更好？

于是，孙可望在1657年再次大封手下，马进忠晋封嘉定王，冯双礼晋封兴安王，其余将官封侯封伯的也为数不少。

大把的王侯爵位撒出去，意思很明显，孙可望打算自己行动了。

要说孙可望，本来并不能算是个糊涂虫，大西军在滇黔时，他把内政干得有声有色，虽说军事能力和李定国有点差距，但要论内政，这个时间段算得上翘楚。从之前表现来看，他头脑清楚，逻辑分明，确实是个人才。

为啥他要一条道走到黑，一方面是尝到了权力的滋味后再也不肯放手；另一方面，这也和他的一帮手下有关。

这种情况之前已出现过多次，李自成、张献忠称帝前，手下亲信同样表现得异乎寻常的兴奋，弘光帝、隆武帝、鲁监国、绍武帝身边的人同样如此。如果再把眼光放远一点，不久之后的吴三桂、民国时期的袁世凯、溥仪等人也是一样。

因为在这些人身边必然存在着自己的团队，对团队成员来说，就是一人得道，鸡犬升天。孙可望要称帝，站在他们的角度，利益要大于损失。

称帝后必然大封群臣，这些人都可以加官晋爵，也就能得到更多收益。如果在永历帝手下只是个侯爵，孙可望称帝就能混个公爵当当，甚至王爵也不是不可能。表面看来，孙可望的实力又形成碾压之势，所以他们盼着孙可望取代永历帝，自己能成为开国功臣。

手下的反复吹捧与劝说，让孙可望逐渐麻痹，他觉得大家说得很有道理。如今自己的地位不三不四，既然要翻脸，那就干脆整一出大的，用不着再遮遮掩掩。

在此之前，虽然孙可望乖张，但是双方的关系还没那么僵，还能互派使者，进行书信往来。如今这样一搞，李定国也不得不部署兵力防备孙可望的进攻了。

1657 年（顺治十四年，永历十一年）八月初一，孙可望完成了准备，在贵阳誓师，留冯双礼守贵阳，以白文选为征逆招讨大将军，马宝为先锋，大张旗鼓地率领十四万兵马亲征云南。

曲靖之战

八月十八日，孙部渡过盘江。九月初，孙可望军至交水，离曲靖仅三十里。滇中大震。李定国同刘文秀商议后，决定二人亲统主力阻击孙可望军入滇。

曲靖是云南咽喉，曲靖通往滇中一马平川，拿下曲靖，昆明就无险可守。曲靖，成为决定性的一个地方。

两军即将在曲靖对阵，说起来，这还真有点宿命轮回的味道。

1381 年，是明朝洪武十四年。

朱元璋虽早已建元称帝，元顺帝也已逃离大都，但天下却还未完全肃清。早在忽必烈征服大理国后，就在云南设立行中书省，以庶六子忽哥赤为云南王世袭管理，是元朝皇族在云南的最高代表。

到了至正年间，忽哥赤的重孙孛罗更是晋封梁王，而孛罗之子把匝剌瓦尔密，正是时任梁王。把匝剌瓦尔密作为元朝宗室，始终奉元为正朔，屯兵据守，与北元势力遥相呼应。

彼时朱元璋把重点打击方向放在了东北，多次发动北伐以打击尚存的北元势力，对西南一时无暇顾及。

加之云南崇山峻岭，地形险恶，实在不是用兵的好地方。于是，早在洪武六年（1373 年），他就派出过翰林院待制王祎前往昆明，试图和平解决云南问题。

梁王把匝剌瓦尔密拒绝，并杀死了王祎以示对元朝的忠心。

此后，朱元璋又两次派降明的元朝官员前往说服，都告失败。

同时在东北方向，明军数次发动北伐打击北元力量。洪武十三年（1380 年），沐英又受命翻越贺兰山突袭和林，擒获北元国公脱火赤、枢密知院爱足等众，再次给北元造成重大打击。

眼看北元的威胁日益减小，洪武十四年（1381 年），朱元璋终于决定对西南用兵。

这年九月，他派出两路兵马南下，夹攻云南。

一路以傅友德挂征南将军印，麾下配蓝玉、沐英两名勇将为征南副将军，由贵州南下，经遵义，入贵阳、安顺，这一路是正兵；另一路由名将郭英统率，由四川永宁南下，攻云南镇雄，这一路是奇兵。

两路大军共计三十万人，由傅友德统一节制。明初名将云集，强如蓝玉、沐英也只能做副手，这个阵容与规模足以横扫一切。

出兵前，朱元璋亲自召开军事会议，查看云南地图，了解山川地形、险关要塞，并和熟悉云南的谋臣商讨作战方案，亲自部署用兵战术，亲授进兵方略。

万事俱备后，兵马出京，朱元璋亲自摆酒为大军饯行。

文韬武略充沛，明军进展神速，在当年十二月就已攻克普定、普安，扫清外围，兵锋直指曲靖。

云南的梁王也不甘心束手待毙，他明白明军势大，不可能处处固守，于是逐步放弃外围屏障，集结起精锐部队，在曲靖的白石江南岸沿线布防，试图凭借险要地势，在这里与明军决战，一战击垮明军主力。

傅友德率明军火速进兵，山地多雾，明军仍不停顿冒雾前进，直到发现前方有大河阻路，这时已到了白石江边。

能见度极低的大雾却给元军造成困扰，他们无法看清对岸明军动向，等到日出雾散，才发现对岸的明军已列阵完毕。

此时，两军隔江对峙，都做好了战斗准备。

如果要论实力，梁王的精兵其实战力不差。明军远道而来，元军又有地势之利，要想一口气击败梁王，并不是那么容易。

但正所谓兵不厌诈，论到计谋，足不出户且没有多少军事经验的把匝剌瓦尔密，又怎能与身经百战的明朝开国名将相比。

沐英向傅友德建议“我军远来，形势既露，固利速战，然亟济，恐为所扼”，朱元璋也早已制定下出奇制胜的战术。傅友德集结起军队，摆出一副马上就要发动渡江作战的样子。对面的元军统领司徒平章达里麻，连忙下令白石江南岸所有军队扼守险要，随时准备应付明军的进攻。

谁知，这只是虚晃一枪。傅友德和沐英早已派出一支奇兵，远远地绕到下游偷渡过江。过江后，他们并不直接攻击元军，而是散布开来，在元军背后竖旌旗，摇树木，敲战鼓，吹号角，高声呐喊助威。

元军搞不清状况，腹背受敌的消息迅速在军中流传，军心大乱，阵势不稳。

趁此机会，傅友德才一声令下，指挥明军渡江猛攻。散布在背后的明军也不失时机地出动骚扰，元军阵脚大乱。

达里麻怕遭到前后夹攻，急忙指挥梁王军队后撤数里，重新布阵阻滞明朝大军。

但此时军心已泄，神仙也难挽回。明军登岸，大肆掩杀，梁王的十万精锐在曲靖一战中被大部歼灭，其余的也溃不成军。末代梁王失去了倚仗的军事力量，势穷力孤之下，出奔到晋宁，随后自尽。

明朝大军再也没有遭遇像样的抵抗，长驱直入昆明，迅速平定云南全境。

这就是著名的明初曲靖之战，云南从此纳入明朝版图。

二百七十六年后，1657年，九月十五日，李定国、刘文秀、白文选等选三万精兵至交水抵抗孙可望。

白文选，这位老资格的大西军将领，这时已成为一个相当重要的人物。他被孙可望视为亲信，之前奉命去安龙逼迫永历帝移驾到昆明，却阳奉阴违，暗助永历帝与孙可望，这些在前面有过交代。

等李定国到达安龙后，白文选干脆跟着李定国不走了，移驾一事他立有大功，被封为巩国公。

此后，他又充当使者被派回贵阳，孙可望认为白文选背叛了他，一度想要杀了他，在众将求情下才改为打了一顿板子。

白文选侥幸活命，众位兄弟又不断地替他说好话，再加上白文选作战素来勇猛，是个不可多得的大将，也没有明显背叛孙可望的举动。此时正是用人之际，白文选逐渐赢回了孙可望的信任，在他出兵时被任命为征逆招讨大将军，带本部随军出征。

白文选肯回归孙可望属下，是因为孙、李的矛盾虽然公开，但孙可望还没有真正称帝的举动，不少人希望他能迷途知返，化干戈为玉帛，与李定国实现联合。

孙可望在孤家寡人的道路上越走越远，虽然身边的亲信支持他称帝，但并不代表大多数人，白文选也在其中。

即使孙可望大兵压境，白文选也不愿再为他卖命攻打自己人。九月初四，他首先率部脱离孙可望，从曲靖至昆明归附李定国。

即使得到白文选助阵，李定国、刘文秀的兵力也不过三万人，孙可望却有十四万人。

九月十九日，两军展开交战。孙可望兵力雄厚，李定国军寡不敌众，起初受挫，形势正向着孙可望的预料发展。

但这只是表象，李定国在大西军中威望崇高，深受爱戴，即使孙可望嫡系的秦军也不忍对他痛下杀手。再加上孙可望发动的战争属自相攻杀，本就是不义，因此失道寡助。

危急之际，白文选亲自率领五千铁骑逆向冲杀，连破数营，抄出孙可望阵后。他的部下本就是孙可望旧部，孙军皆无心抵抗，将士反而大呼："迎晋王！迎晋王！"

人心向背之下，秦军纷纷阵前倒戈，再也不愿为孙可望卖命，十几万大军瞬时土崩瓦解，战场上一时形成奇怪的静默。

时机不容稍待，李定国、白文选指挥将士朝驻马高岗的孙可望倒卷而来。孙可望见形势陡变，在少数兵马保护下，仓皇东窜。

兄弟阋墙是如此不得人心，孙可望的失败是早已注定的。

无巧不成书，明朝享国是二百七十六年，两次曲靖之战，一次是在1381年，一次是在1657年，两者相隔正好二百七十六年。

原本看来是生死对决的曲靖之战，竟以这样戏剧性的方式收场。本来志得意满的孙可望大败亏输，最后身边只剩十数人，于十月初一退回贵州。

即使到了贵州，孙可望也已经失去了号召力，沿路旧将都闭门不纳。逃到安顺，他刚封的嘉定王马进忠终于打开了城门，不过不是让他进来避难，而是冲出一支军马来痛打落水狗。

孙可望只得脚底抹油逃往贵阳，还好冯双礼还听他的指挥。他命令冯双礼把守要道威清，约定如果李定国追兵到来，就连放三声号炮，大家一起跑路。

冯双礼欣然从命，率兵抵达后，架起号炮轰轰轰就连放三炮。

追兵来了吗，并没有，离得还远。浓眉大眼的冯双礼也背叛了孙可望，追兵还没影就放炮，是不想让孙可望再躲在贵阳了。

孙可望已成惊弓之鸟，身边只剩十五六骑，听到号炮声哪里还敢确认真假，带上妻儿老小夺东门而出。

往哪里逃，并没有什么目标，总之离追兵越远越好。孙可望等人一路经过的新添卫、偏桥、镇远、平溪、沅州，待遇与之前一样，肯从城上吊下点冷饭剩菜已经是给了非常大的面子，更多地方是紧闭城门，喊破了喉咙也没人理。

不久前孙可望还贵为“国主”，呼风唤雨统兵数十万，如今却惶惶如丧家之犬，如此之大的落差，换了谁也很难接受。

孙可望恨恨地对随从说：“今为李定国辱孤至此，孤不惜此数茎头毛，行当投清师以报不世之仇耳。”

穷途末路之下，孙可望选择了背弃张献忠的遗愿，往宝庆投清。

对清朝来说，孙可望前来投降实在是意外之喜，可以把他理解为最大敌手的军政一把手投敌，意义不言而喻。

孙可望几乎已是孤家寡人，而在清朝眼里他还是块“金砖”。

对于永历朝廷的军政情况，对于明军的兵力部署，对于滇黔的地形，没有比孙可望更熟悉的人了，这些他都曾苦心经营。

情报的价值在战争中有多重要，现代战争已表现得很清楚，古代战争其实也是如此。以当时的条件，清朝要想靠自己的力量获得如此之多、如此之详细的情报，显然是不可能的。

孙可望的到来能解决这一切，再说以他曾经的威信，能派上另一个用场：劝降旧部。有老上司的劝降，万一局势对旧部们不利，劝降工作做起来就会容易得多。

孙可望这个重量级的叛徒能起到多大作用，洪承畴、顺治皇帝想想都要乐开花。因此，历来叛徒都是最可恨的。

十一月十五日，孙可望到达宝庆，为了纳上投名状，当天他就写信给洪承畴：

自行开诚，愿附大清朝，献滇、黔、蜀之土地，岁纳贡赋，祈职转奏大清皇帝陛下，请兵报仇，以复滇云，擒渠获丑，荡平叛逆，归版章于一统。

这个重磅消息很快传到顺治皇帝那里，他立即下旨，令洪承畴亲自统率手下，又调拨固山额真罗托为宁南靖寇大将军，与洪承畴一起调集兵马，驻扎到湘乡，准备伺机而动，一旦准备好就进行南攻。

孙可望当然也不能亏待。十二月，顺治皇帝颁下特旨，晋封孙可望为义王。后人多以为清朝封的汉王只有皮岛三将加上吴三桂四个，其实还得加上个孙可望，总共是五个汉王。王爵尊贵，除了世袭的宗室亲王，入关后再也无人获得，遑论汉将，顺治皇帝这是下了大血本。

第二年二月，顺治又下旨在长沙特地为他举办隆重的就职典礼，并召他进京。

顺治十五年（1658 年）五月初二，孙可望抵达北京。第二天，顺治皇帝就在太和殿亲自接见。孙可望一时间成了北京城的红人，顺治皇帝在十天内赐御宴三次，又送豪宅、赐蟒袍，风头一时无两。

如此提拔，孙可望自然要报之以李，他将了解的永历朝廷机密情况事无巨细地报告给了清廷，并献上“滇黔地图”，将地形、道路、兵力部署一一在图上画明，这份军事地图的意义，不下于数万雄兵。

洪承畴之前在湖广经略数年，寸功未立，寸土未拓，以他的身份属于失败。洪承畴本来已失去信心，不认为自己有平定滇黔的能力，已经请准解任，回京调理。

孙可望一来，洪承畴立马原地满血复活，腰也不酸了，腿也不疼了，一口气能上六楼，仿佛打满了鸡血。

顺治皇帝也顺水推舟，告诉他你也甭回来了，打起精神准备干吧。

孙可望带来了攻略滇黔的钥匙，紧锁的大门已被打开，清朝要准备动手了。

李定国的失策

说到这里，得讲一下另一个人——李定国。

如果简单地把人物分为善恶两面，李定国无疑是正义的使者，永历朝廷的擎天柱，形象相当地正面。

但不能这么简单地划分，人从来就是多面的，哪怕他是李定国。

我一直认为英雄主义史观是不靠谱的，它基本上只能存在于演义里，因为在真实世界里，没有一个人是完美的。

就说大西军这三位领袖。

孙可望后期跋扈，最后投清，固然可恨。但大西军能劫后余生，在云贵站稳脚跟、恢复元气，最大的功劳要归于孙可望，他也是有贡献的。

刘文秀大义无亏，忠心耿耿，但他也有缺点。刘文秀战略上较为拿手，其余方面只能说能力平平。不管是玩政治、搞内政还是领兵作战，刘文秀都没什么拿得出手的成绩。

要说领兵打仗、亲临战阵，大西军其实有许多比刘文秀优秀的人选，如白文选、马宝等。让刘文秀独当一面是勉为其难，形势大好的保宁之败就是这个原因，最适合他的职务其实是个参谋长而不是将军。

再说李定国。晋王以强悍的军事能力闻名，但也仅限于此。在内政、战略上，李定国几乎是个二流水平，和高手的差距不是一星半点，在新会迟疑不进，苦等遥遥无期的郑成功就是例证。这些不能怪李定国，本来每个人都有自己擅长的领域，论临阵能力，他在永历朝廷诸将之中是最强的。

李定国还有一个问题，他的性格难称完美。

将对手彻底打败的最好方法，不是把他的肉体消灭，而是将他收服，并为己所用。

李定国武将出身，一定没好好读过书，要是他认真读一下本朝历史，太祖朱元璋的故事就能给他启发。朱元璋在一统天下的过程里，一向是团结能团结的所有人，不管他是蒙古人还是色目人。

在孙可望的事情上，李定国表现得有点小心眼。

孙可望在曲靖兵败后，已成丧家之犬。人心向明，孙可望的倒行逆施已失去市场，权归李定国已经是板上钉钉的事。

这时的孙可望对李定国已没有了威胁，适当地对孙可望宽容，有利于打造统一战线。

然而，李定国却派出刘文秀、白文选率兵一路追击，赶鸭子一样把孙可望从云南赶回贵州，又从贵州赶到了湖南，活要见人死要见尸。

追兵杀气腾腾，孙可望无路可逃，就算有心投降，也不知道李定国是个什么态度。万一自己投降了，被逮回去弄死，岂不是大亏特亏。

这是很失败的一招。虽然孙可望势单力孤，但是他在大西军里混了大半辈子，总有跟他关系好的旧部和嫡系，在这些人里他仍旧有影响力。

性格上的问题更加主观，李定国其实是可以做得更好的。这就是李定国的弱点，不会玩政治，以为政治跟自己统兵打仗一样，不是你死就是我活。

当然，如果李定国策略得当，还是能消除这些威胁的，而问题是他接下来出的还是昏着。

赶跑孙可望，李定国独掌大权，大封功臣，白文选晋封巩昌王，马进忠晋封汉阳王，冯双礼晋封庆阳王，其余马宝等大将也各有封赏，这些都不在话下。

问题出在如何对待孙可望的嫡系部队上。

如果说追杀孙可望是一口气实在憋不下，众望所归，这还可以理解，但李定国对待孙可望嫡系的办法实在是失策。

孙可望部将王自奇、张明志、关有才等驻扎在楚雄、永昌一带，曾在孙可望进犯时接受里应外合的密令，对昆明形成过威胁。但是，他们还没有机会出兵，孙可望就已败逃，没有过实质性的行动。

既然如此，为何不能网开一面呢？

李定国却不愿宽恕，他亲自提兵进攻，关有才被击败，张明志投降，王自奇自尽。到这里，目的应该也达到了。

李定国并不肯罢手，他下令将关有才连同另外被刘文秀所擒的张虎，凌迟于昆明。

此举固然立了威，却让孙可望的旧部秦营将士心生不满，更为以后的事埋下了隐患。

李定国在政治上的失策，还不止于此，而接下去发生的事让永历朝廷的实力再次大打折扣。

这就是李定国和刘文秀的故事。

孙可望想自立，刘文秀始终是反对者，并多次给李定国帮助。早在衡州之战后，刘文秀得到孙可望要对李定国不利的消息，就派人通风报信，避免了李定国自投罗网，说起来还有救命之恩。

更别说刘文秀和李定国都是张献忠的义子，并肩作战几十年，一起享过福，更多的是一起吃过苦，男人之间没有比战场上的友谊更加过硬的了。

好不容易赶跑孙可望，无论怎么看，李定国都该和刘文秀并肩携手，再创辉煌啊。李定国对刘文秀的态度却是猜忌和防范。

刘文秀追击孙可望后，就留在了贵州、湖广一带，安抚当地孙可望旧部，替代孙可望的工作，主持从四川到湖广一线的防务。

李定国却以告病退休为要挟，让永历帝下诏召回驻扎在川楚边界的守将，不久又召回刘文秀本人。这招显然是针对刘文秀的。刘文秀被召回后，就失去了兵权，这是怕他控制兵力太多，与自己分庭抗礼。

川楚边界是前线，云南是后方，没啥特殊情况，却把久驻前线的指挥官们召回，这是第一步失策。

接着，李定国又搞起了歧视。他把孙可望手下投降而来的兵将分为“秦兵”，把自己手下和云南的军队称为“晋兵”，人为地划分起了成分。

自古以来，军队就有派系，这是潜规则，大家当了这么些年兵也都清楚。可你不能把泡泡捅穿啊！如此明白地划分，相当于告诉“秦兵”：你们都是二等公民。

“晋兵”是嫡系，各方面的待遇都要优于“秦兵”。本来大家都是老兄弟，哪怕跟随的将领不一样，总都是大西出身。这么一搞，人心就散了——“由是孙可望之兵心懒矣”。

刘文秀之前被孙可望解除过两次兵权，现在又被另一个兄弟李定国排挤，内心的苦闷可想而知。这以后他日趋消极，“凡大朝日始上朝一走，常朝日俱不去”“将一切兵马事务悉交护卫陈建料理，亦不出府”。不久就发病卧床不起，永历帝和李定国都曾去探望，再三宽慰，派医调治。

但心病无药医，永历十二年（1658 年）四月二十五日，刘文秀病逝。临终前，他还上遗表，请求朝廷入蜀联合“夔东十三家”，并捐出家财窖金一十六万两以充军饷。

蜀王刘文秀，赤胆忠心，天可为鉴。

第九章
大西南

周边的形势

孙可望投清后，滇黔几省的虚实已尽被洪承畴所知，用兵通道也被打开。

1657 年（顺治十四年，永历十一年）十二月十五日，调兵遣将完毕，顺治皇帝正式下达了进军西南的诏书。

就在不久前，清朝的兵力还捉襟见肘，为何此时又有余力大举用兵了呢？除了“新满洲”兵员的补充，还因为这时西北方向已基本没有了威胁。

这一年，喀尔喀部落派出众台吉到北京“悔罪朝贡”，顺治皇帝表示我原谅你们了，从前抢的东西就算一笔勾销，以后大家还是好兄弟。喀尔喀蒙古此后果然安分得很，后来被准噶尔打得走投无路，才选择主动内附清朝。

其实，之前没有写到的，还有另一个方向——青海。

青海此时并没有归清，它的实际统治者是和硕特汗国的固始汗。

汉朝控制过青海东部；唐朝安史之乱后，青海被吐蕃控制；北宋崇宁三年（1104 年），宋军进入河湟，改鄯州为西宁州，“西宁”这个地名才首次见诸史册。

北宋不久灭亡，青海落入西夏和金控制有近一个世纪。

蒙古灭金，忽必烈在至元十八年（1281年）设甘肃行中书省，辖西宁诸州。

明灭元后，改西宁州为卫，又先后设塞外四卫、西宁兵备道、朵思麻宣慰司、朵甘思宣慰司等机构；对藏地的治理模式施以“羁縻”政策，册封当地首领为官员，实行的是世袭制。以土官为主，流官为辅；以册封控制，藏人治藏为主。

17世纪起，和硕特部固始汗崛起，攻略青藏高原，建立起和硕特汗国。1637年，固始汗兵发青海，灭喀尔喀部却图汗，控制青海全境，青海从此被和硕特汗廷实际统治超过八十年。直到雍正二年（1724年），青海才被重新纳入中央政府直接统治。

历史上的大一统王朝要想实际长期控制青海是比较困难的，因为这大都超出国力范围。

明清定都北京后，青海到北京距离是五千零七十里，距离遥远，补给困难，消息传递极其不便。

现在从北京发个快递到西宁也得四天，在古代就算用快马加急传递消息，一来一去至少也要半个月之久。至于大举用兵，那就更不可能了。

“土木堡之变”里明军出塞走到大同就回师了，因为士气已消耗大半，粮草供应也是大问题。这还是皇帝亲征，可想而知要想大举西征对国力得有多高的要求。

而且，青海土地贫瘠，民风彪悍，高原缺氧。驻军成本太大，又不适合农垦，高投入低回报，很可能还要亏本，所以历代王朝兴趣也不是太大。皇帝们考虑的是成本问题，却忽略了青海战略位置的问题。

清朝刚入关不久，正在争夺天下，重点是南方，自然还无力经略西北。

1637年，固始汗袭杀喀尔喀部却图汗。1642年攻灭藏巴王朝后，青、康、藏都已在他的统治之下，固始汗成为青藏高原实际上的政治和军事领袖。

1637年，是大明崇祯十年，朱由检正焦头烂额，在农民军与清朝内外夹攻之下，再过七年大明就要灭亡，再也无力干涉西北事务。

1637年，也是大清崇德二年，皇太极已平定漠南蒙古，又征服了朝鲜，他的目标已不仅仅是在辽东立国，而是有了更高的追求——与大明争夺天下。

这一年，固始汗灭了却图汗后，就主动遣使通贡，皇太极也欣然接受，青海主宰与大清初步建立起封贡关系。不管是对固始汗还是皇太极来说，这都是桩合算的买卖。

固始汗袭杀却图汗，只是他建立和硕特汗国的第一步，从历史进程看，他还需要五年的时间才能成功，并需要时间巩固统治。

清朝此时方兴未艾，林丹汗被击败，漠南蒙古被皇太极收服后，和硕特部更无力单独与清朝对抗。

这时候主动对皇太极示好，大家握手言和，谁也别招惹谁，各自把全身力量集中到主要目标上，对大家都是有利的。

皇太极也是如此。征服漠南蒙古和朝鲜之后，他还有更大的挑战。先是1639年的第二次入口之战，紧接着又要面对崇祯皇帝举全国之力发动的松锦大战，要是西北再冒出个敌人，他也得仔细掂量掂量。因此，固始汗主动示好，皇太极也是求之不得。

对皇太极而言，更重要的是，与固始汗保持封贡关系可以不动刀兵就从名义上获得藏区的归附。这在战略上意义更大，既能牵制尚未归附的蒙古部落，又能安抚已归附的蒙古部落，只有好处没有坏处。

双方互相致书后，和硕特还派出使团在崇德七年（1642年）抵达盛京，皇太极亲自出城迎接，并对天行三跪九叩之礼，双方关系进一步亲密。

1654年，固始汗卒，其子丹增多吉继任，是为达颜汗。达颜汗在1668年病卒，子丹增达赖继任，是为达赖汗。

和硕特汗国是个二元政权，达赖系统掌管教权，汗王系统掌管军权，还有个职务叫“第巴”。

第巴相当于总揽政务的地方长官，原来由明朝皇帝册封，挂昭勇将军印。后来，明朝控制力减弱，第巴的委任权就落到达赖手中，也就相当于达赖系统的总管。

第巴的地位相当重要，要能平衡两个系统之间的关系才是个合格的第巴。

固始汗在世时，笃信黄教，既有威望也有能力驾驭青海诸部。达赖是出家人，无法实际执掌政务，所以委任固始汗为第巴。

固始汗兼任第巴的好处是军政教绝对统一，他把诸子分封到青海，青海成为西藏的护法屏辅，藏青成为一体。

固始汗对清朝也比较服从，没有生过不臣之心。从顺治直到康熙初期，达赖、固始汗与清朝构成了一个较为稳固的三角关系。

总之，从皇太极到顺治，青海方向都没出什么大乱子，双方保持着臣属关系。到康熙初期固始汗死后，青海才逐渐成为边患，而真正做到实控青海，那要到雍正二年（1724 年）了。

三路进兵

喀尔喀蒙古和和硕特汗国都比较安分了，东南的郑成功这段时间也比较安静。休养了两年，八旗老兵恢复了一些元气，新兵也得到了训练，顺治皇帝可以调兵遣将了。

他兵分三路，以吴三桂为平西大将军，由陕西汉中南下四川；以固山额真赵布泰为征南将军，会合广西提督线国安北攻贵州；以固山额真罗托为宁南靖寇大将军，由湖南攻贵州。

顺治皇帝还觉得不够，1658 年正月又命信郡王多尼为安远靖寇大将军，统率八旗兵南下专攻云南。

李定国事先并不知道清军会这么快发动总攻，否则他怕要对自己的行为事先掂量掂量。这也就是战略眼光的差距。《孙子兵法》说：“能因敌变化而取胜者，谓之神。”李定国在明末战场上可称“战神”，但在其他方面，他的短板一再暴露。

有了孙可望的情报，清军对地形已了如指掌，哪里方便进兵，关口的兵力强弱，明军将领哪些会死战到底、哪些又容易招降，这些军事机密已了然于胸。

明军临阵换将又缺乏准备，两相比较，劣势尽显。

罗托一路，在1658年二月抵达常德；三月初攻占武冈、沅州，进入贵州；四月占领省会贵阳。

吴三桂一路，1658年三月初四抵达保宁，四月初三占领重庆，四月三十日占领遵义。

赵布泰一路，1658年二月二十日抵达衡州，三月初五进入广西，五月攻占独山。

三个月左右，清军三路兵马已经在贵州会师，贵州全省大部分已经被占领。

那么，明军在干吗呢？

清军有备而来，明军也有抵抗但无力阻挡，防线迅速崩溃，败报雪片般飞到昆明。

三路进兵看上去很吓人，实际上清军并没有强大到逆天，甚至还不如六年前。看看几路军队的统帅就知道。

罗托是固山额真，他的爵位只是个三等镇国将军。多尼是多铎之子，袭封信郡王，这一年只有二十三岁，之前没有统兵作战的经验，这时却一下被任命为全军统帅。

看来，人才断档是一时半会儿无法解决的。

这些将领里，真正的宿将还是吴三桂。当然由于身份原因，吴三桂是不可能被任命为统帅的。

这样的攻势，李定国实际上在六年前就经历过一次，那时大西军刚刚出滇，清朝派出尼堪率八旗军开往湖南，孔有德进占广西，吴三桂从汉中入川南，用兵方向如出一辙。罗托、多尼比之尼堪、孔有德，那不是一个档次的将领。

饶是如此，1652 年，李定国“两厥名王”，硬是击毙了俩，以一人之力挽救危局，威震华夏，击退了清军攻势，由此形成长达六年的相持局面。

六年后，李定国并不老，而他却没能再次扭转大局。

清军实际开始发动进攻的日期是在 1658 年二月二十五日，李定国这时的身份已发生变化，由方面军司令成了全军统帅，他想的是运筹帷幄，统划全局，将作战交给部下将军。

从整体上看，全军依赖于统帅，这样也不能算错。问题是李定国的战略能力不足，他的部署并不能让明军反败为胜。

被李定国寄予厚望的是驻扎贵阳的安顺巡抚冷孟饪，这位巡抚果然据城固守，死战不降。奈何实力不济，贵阳只守了几天就被攻破，冷孟饪兵败身死。

在吴三桂进攻方向，李定国部署了总兵刘镇国扼守桐梓县境内的天险石台关。刘镇国有地形之利，又有战象助阵，看上去挺靠谱。

但他的对手是吴三桂。

保宁之战后，顺治皇帝开始对吴三桂另眼相看，吴三桂也不辜负他的信任，作战比八旗军还勇猛。

还有一点很重要，此时的吴三桂已不是以前的吴三桂。吴三桂并没有做整形拉皮，这时他比山海关大战时要老了十几岁。区别在于，他老了，也变强了。

吴三桂青年时期就是员猛将，不过从山海关战役期间他的决断来看，当时的他还并不成熟。

李自成的实力强于吴三桂，天下没几个人不知道，而吴三桂却敢于摆开战场和大顺军正面对抗。这可以说是勇气，也可以说是冲动。

尤其是他连清军在哪里都还不知道，就敢于跟李自成翻脸。设想，多尔衮如果晚到一天，吴三桂的脑袋早就搬家了，天下形势也不是今天这个样子了。

吴三桂能走到今天这步，得到顺治皇帝的信任，该感谢的其实是他的对手们。不管是各路明军还是抗清义军，都对吴三桂有“恩”。因为有他们不断地消耗清军力量，吴三桂这样本来已被雪藏的降将才又被拿出来加热，重回战场，并在战争中得到锻炼，愈战愈强。

其中更包括李定国。尼堪、孔有德都是不输于吴三桂的将领，如果不是李定国的横空出世，吴三桂这支人马也未必会被委以重任。

吴三桂不是没打过败仗，姜瓖“反正”时，陕西的王永强就曾让他一度失败；四川之战，他也是先被刘文秀撵得哭着喊着要撤回汉中，如果不是李国英坚持，保宁就被放弃了。

吴三桂也在战争中学习战争，入关后这十几年，他比以前更强了。

刘镇国和吴三桂不是一个档次的对手，此时能抵挡他的恐怕只有李定国本人。刘镇国毫无悬念地被击败，石台关失守。

从三月到八月，在李定国的指挥下，明军只进行过三次反攻，一次是都督罗大顺领兵在五月收复了清平和新添卫；一次是张先壁在八月两次反攻贵阳，但都因为兵力不足，很快被清军击退，几乎没有实际效果。

到了八月，永历朝廷实在坐不住了，军队节节败退，自己已退无可退，李定国不亲自出马也不行了。

九月，李定国终于作出部署，自己率大军前出至关岭，冯双礼、白文选率军在安顺附近集结，以祁三升、李如碧为前锋，带三十多营兵马进抵平坝，亲自指挥反攻贵阳。

但是，已经晚了。此时贵阳周边已布满清军，大网已经形成，贵阳一点受力，明军就将四面受敌。

明军应在清军三路距离遥远、无法互相呼应时主动进攻，只要败其一路，剩下的两路就不难对付。如今三路清军已在贵州会师，李定国进攻的机会已经失去了，只能就地转入防御。

九月，增援的多尼八旗精兵进入贵州，清军又得到生力军补充，十一月，再次发起了进攻。

李定国派刘镇国、冯双礼、白文选分路抵御，却在两个月内被全数击败。十二月下旬，吴三桂已进入云南，与多尼、赵布泰会合，迅速向昆明推进。

明军为什么败得这么快，也有一些原因。

白文选防御的七星关，地形险峻，他也是宿将，部下战斗力不低，本来有希望在七星关挡住吴三桂。

吴三桂从没到过贵州，却早已了解七星关的地形，因为孙可望早就一五一十地画在了地图上，连关后的小道也标得清清楚楚，这给了吴三桂以决定性帮助。

他知道正面攻打难以奏效，就花重金找来当地人做向导，找出了隐蔽的小路，绕过险要地段，直插天生桥。

如此一来，天险已成鸡肋。白文选只得放弃七星关，率部退入云南。

赵布泰一路被阻挡在北盘江，明军沉船扼险而守，清军难以渡江。这次是叛徒发挥了作用，当地知府岑继鲁当时已经投降，为了立功他向赵布泰献计，在半夜捞出了沉船，修补完毕后从下游十里的地方偷渡过江，北盘江就此失守。

几路拦截都已失败，李定国面临腹背受敌的危险，他只得放弃贵州，撤回昆明。

清军进展迅速，包围昆明只是眼前的事。昆明必定无法守住，明军撤退成为必然，主要问题是往哪里撤。

选择其实不多，只有两个方向。一是进入四川，四川这时还有大部分在控制之下，有建昌侯王偏头坐镇，兵力未受损失，粮草也比较富余，所以大部分人建议撤往四川。

川西之前已由刘文秀经营将近一年，生产逐渐恢复，在川东又有“夔东十三家”，不难连成一片。

二是撤往滇西。滇西地贫民穷，人口稀少，生产也不发达，粮饷兵员都不能保证，又难以联结“夔东十三家”和东南沿海的郑成功。清军要是一路尾随追击，就只能逃到国外了。

永历帝和李定国表示同意撤入四川，并传旨派广昌侯高文贵护驾，置办粮草，预定十二月十五日启程。

当日，永历帝率众文武如期离开昆明，庆阳王冯双礼、广平伯陈建、武功伯王会、延安王（艾能奇长子）艾承业率部先行前往建昌准备接应。

哪知几天后，情况又发生了变化，李定国又改变了主意，决定撤往滇西。

原因来自马吉翔和金维新的建议。金维新是李定国的心腹，但他又曾和王偏头争风吃醋闹过不小别扭，担心到了四川被挟私报复。马吉翔则是出于家族利益考虑，担心到了四川人生地不熟被架空。

这样的大事朝令夕改，半路改弦更张，不少人顿时觉得没了盼头，若是跟着撤到滇西，按照如今的境况，再想打回来就是千难万难，很可能这辈子都回不来了。许多官员干脆脚底抹油地逃进大山里躲了起来，清军一到就直接投了降。

更要命的是，李定国手下只有自己的“晋兵”，“秦兵”已经由冯双礼率领前往四川，由于之前的歧视政策，已经无法将他们叫回来了。

如此一来，李定国就又回到了曲靖之战之前手下只有三万多人的时候，这点兵力连护驾都嫌不够。

清军进入昆明后，派吴三桂马不卸鞍地立即追击永历帝。为了阻滞清军的攻势，李定国不得不留下白文选在玉龙关打阻击战，又分去不少兵力，李定国身边只剩下了不到两万的人马。

好久没提到“夔东十三家”，这些“忠贞营”将士，在清军大举进攻滇黔的时候，难道就没有做点什么吗，当然是有的。

这也是李定国的部署之一。为了削弱云南的压力，永历朝廷派出五名太监前往川东，联络到了“夔东十三家”，要他们出兵进攻重庆，牵制由四川进入的吴三桂一路人马。

从 1658 年七月到十二月，川东明军两次发起攻势，一度逼得吴三桂从遵义回防重庆。在第二次进攻中，吴三桂已远在贵州，清军救援不及，本是个好机会。明军水师在城下激战了十三天，重庆告急。谁知仁寿侯谭诣、新津侯谭弘临阵反戈，杀死涪侯谭文，约请城内清军出城合力绞杀，明军水师由此大败东撤。陆上的明军在即将到达时得到发生重大变故的消息，只得回师。

到这里，依靠夔东明军切断吴三桂后路的指望落空了。

这又直接影响了随后进入建昌的冯双礼等人，他们本来是打算与“夔东十三家”合兵抗清的。如今李定国率“晋兵”远走滇西，“忠贞营”又被击败，自己希望渺茫。

不久后，德安侯狄三品叛变，执冯双礼降清。眼看大势已去，延长伯朱养恩，总兵龙海阳、杜子香等也纷纷降清，吴三桂兵不血刃就占领了刘文秀苦心经营的川西，招降了大批明军。这些都是孙可望的旧部“秦兵”，这支军队几乎没有发挥作用就这样冰消雪解了。

1659 年二月二十一日，清军吴三桂所部在大理击败白文选，渡过怒江，越追越近，逼近了腾越州。

这时，李定国的麾下将士已经不多，要回头与清军决战显然不可能，但若不打一仗，吴三桂势必始终尾随追击。

腾越州就是现在的云南腾冲，这里地形多山，又多是山间小路，李定国登高查看完地形，有了主意。他打算利用地势，趁清军屡胜之后必然骄兵轻进之机，打一场伏击战。

战场选在了磨盘山。

磨盘山之战

磨盘山是一片原始森林区，海拔高且多雨，羊肠小道仅能容一人一骑通行，山中常年云雾缭绕，正是打伏击的好地方。

对于伏击战，李定国也是手到擒来，之前的衡州一战，他正是利用清军统帅敬谨亲王尼堪的骄兵冒进设伏，一举击杀尼堪，名动天下。

李定国的伏击圈安排得非常讲究，共分三伏。以泰安伯窦名望为初伏，广昌侯高文贵为二伏，武靖侯王国玺为三伏，还在山谷小路里埋下地雷。明军埋伏在道路两旁的山间草丛中，约定好：等敌人全部进入埋伏圈后，窦名望在后面最先发动，切断清军退路；点燃地雷后，高文贵、王国玺率部杀出，堵住去路，窦名望再从后掩杀。

计划安排得妥妥当当，照此执行，入伏的清军难逃之前尼堪的下场。

事情正如李定国预料，清朝众将已成骄兵，在他们看来明军已是惊弓之鸟，再也无力反击。清军轻松得意地走向伏击圈，没有一点防备。

吴三桂算不上神一样的对手，李定国却有猪一样的队友。光禄寺少卿卢桂生，此人对永历朝廷失去了信心，打定了主意要投降清朝。

本来这也不算什么，清军入关以来，投降的原明文武官员如过江之鲫，卢桂生这样的角色可以忽略不计。偏偏卢桂生知晓李定国的部署方案。这下事情就严重了，投清的卢桂生为了安身立命，把计划全盘地告知了吴三桂。

这时清军前锋已进入二伏地段，过不了多久，全军就会走进伏击圈。

清军统帅吴三桂也是久经战阵的老将，论军事能力，其实并不输李定国。大惊失色下，吴三桂很快冷静下来，如果让前锋后撤，未必能撤得回来，不如将计就计。

吴三桂下令，前锋停止前进，原地搭枪架炮，向茂密的草木丛开火，并派尖兵搜杀伏兵。

这时蒙圈的成了明军，李定国严令之下，没有听到号炮不得发动。埋伏的明军既不能后撤，又不敢出击，进退两难，伤亡惨重。

窦名望一看，这样下去埋伏没打成，自己的军队反而会伤亡殆尽。他迫不得已鸣炮杀出，二伏、三伏的军队也跟着鸣炮出击。

李定国在山阜高处坐镇指挥，山高林密，无法掌握实时动向，听到号炮声次序不对，情知有变，急令后军增援。

原本很稳当的一场伏击战，被清军占去了先手，打成了遭遇战。即使这样，明军也是死战不退。两军在山谷中展开一场惊心动魄的恶战。

犬牙交错，你死我活的战斗从清晨打到中午。没有了战术，也没有了退路，双方只管以命相搏。一边是晋王李定国想要双手扶明，一边是平西王吴三桂誓要生擒永历帝。

清军人数占据优势，却死死地被明军钉在磨盘山山谷。战场成了惨烈的绞肉机，明军战旗飘扬，浴血死战，因为他们明白，再也无路可退了。

眼看部下一个接一个阵亡，见惯大阵仗的吴三桂也被打得胆战心惊，有心拉回部队却动弹不得。

但是，毕竟明军人少，战至中午，双方都已筋疲力尽。清军在得到后军接应，付出惨重伤亡后，吴三桂终于得以撤出战场。

李定国也同样无力再战，率领残兵撤往孟定。晋王本有希望继“两厥名王”后，达成三杀清朝王爷的壮举，而磨盘山的羊肠小道上，却留下明军永远的遗憾。

战后清点，仅高级将佐，清军在磨盘山一战损失就达二十位，其中包括正一品都统沙尔布，正二品副都统拜察、珲津、多颇罗，正三品护军参领石汉、图丹这样的高级别将领，仅次于衡州之战。

八旗精锐伤亡惨重，事后顺治皇帝十分恼火，下旨将征南将军赵布泰革职为民，多尼、罗可铎、杜兰等统兵将领也都遭到罚银、降职等处分。

明军拼死击退清军，伤亡同样巨大，将领窦名望、王国玺等战死，士兵损失达到三分之二。

虽然磨盘山一役给清军造成很大杀伤，但明军也已是强弩之末，尤其此战受到惨烈伤亡后，更加无力阻挡清军后续的进攻。

吴三桂被打得胆战心惊，加上深入滇西，粮草供应困难，只得撤回昆明，西南战火暂时告一段落。

西南暂时平静，东南却又掀起了滔天巨浪，郑成功终于有所行动了，而且不动则已，一动就是超大动作。

第十章
长江战役

长江很短

1658年这一年，顺治皇帝调天下清军主力进兵西南，因此东南防务空虚，这一切逃不过郑成功的耳目。郑成功决定，趁此机会，誓师北伐，集中主力扬帆北上，自长江口进入内地。

八月初九，郑成功集结起近千艘战舰，浩浩荡荡地抵达羊山，谁知天有不测风云，在这里遇到了飓风。大自然的力量无法阻挡，战舰被巨浪打翻很多，将士死伤惨重，连郑成功的六位妃嫔、三个儿子都落水身亡，可见场景之惨烈。

仗还没打先受到如此损失，谁也扛不住，郑成功不得不先返回后方进行补充休整。

一直花了十个多月，郑成功才再次完成战争准备。1659年（顺治十六年，永历十三年）四月，他再次亲统大军北上，规模比上次还大，舰船达到了三千多艘，兵力超过十万人。

郑成功以往作战，出动兵力至多不过两三万人，这次他是把全部家底都押上了，为此他下令将士携眷随行。

通常来说，这是行军大忌，再精锐的部队一旦有家眷随行，战斗力也要大打折扣。

郑成功不会不明白这点，他下这个命令有两个原因。

一是己方主力全出，后方极度空虚，把家眷留在后方，万一遭到清军突袭，后果极其严重，前线将士也难以放心。

二是对此行把握极大，携带家眷的背后含义，是北伐成功后直接就地安置，以免分离奔波之苦。

看来，郑成功是决心破釜沉舟，不达目的誓不罢休了。

郑军两次出击间隔了十个月之久，清朝不可能不知道他的动向，顺治皇帝难道不做点什么来防备吗？

当然也是有的，郑军第一次北伐时，顺治皇帝就下旨集中浙江守军到沿海地区，另外又从内地抽调兵马增援沿海。但此时清军主力在云贵激战正酣，除了必须留守京畿一带的兵力外，能调的兵几乎都调到了东南一线。

即使这样，兵力还是非常薄弱，如在重镇南京只有驻防八旗两千人加四千绿营兵。顺治皇帝这样做，一方面是兵力实在捉襟见肘；另一方面，也与他对郑成功的传统印象有关。

郑氏拥有最强大的水军，这毋庸置疑，就算集结起清朝拥有的全部水师，也是肉包子打狗——有去无回。凭这时清军的水师力量，想在水上击败郑成功完全没有可能。

但陆上就不一样了，郑成功的军队向来是水上无敌，陆上弱鸡。郑成功之前上岸与清军交手也不是一次两次了，要说战绩，只能说乏善可陈。

1647 年七月，郑成功联合郑彩攻打海澄，失败；

1647 年八月，郑成功联合郑鸿逵围攻泉州，失败；

1648 年五月，再次围攻泉州，失败；

1649 年十月，进攻诏安，不克；

1650 年六月，围困潮州三月，不克；

1652 年九月，与固山额真金砺在漳州交战，大败。

虽然也不乏胜绩，但总体来说即使取胜，郑成功也难以固守住城池。因此顺治皇帝对郑军的陆战能力，是颇为嗤之以鼻的。在他看来，只要防守好沿海，清军即使遇到挫折，郑成功也只能进行“流寇”式的骚扰，占了城也守不住，有这点机动兵力，已经大差不差了。

所以，担心个啥呢，等西南平定后，再调回大军围剿郑成功也不迟。

顺治皇帝不知道，郑成功为这次北伐筹备了很久，为此他联络了江南反清力量，获得了大量情报，目标直指南京。

四月二十八日，大军抵达定海，两天便被攻克，清军水师一百多艘战船被毁，守军被全歼。

五月初，郑成功在定海三路分兵，以中提督甘辉为前锋，自统中军，总兵陈文达殿后，点起全部人马，浩浩荡荡地杀奔长江口。

沿路清军水师聊胜于无，根本无法抵挡三千多艘战舰的大军。

六月一日，郑军过江阴而不攻。

六月十六日击破清军瓜洲防线，击溃满汉守军数千后攻克瓜洲。

六月二十日发动镇江作战，郑军登陆与清军近战肉搏。随后，郑军夜袭银山，击穿提督管效忠银山大营，次日又击败江宁巡抚蒋国柱派来的援兵，清军已无可抵抗兵力，镇江守将高谦、知府戴可进献城投降。

一套操作猛如虎，两个多月势如破竹，郑成功已从海上杀到离南京不足百里的镇江，并且一反常态，主动弃船登陆与清军陆战，攻取城池后都留镇将驻守。

眼睛一眨老母鸡变鸭，顺治皇帝有点慌，这不是他熟悉的郑成功。

这样发展下去，南京很快不保，这里是清朝南北漕运最紧要的地方，更是全国财政的主要来源之地，一旦有失，就等于钱袋子破了个大洞。如果没钱支撑战争，崇祯皇帝的遭遇又会重演。

顺治紧急派出达素为安南将军，调拨给他京师八旗的精锐——没办法，这时候南京才是当务之急——南下增援。但兵力还是不够，又任命江西提督杨捷为随征江南左路总兵官、宁夏总兵刘芳名为随征江南右路总兵官，各率手下人马由江西、宁夏赶赴江宁。

但是，远水解不了近渴，这些兵马距南京路途遥远，最快的也要一个月才能抵达。

终于看见了南京

在这段时间，郑成功的动作更大了。

镇江大捷震动了长江两岸，从1659年六月二十五日到七月五日，明军兵锋所至，无不望而归附，共计收复四府、三州、二十二县城。

甚至，六月二十八日，张煌言已经带着一支小规模舰队进抵到南京城观音门炫耀兵威。

清朝援军还在疯狂赶路，此时南京守军的兵力有多少呢？

驻防八旗喀喀木有两千八旗兵，提督管效忠有四千绿营兵，江南总督郎廷佐有督标五千人。此外还有先前在瓜洲和镇江吃了败仗退回南京的残兵，有四千人左右。也就是说，全部加起来，南京城内守军最多在一万五千人左右。

清军在江南并不是只有这点兵，它还有一支一万多人的主力，由苏松提督马逢知统率。但这支兵不会来增援，因为马逢知已与郑成功暗通款曲，此时他按兵不动保持观望。如果郑成功能攻克南京，马逢知就会倒戈投降。

而此时郑成功吸收了江南的义军和投降的绿营兵，兵力已经又得到了补充。

从出兵到现在，郑成功一路顺风局，就差临门一脚，攻克南京了。南京一取，江南可定，清朝将被南北隔断，天下抗清局面将为之一变。

让南明君臣朝思暮想的南都，近在眼前了。

郑成功此前挥师水陆并进，从策划、准备到发兵、进兵，都表现出当世名将的水准，似乎大有明太祖发动北伐时的气魄。

但是，以镇江大捷为分水岭，他的表现却如同过山车一般。

六月二十四日，郑军占领镇江。二十五日，郑成功登城大阅三军，在镇江驻军三天休整的同时，派兵收取附近州县。

这些都没什么问题。

六月二十八日，郑成功召开军事会议，要谈正事了，正事当然是攻取南京。问题是怎么去。

镇江离南京只有百里，今天开车一个半小时就到。在 1659 年，如果走陆路，就算慢一点，两天时间无论如何也能到达。此前瓜洲、镇江的清军败兵也是在一两天内相继逃回南京的。

走陆路显然是最快的，大多数将领也持此意见。但也有不同的声音，一些将领认为，天气太热，陆地难走，不如走水路，正是己方所长，又轻松愉快，将士正好养精蓄锐。

听上去，后一个方案也很合理。

事实是有很大问题的。

郑成功此时有北伐之志，并为此专门训练了精锐的陆军“铁人军”，全身覆以鱼鳞一般的重甲，佩盾牌，戴假面，手执盾牌、大刀、长矛以为近战之用，负大弓以为远战之用。

“铁人军”被后世捧得很厉害，事实是在已经冷热兵器混用的时代，重甲已被淘汰，它其实是逆潮流而行。不过，由于清军缺乏准备，且江南清军的火绳枪装备率并不高。“铁人军”投放到战场还是取得了不小的战果，是攻打瓜洲、镇江的主力。

以“铁人军”为主力的郑军陆军精锐，打得就是清军一个措手不及，一旦敌人反应过来，集中火枪、火炮围攻，身披重铠、行动缓慢的“铁人军”威力就会大打折扣。

显而易见，兵贵神速，抓紧时机火速进军南京，不给清军援兵到达的时间才是上策。

并且，走水路还不算中策，它其实是个下策。

郑军舰队以海船为主，体型巨大，这种船在海中能抗大风浪，到了江里就有点腾挪不开。并且，这时季节又是逆风，又是逆长江而上。

郑成功还是选择了走水路。

就这样，郑军舰队顶着逆风，慢吞吞地逆流而上，甚至需要岸上纤夫帮忙挽纤而行，比没油的汽车好不了多少。

七月初九，郑军主力终于抵达了南京仪凤门下，花去了十天时间，相比走陆路，至少多出了八天。

进抵南京后，郑成功的操作更是让人看不懂。简单点说，从兵抵南京到最后撤离的将近半个月时间里，郑成功没有发动过一次进攻。

这些时间里，根据记录，他做了以下这些事：

七月十一日，“绕观钟山，采踏地势”。

七月十二日，部署众将扎下营垒。

然后，没了。

为什么没动静了，因为他想劝降南京守军，不战而取南京。

进兵以来，进展之顺利让他有些飘飘然，加上截获的清军紧急求援疏，城内郎廷佐、管效忠对劝降信的回复，都透露出一个信息：南京守不住了。

实际上，这是清军的缓兵之计，郑成功勒兵不攻，正是补充援军的好机会。

在此期间，南京守军得到了增援，西南归来沿长江返京的噶褚哈部千名左右八旗兵、游击徐登第领马步兵三百名、参将张国俊领马步兵一千名、守备王大成领马步兵一百五十名、杭州协领牙他里等领兵五百名相继抵达。

最重要的一支援兵来自崇明，是苏淞水师总兵梁化凤率领的四千多人，他们在六月二十八日从崇明出发，一路上轻松地通过郑军已经占领的区域，在七月十五日从丹阳进入南京城。

当然，更多的清朝援兵还在路上。

有了兵就有了底气，守城的清军有了反击的念头，他们为此制订了周密的计划。相比清军，此时郑军歇兵过久，防守松懈，一些部队甚至开始以捕鱼捉虾为乐。这正是守军可以利用的机会，胜负的天平开始逆转。

策划已定，七月二十二日深夜，城内清军打开仪凤门和钟阜门，梁化凤率领骑兵，管效忠率领步兵，同时从城内杀出。

郑军屯驻在两门外的前锋镇和中冲镇毫无准备，大部分士兵在睡梦中，衣甲兵器都来不及披挂。结果自然可想而知，两镇都被击溃，前锋镇主将余新被生擒。

轻易击溃郑成功前锋，城内清军有了底气，干脆选择了在城外扎营。这个举动并不是狂妄，而是有着更深的意义。

有了第一场胜利垫底，清军确实更加自信了，他们作出部署，第二天再次全力出击，以昂邦章京喀喀木，梅勒章京噶褚哈、玛尔赛，总兵梁化凤等率领主力由陆路出战；提督管效忠等领军由水路配合。

事到如今，郑成功终于被打醒，他连夜调整部署，以观音山为核心布阵，准备与清军决战。

二十四日一早，决战如期展开。但是，局势很快形成一边倒，“国姓爷”期待的歼灭清军主力于城外没有达成，崩溃的反而是自己的军队。

清军以梁化凤为主力，直攻镇守在山上的郑军左先锋镇杨祖。杨祖统率着四镇兵马，郑军一镇在两千人左右，也即是他手下共有八千多人。

虽然有八千多人，但清军集中优势兵力来攻，人数比郑军更多，四镇人马直接被击溃，速度快到郑成功发现情况不妙时，再调兵增援已经为时太晚。山顶守军前冲镇蓝衍阵亡，杨祖、杨正、姚国泰领残兵逃窜，山头遂被清军占领。

制高点被占领，清军乘着山势杀下上来，包围了山谷里的中提督甘辉、五军张英部。甘辉和张英是郑军中有名的悍将，他们的表现要强上许多，率部死战不退。最终寡不敌众，甘辉被擒，张英阵亡。山谷中的郑军也宣告全军覆没。

郑成功出兵共有二十六镇兵马，此前在镇江、瓜洲等地留守有四镇，又有二镇负责看护家眷船只，还派出张煌言带着罗蕴章、袁起震和水师前镇阮美下芜湖招抚，南京城下实际的兵力在总兵力的三分之二左右，如今短时间内就丧失了六镇兵马，军心已乱。

很快，坏消息再次传来，山下两镇：左虎卫镇陈魁、左武卫镇林胜也全军覆没，这时陆军已全面崩溃，局势已不可扭转。

剩下的事已无须细说，郑军兵败如山倒，混战中后提督万礼又被俘。

清军管效忠乘机从江面率水师进攻，又焚毁了郑军不少船只。

但是，管效忠的战绩也仅限于此，毕竟要说水战，即使郑军陆军崩溃，水师依旧无敌。水师掩护了不少陆军撤到船上，总算保存了一些实力，这些人将在不久后的厦门海大战中再次证明自己。

败局已定，郑成功能做的只有收集残兵，退回金门、厦门。声势浩大的北伐就此功败垂成，反而在南京城下损兵折将，元气大伤，郑成功从此再也无力发动如此大规模的战役。

南京之战，留给后世最大的疑点是，之前刚刚取得辉煌大胜的郑军，为何在城内清军出击后就变得如此不堪一击？

这个问题要分两方面来看。

一方面是郑成功的兵力。

在多种史料中，都记载郑成功北伐的兵力超过十万人，最多的有说十五万人。

除去家眷、伙夫等非战斗人员不提，郑成功的兵力可以从番号中计算出来。这次北伐总共出动有二十六镇番号，各镇兵力并不完全相同，少的一千人，多的三千人，平均一镇在两千人左右。

这样计算，再加上张煌言所部的一万多人，郑成功的陆军兵力应该是在七万人左右，剩下的是水军部队没有登陆，这依然是一支很庞大的陆军。

但是，郑军在南京城下并没有七万人。前文说过，已经分出七镇兵马留守，张煌言也被派出去了。这样，南京城下的郑军陆军就只剩下了四万多人，其余是水军。

即使如此，清军出城野战的也只有一万五千多人，以四万多人对一万五千多人，遭到如此惨败实在是说不过去。

这要看另一个方面，郑成功的布阵。

郑军七月十日在仪凤门附近登陆，在狮子山脚下扎营，这个部署并没有问题。仪凤门距离长江最近，附近又有南京北面的制高点狮子山。只要攻下仪凤门，占领狮子山，南京便一览无余，城内动向尽收眼底。

如此，也可以解释郑成功为什么迟迟不攻城，而选择相信管效忠会投降。如果到达后立即强攻，郑军确实很可能攻下南京，但城内守军也不少，强攻之下必定伤亡惨重，即使拿下南京，也无力继续扩大战果。管效忠的投降信恰逢其时，正好击中郑成功患得患失的心理：既然能兵不血刃地拿下南京，不妨多等几天。

但是之后，郑成功出现了昏着，他把集中在仪凤门附近的军队分散了，分布到了南京城北面和西面的广大范围。南京城很大，四万多人散布在南京城北和城西的两面，完全不足以包围南京。

这个布阵，既不能集中自己优势的兵力，还到处都是筛子，清军援兵能源源不断地轻松进入南京。

从南京城西的江东门到郑成功的驻地幕府山大概有十公里，号令传递的时间加上军队行军的时间，所以城西的军队在城北军队遭到攻击时，显然是难以及时提供支援的。

这时候，驻守在仪凤门附近的正是前锋镇和中冲镇，一旦这两镇被击溃，郑军相当于被切成了两段，北、西无法互相支援。

清军的方案很完美，攻击仪凤门，就把郑军切断，令其彼此不能呼应。所以，清军夜袭前锋镇后，干脆就地扎营，防止郑军移营合为一处。

仪凤门之战后，郑成功意识到了这个大问题，连夜移营，试图在幕府山一观音山一线重新列阵。清军不等郑军调整完毕，第二天就发起进攻。从战后损失来看，江东门附近的五镇兵马损失最小，显然没有直接参与到决战中。主战场上，相当于是清军的一万五千人对阵郑军的二万六千多人。

郑成功在观音山的列阵也有问题，他把最能打的甘辉、张英等人放在了山里，山下大路的兵力却并不怎么雄厚。

山上的兵力不算少，有七八千人，但战斗力在各镇中属于不强的，并且散布在山腰到山头，又给了清军各个击破的机会。

观音山是个决定战略主动权的地方，守住此山，北面的郑军还能互相呼应；观音山失守，郑军会被进一步割裂，只能遭到处处被围歼的命运。

这场战役的胜负手在于仪凤门和观音山，在这两个要点清军都实现了战略意图。清军先是冲出仪凤门截断北、西郑军，然后集中兵力攻下观音山，随后将各镇各个击破，显然要技高一筹。

南京之役，郑成功陆军最惨重的损失就是在北面，那是他亲自统率的主力。西面的郑军距离遥远，想救也鞭长莫及，反而损失较小，基本保留了建制。

总结一下，南京之战郑成功犯了三个错误：一是走水路浪费了时间；二是受了诈降的欺骗；三是军队列阵出现严重失误。只要少犯一个错误，大事犹有可为。

还有个问题，郑成功此前拥兵自重，与其他部分明军多有摩擦，又多次拒绝与李定国合作，这次怎么会突然转变态度，不惜押上全部身家打一场决战呢？

南京战役从侧面其实反映了一个事实，经过多年发育，郑成功手下的兵力其实相当雄厚，仅从人数来讲，并不输于大西军。

这又说明一个问题，郑成功此前确实是有私心的。如果在新会能配合李定国，不用全军出动，他只要派出部分得力水师和李定国水陆夹攻，新会几乎必下，那时广东战局就不一样了。

郑成功有私心，为何长江之役又舍得下这么大的血本，其实还是出于私心。

注意他首次出兵的时间，并不是在清军发起西南攻势的1648年二月，而是在八月。八月，三路清军已长驱直入在贵州会师，多尼率领增援的京师八旗也即将进入贵州，清朝的兵力已严重地向西南倾斜。

这当然是个用兵的好机会，可要是出兵真的是为了缓解云南的压力，不是越早越好吗？等到清军在贵州会师，昆明已经难保，永历帝不得不跑路了，这时候出兵对朝廷除了壮壮声势，还有什么实际意义呢。

意义当然是有的，但不在于朝廷，而在于郑成功自身。

1659年四月，他第二次出兵，这时远征云南的清军还没调回，江南腹地依旧是空虚的。

这时李定国刚打完磨盘山战役不久，永历帝朱由榔却已自作主张撤入缅甸寻求庇护。山高路远，这时东南和西南的沟通已被阻断，郑成功估计根本不知道这些消息。这对他都是次要的，关键是清军主力未返。

有人牵制着清军主力，这才是进军的最好机会。如果要配合别人作战，他决计不肯，但单独作战不同，得到的所有战利品都是自己的。相比局促于沿海一隅，富庶的江南的吸引力是巨大的。

这就是对郑成功的意义，他出兵的角度不是着眼于全局，而是以我为主。到手的才是自己的，否则白白出兵成全了李定国的名声，自己还要束手束脚地受人管辖，这种亏本买卖他是不肯做的。

郑成功还是没有摆脱商人的头脑，这或许是郑家的遗传，以后他儿子郑经同样如此。

在“三藩”起兵，康熙皇帝正在焦头烂额之际，郑经航海来攻加入战团，但打的不是清军，而是耿精忠，大捞好处，“三藩”优势局面就此被破坏。

不管怎么说，郑成功这次北伐确实是打着明朝旗号军队最好的机会了，他也为此做了长时间的准备。

可惜在南京城下，郑成功的一丝傲慢，以及潜意识里仍然有保存实力的想法，让他付出功亏一篑、全盘皆输的代价。

最有希望的一次抗清北伐，就这样失败了。

大战厦门海

民间流传着一种说法，顺治皇帝既不是死于1661年，也没有去五台山当和尚，而是早在一年前的1660年就已身亡，原因是在这一年的一场战役中被击毙。

传说有板有眼，甚至直到现在还有人拿出祖上传下的秘本典籍记载以做证明，并且被纸媒所引用报道。

然而，这毕竟是野史，顺治皇帝的死因在史界早有公论。帝王的生死在民间被反复炒作也是常事，更为民众八卦所喜闻乐见。

顺治皇帝之死是假，当年那场战役却是真的，那就是郑成功与清军在1660年的厦门大战，也叫第二次厦门保卫战，或是厦门海大捷。

顺治十六年（1659年）郑成功发动的长江之役，起初势如破竹，天下震动，却在南京城下兵败垂成，大败收场，只得退回厦门。

第二年（1660年），清军主力已陆续北返，顺治皇帝的手头活络了。他并不打算放过郑成功，决心乘郑军新败，毕其功于一役，将其彻底消灭。

这年正月，顺治皇帝派出镶黄旗宿将达素，授他为安南将军，与固山额真索浑、巴牙喇纛章京赖塔一起统兵进入福建。又调集华北八旗劲兵南下，同时征调沿海各省水师，都归达素统一指挥。

这时除了李定国、白文选还在边境上活跃，其余地方都已被清朝控制，连原来弱势的水师也能征调到不少船只。

达素坐镇泉州调度，清军搜集近千只海船，云集闽东，聚集满汉水陆大军号称二十万，誓要一举攻克郑成功的根据地厦门。

郑成功在几个月前刚刚在南京吃到一场人生中最大的败仗，大将甘辉、万礼、林胜、陈魁、张英都战死，兵将折损无数，原本的十几万大军，这时兵力只剩下了堪堪近半，面对来势汹汹的清军，情势可想而知。

达素欲效仿宋末元将张弘范，毕其功于一役，尽数围歼郑军于厦门，复制崖山之战的成功。

一场事关生死存亡的大决战，就此拉开帷幕。

达素调兵遣将，派李率泰、黄梧由海澄方向进军，自己与施琅由同安出击，以两路人马夹攻厦门。

黄梧、施琅原先都是郑成功部下，精通海战兼熟悉地形。八旗兵不善海战，达素以他们领兵，正是要以绿营战舰为前锋，突破郑军防线，掩护满载八旗陆军的舰只抢滩登陆。

达素的方案想得很完美，要论陆战，八旗军可称雄当世，郑军多年积攒下的陆军家底在南京一役几近全军覆没，只剩下些残兵。一旦被清军登陆，再想守住厦门难于登天。

达素想当张弘范，郑成功却不是张世杰。郑氏以水师起家，更兼经营厦门数十年，强弱长短郑成功比达素更清楚。要想击败清军，唯一的办法是在海上将其拦截不让其登陆，否则神仙也难以回天。

达素确实没看错人，黄梧的海战能力不是吹的。他这一路是主力，一共有四百多艘战船，包括一百余艘带撞角的巨舰。黄梧生在海边，对大海非常熟悉，他选择了一个最有利的进攻时机——洋流退潮之时。

有潮汐助力，清军舰队借助洋流之力乘风破浪而来。而郑军却居于逆流的不利地位，要顶着大自然的力量逆流出击难以做到，即使原地不动，战舰也可能被潮汐裹挟而漂流到不可预知的地方。

对于这个时间点，郑成功实在无可奈何，因自己是守方，黄梧是攻方，何时何地进攻完全取决于黄梧，自己只能随机应变。

逆境之下，为了保持舰队队形，郑成功只得以静制动，完全舍弃机动能力，下令让战舰下锚停于海中，排成长蛇阵防御。

如此一来，虽然保持了防线，但是战舰彼此间却难以做到互相呼应，清军战舰可以以多击少，一艘艘地击破郑军舰只。

这时候，整体战术已经没有了多大的作用，一艘战舰就是一个堡垒，考验的是守军单舰指挥官的指挥能力和官兵的战斗素养。

八旗军并不通水战，对他们来说，唯有跳帮作战、近战接敌才是己方所长。清军舰只乘着潮汐，顶着炮火，迅速地靠拢郑军战舰，一旦两船接近，强悍的八旗兵丁立即接舷跳帮，登舰步战。

以己之长攻敌之短果然奏效。激战中，郑军闽安侯周瑞、大将陈尧策、参将林登等都告阵亡，郑军数艘舰只被夺取，更多的战舰是燃起熊熊大火。

但别以为清军打得很轻松，对郑军来说，此时厦门就是最后的根据地，他们大多几代人都在岛上生活，厦门失守意味着什么，大家心里都很清楚。为自己、为家人、为主帅、为国家，哪个方面都不容他们退却。

即使遭受围攻，伤亡惨烈，郑军也是死战不退，前面的战舰或被夺或被毁，还有第二排预备队顶住缺口，不放清军一艘战舰突破防线。

清军同样伤亡惨重，护署参领纳海中炮而死，护军参领多穆星阿中箭身亡，护军校穆雅纳，一等护卫鄂迈，护军校尚机图、希岱、阿里禅、海通阿，骁骑校哈尼、安塔锡等，不是被阵斩，就是坠海而亡。

眼见不能一鼓作气地突破反而伤亡惨重，清军不由胆寒，一时攻势放缓，伺机重新集结发起下一波进攻。

对郑成功而言，郑氏家族世代在海上经营，即使清军有黄梧、施琅这样的大将助阵，海战他也并不惧怕任何人。郑成功并不怕清军水师，给他造成困扰的是潮汐，顶住这一波进攻，潮汐开始平静了下来。

郑军等的就是这一刻，眼见逐渐风平浪静，郑成功下令收锚解缆，转守为攻。

郑军早就憋了一股气，大海中弄潮正是其所擅长。水手们以高超的驾船技术，追波而来，以火炮轰击清舰，却又不给清军靠近的机会，在大海中放起了风筝。

清军战舰上空有士兵，却无处发力，对轰吧，炮打得没有人家准；追击吧，根本也追不上。眼看一艘艘战舰被炮击起火，满舰不习水性的八旗兵跳海逃生，却又无异于自寻死路。

达素与黄梧不得不颓然承认，南路攻势宣告彻底失败。

在北路，战况又稍有不同。

相比黄梧，施琅的经验更为老到，他明白要和郑成功力拼水军，多半难以取胜。施琅干脆出奇招，利用黄梧牵制郑军大半主力，自己又对地形相当熟悉的有利条件，乘着潮汐扯满风帆，率南路军远远地绕开了郑军重点布防的优势防线，找到了一处守军较少的赤山坪抢滩登陆。

郑军舰队远远地探到了施琅的动向，奈何风向和潮水不对，虽然尾追而来，但却被施琅越甩越远。

施琅要打的就是这个时间差，假使他在郑军追兵到来之前就让陆军登岛成功，郑成功势必后院起火，前线将士的军心也将被扰乱。

时间紧迫，战舰还未靠近，八旗军就迫不及待地跳进齐腰深的海水向滩头冲杀而来。

赤山坪的守军较少，即使全力发炮、放箭，也难以抵挡清军以优势兵力压制冲上滩头。

千钧一发之际，又是大自然帮了忙。赤山坪沿岸滩淖土质松软，泥沙混合，大不利于涉水泅渡。清军敢死队身披重甲，又增加了不少分量，一脚踏入，沙土直没小腿，要往前一步都很费力，速度还比不上正常行走。八旗兵深一脚浅一脚，走得歪歪扭扭，场面一度十分滑稽。

这正好给了岸上守军逐个瞄准打固定靶的机会，枪炮齐下，清军倒下一大片。冒死突击的清军好不容易冲上滩头，已减员三四成，偏偏这时郑军的船队又赶到了。

这下热闹了，守军和战舰两面夹击，剩下的清军也成了活靶。几轮齐射下来，岸上已没有站着的清军。

施琅这一路本来就船少兵少，更不敢与郑军舰队交战，只得撤退而去。登岸的两千多八旗兵，在炮火之下损失了十之七八，剩下的三百多八旗兵被生俘，南路攻势也宣告失败。

除了海战，达素还派出兵力进攻陆路的盖峙山，也被击退，领军的佟济等将佐阵亡。这反被郑成功抓住机会，派兵围困罗源，并沿路设下埋伏围点打援，清军援兵中伏，领兵将校战死。

水陆两路，顺治皇帝集结起的大军没能达成一点战略目标，反而精锐尽丧。

郑成功在南京遭遇大败后，苦悬孤岛，控制的土地和兵力都已缩水到历史低点，形势本已危如累卵。偏偏在绝境中，郑军将士恢复了长江战役之初的勇猛果敢，拒绝重蹈崖山覆辙，把握了自己的命运。

此战八旗将校阵亡人数惊人，仅在史料中记录下有名有姓的就达到六十余名，甚至远远超过晋王李定国衡阳大捷斩获的数量（衡阳之战八旗损失将佐二十五名）。虽然所获战果在品级上不如李定国，但是实际的杀伤确实要超过不少，开头所提到的顺治皇帝阵亡于此役的传说大概就是来自于此。由于厦门一战八旗主力是两白旗旗兵，伤亡也最重，战后京城两白旗几乎家家戴孝。

战后，顺治皇帝震怒，处罚了一大批败将，达素被降职；损失最重的镶白旗，本旗统领索浑被解职，并削去一切世袭爵位。

此战对清军水师造成毁灭性打击，顺治皇帝调集的沿海各省水师几乎全军覆没，乃至此后不得不采取“海禁”政策，并把沿海各省居民内迁五十里，坚壁清野，以防郑军再次登陆。

郑成功也凭借这一战得以站稳脚跟，声势复振。

第十一章
天下归清

入缅还是不入缅？

李定国为了阻击吴三桂，自己率兵在磨盘山设伏。为保险起见，永历帝朱由榔带着朝廷官员不作停留，继续后撤。

1659年正月二十六日，朱由榔一行到达了布岭，这里离明缅边境只有十几里路了。

李定国安排朱由榔先走，可并没有安排他进入缅甸，此时他正在磨盘山布置伏兵。除了李定国、白文选等人，此前云南各地被打散的明军也逐渐向李定国靠拢，广国公贺九义，总兵李承爵，都督邹自贵、马得鸣，淮国公马宝等，兵力加起来有数万人。

理想的做法，显然是停留在边境附近，静待李定国的消息。只要等上二十多天，清朝追兵就会被击退，其他各路明军也会向永历帝集结。

然而，李定国不在，拿主意的又轮到了马吉翔。

为啥又是马吉翔，这位马吉翔到底是何方神圣？

有史料里把他和马士英、阮大铖、刘承胤共入“奸佞传”；又有人说：“永明之有吉翔，犹福王之有士英矣。”

这是小看马吉翔了，他起到的作用比其他几人更大。

刘承胤劫持永历帝，只是风光了一阵子，对政局影响不大；马士英对时势的影响要更大一些，但要把弘光朝的屎盆子全扣在他一个人身上，那就是甩锅，这些在之前有过分析。

马吉翔没啥才干，文化课不行，体育课也不行，要文没文，要武没武，照理说这种人应该是混不上去的。但马吉翔有自己的大招：口才好。

可别小看口才，从春秋战国起，雄辩之士辈出，张仪、苏秦、屈原、公孙衍、烛之武、邹忌等人你方唱罢我登场。孔子的弟子子贡也是以口才出名。

要光论口才，马吉翔或许不输给他们。区别是，以上人物是把口才运用到自己的政治理想上，马吉翔没啥政治理想，他是把口才用到自己安身立命、加官晋爵上。

早在崇祯年间，马吉翔先是攀附上太监高起潜，混到了都司的职位。弘光帝登基时，马吉翔远在广东，还没来得及赶到南京混个一官半职，朱由崧就玩完了。到隆武时期，马吉翔作为崇祯老臣，被授锦衣卫佥事，随后升安东副总兵官。永历帝继位，马吉翔升锦衣卫指挥使，也是锦衣卫最后一任指挥使。这个职务直接对皇帝负责，可以沟通内外，马吉翔更是如鱼得水。

刘承胤半请半劫地把永历帝移到武冈，马吉翔又依附了刘承胤。马屁拍得刘承胤乐开了花，向永历帝请求封马吉翔为伯爵，但没被批准。

刘承胤很快投降，马吉翔跟随永历帝逃到桂林。他知道自己站错了队，凭借一路小心伺候和一张巧嘴，竟然服侍得朱由榔忘记了他的路线错误，将他加封为永安侯，并进入内阁，执掌“票拟”，连当时的首席文官瞿式耜都得排在马吉翔后面。

马吉翔能做到这些，说明他确实有两手，是个人际交往的奇才。

但这位奇才，总是不走正道。要是一心帮着朱由榔，侯爵就侯爵吧，反正也不值钱了；贪点就贪点吧，人不为己天诛地灭嘛。

马吉翔没这么单纯，他是个政治骑墙派，哪里风大就往哪里倒。高起潜得势，他依附高起潜；刘承胤风光，他依附刘承胤；孙可望专权，他又投靠了孙可望，成了孙在朝中的眼线，“十八先生案”就是因为马吉翔的告密而事发。

孙可望降清后，李定国展开清算，马吉翔自然在名单里，他逮捕了马吉翔全家几十人，准备奏明永历帝明正典刑。生死攸关，马吉翔把自己的口才发挥到了极致，他日夜不停地谄媚李定国的亲信金维新和龚铭。

具体怎么讲的，没说。反正本来支持处死马吉翔的两个人转变了立场，竟在李定国面前大说好话，马吉翔是人才，是冤枉的，晋王您要是杀了他，那就是砍断了国家的栋梁。

听亲信这么一说，李定国也有点迷糊，别错杀了好人，于是亲自召见马吉翔。

文人是最难搞的，马吉翔能搞定文人金维新、龚铭，自然也能搞定武人李定国。他发动口才，对李定国一顿猛夸，岳飞、戚继光跟李定国比就是弟弟，说得李定国大喜。

金维新和龚铭不失时机地助攻：马吉翔是崇祯旧臣，又曾是内阁重臣，现在既然诚心归附，我们就在内阁安插了一个自己人，办事就方便多啦。

李定国“大悟”，转而推荐马吉翔入阁。马吉翔非但逃过杀身之祸，权力反而更大于孙可望时期。

这马吉翔，简直神了！

马吉翔干的坏事，那就比较多了，比如“十八先生案”。除了这些，更重要的是，他在撤出昆明之后干的两件事，直接影响了局势。

第一件已经说过了，就是劝说李定国改变主意，从入川改为入滇西。

第二件，就是劝说永历帝进入缅甸。

永历帝本来没下定决心要入缅，这时他身边还有两千多护军，在没有清军的情况下，这些士兵能提供足够的保护。

马吉翔想入缅，因为缅甸是明朝藩属国，他认为只有进入缅甸才能逃脱清军追击，才能保住身家性命。

马吉翔有这样的想法，暴露了自己没好好读书的缺点，他要是科举出身，就不会对明朝和缅甸的关系理解得如此肤浅。哪怕是发迹后，他用心恶补一下明朝历史，也能明白缅甸从来就不是乖宝宝。

实际上，缅甸这个国家在明朝中期之前还是没有的，它以国家面目出现，还是拜大明所赐。

缅甸与明朝

明英宗正统年间，大明发生了件闹心事儿——不是“土木堡之变”，那还在后头。

我说的是从正统四年（1439 年）起到正统十三年（1448 年）才宣告结束的三次远征麓川。

后世多认为一年多以后，正统十四年（1449 年）的“土木堡之变”对明朝影响巨大。事实上，与“三征麓川”相比，土木堡只是痛在一时，很快回血，而麓川之征却改变了东南亚的地缘格局，其造成的政治生态影响，直接延续到现在。

要明白麓川之战的影响，先得从地缘入手。麓川位于云南西部，在当时，它既是一个地名，也是一个地方强权的名称。

麓川这个政权，是傣族先民在云贵高原西南部、缅甸中北部建立的强权，从 14 世纪初开始，存续了三百多年。

它的得名来自元朝，属于元金齿宣慰司所辖六路之一——麓川路。

麓川刚起家的时候，地盘还不算太大，控制范围是在今天云南省德宏傣族景颇族自治州陇川县、瑞丽市一带。它的西边和南边，还有木邦、孟养等宣慰司，这些地方如今都在缅甸境内，大致是在北部的缅甸兴威和莫宁一带。

这些当地土司之间，历来以部族为聚落，互相争夺，时战时和。到了元朝中晚期，麓川逐渐坐大，吞并了不少邻近的土司。元末至正时期，麓川已经号称“盗据一方，侵夺路甸”，成为一个割据状态下的独立王国。

此时，麓川的疆域达到最盛，占据了景迈（清迈）、景线、景栋、勐泐、腊门、腊光的广阔领地。基本上当时整个澜沧江以西都在思氏的控制之下，疆域面积达到今天云南省的三分之一。

麓川的扩张，引起元朝警觉，曾几次发兵清剿，但都无功而返。

到了明初，麓川王思伦法虽然慑于明朝的兵威，但仍遣通好，接受了明朝的册封，担任“麓川平缅军民宣慰司使”。即使到云南平定后，麓川也仍处于事实上的割据地位。这时麓川控制的区域除了云南的一部分，还控制了今天缅甸东北方向不小的地方，在当时，这些地方都属于明朝。

明白了麓川的地理，还要明白麓川的政治生态。

思汉法是麓川王国的开国第一人。元末天下大乱，他乘机脱离了元朝“金齿宣抚司”的控制，在勐卯（今瑞丽）称王，建立起了麓川国。

思汉法武功极盛，开疆拓土不遗余力。在他的征服之下，连位于勐卯以西，统治印度东北部的阿洪王国（也是傣族建立）也向麓川臣服，称臣纳贡。

不断扩张的麓川王国引来了元朝的军事打击，两军数次交战。元朝已不复开国之勇，实力大不如前。麓川虽然打了几次胜仗，但是也无力支持长时间的战争。最终，思汉法遣使请和，元朝在当地设立“平缅宣慰司”，册封思汉法为世袭宣慰使。

思汉法又名思可法，元朝派兵打不赢他，拿他没办法，恨得牙痒痒。于是在他的名字上做文章，把思可法在诏书中写作“死可伐”，元朝的脑洞也算是颇大。

《元史》记载：至正六年六月丁巳，诏以云南贼死可伐盗据一方，侵夺路甸，命亦秃浑为云南行省平章政事讨之。秋七月丁亥，降诏招谕死可伐。

名义上麓川被纳入了元朝统治，实际上还是独立王国。

土司们历来是世袭，思汉法死后十年，1371 年，王位传到了他次子思伦法手里，这时候，已经到了明朝洪武四年。

从元末到明初的半个多世纪里，思汉法和他的子孙们一直在西南边境从事着割据和兼并的事业，可谓乐此不疲。

明白了麓川当地的政治生态，还要明白大明西南地区的政治生态。

洪武四年（1371 年），在北面，明朝拿下了辽阳，辽东其他地区正在元太尉纳哈出率领下与明军对峙。

西南方向，四川已被汤和、傅友德带兵平定。云南还在元朝梁王把匝剌瓦尔密控制之下。

思伦法接位十年后，云南被傅友德、沐英平定。思伦法慑于明军军威，请和交好。1384 年，明朝册封思伦法为“麓川平缅宣慰使司”世袭宣慰使，麓川成为明王朝的属国。

思伦法桀骜不驯，称臣只是他的权宜之计，私底下，他从未停止对周边部族的侵吞。阳奉阴违之下，思伦法于 1387 年与明朝发生摩擦，在摩沙勒寨被明军击败。

为了报仇，思伦法准备了一年。1388 年，他又集结大军，发动了定边之战。

结果，定边之战成为西平侯沐英军事生涯的经典战役。明军在以少打多的情况下，以灵活的战术和强大的火器，击破了拥有战象的麓川军队。

思伦法损失惨重，无力再战，只得求和。麓川统一各族的梦想遭到巨大打击，各地的部族纷纷脱离麓川控制，归附明朝。明朝采取“析麓川地”的策略，在原本麓川的属地上划出五土州府和五长官司进行控制。

原本强大的麓川王国只剩下了起家的勐卯、陇川等地，遭到降维打击，实力暂时由王国降为了土司级别。

一个强大的麓川王国，是明朝不希望看到的，大明将继续使用“羁縻”政策对其控制和打压。

麓川思氏贵族们，始终不忘复兴祖辈的荣光。思伦法去世三十多年后，经过两代人的养精蓄锐，麓川逐渐缓过劲来，又开始了新一轮的扩张。

祖上毕竟阔过，思家的影响力还在。从 1428 年到 1440 年，时任麓川王思任法不断往西南扩张，把原来分出去的许多州府再次纳入麾下，并多次击败出兵干涉的明军。

当地明朝军队不得力，调兵征伐麓川不断被提上议事日程。经过朝堂上一番争论，最终朝廷还是决定发动远征，遏制不断扩张的思任法。

1441 年，明朝正统六年，英宗派兵部尚书王骥提督军务，征发西南各省十五万大军，转饷半个大明，大举出兵。

明军兵分三路进攻，大军到处，麓川军无法抵挡，死伤十余万。麓川城被攻破，思任法在城破前携家属渡江逃到勐养，麓川被讨平。

王骥班师，因功晋封靖远伯，主将蒋贵封定西侯。这是一征麓川。

明军无法在西南长期派驻大军，战事平定后，即行班师。思任法得以卷土重来，“图恢复，据麓川，出兵侵挠”。

正统八年（1443 年），英宗再次命令定西侯蒋贵、靖远伯王骥率军五万征讨。这场战役，从正统八年持续到正统十年，思任法一度藏匿在缅甸宣慰司。最终在明朝军事威胁下，缅甸宣慰使卜剌浪马哈省献出思任法，王骥下令将其斩首，战事宣告结束。

这是二征麓川。但是，二征麓川留下了严重的后遗症，我们后面会说到。

思任法虽然被杀，但是他儿子思机法逃脱。明军撤走后，他继承先辈遗志，不屈不挠地继续进行反抗，“机发据孟养自恃，时服时挠，总兵官沐斌追击”，云南总兵官沐斌多次讨伐没有成功。无奈，朝廷再次请出了王骥。

这次出兵，明朝下决心要一劳永逸，集结了南京、云南、湖南、四川、贵州官军加土军十三万大军，几乎赶上了第一次的规模。

麓川的实力经过数次征讨，早已大不如前，思机法当然无法抵挡。正统十三年（1448 年），明军就攻破了思机法的大寨，思机法就此失踪，据称死于乱军之中。

王骥统军一直挺进到孟养，孟养宣慰司是明朝设立的宣慰司之一，辖地在现在的缅甸西北克钦邦境内。这是汉人军队第一次深入西南边陲这么远的地方，震动了当地各个部族。

王骥班师后，思机法的弟弟，思任法的小儿子思禄法又占据孟养作乱——这家人的生命力确实顽强。

明朝也已经有点打不动了，最后与思禄法达成协议，允许他居住孟养，但不许越过金沙江。

这是三征麓川。

三征麓川的军事行动，对国力耗费巨大，但就当时情况而言，远征麓川又是必需的。

几十年来，明朝多次对麓川贵族们的不轨行动提出警告，嘴皮子都快磨烂了，然而无济于事。

早在思任法时期，当时明朝还是宣宗在位，因为正在向交趾用兵，对思任法的扩张只是好言劝慰。

正统元年（1436年），英宗为了安抚思任法，又将他历年所欠税赋一笔勾销。直到正统二年（1437年），思任法动作越来越大时，英宗还是下令云南总兵官沐晟“相机抚捕”，宁可受点委屈，不敢轻言用兵。

姑息容忍换不来和平，思任法的胃口越来越大，如果不加以打击，任其坐大，西南众宣慰司实力都不是他的对手，如果等他发育为巨兽，将更加难以克制。

西南这块地方，土司势力错综复杂，从来也不太平。设想一下，倘若北方蒙古再次大举入侵，麓川又在西南入寇，明朝反而得不偿失。

说得再直接一些，如果“土木堡之变”之后，思任法趁西北吃紧，出兵攻明，明朝是否还有能力顺利地讨平他；如果无法取胜，是承认他既成的独立地位还是坚持用兵？

除了眼前利益，还要考虑长期影响。

宣宗时期，弃置了交趾也就是今天的越南。交趾的情况，同麓川很相似，也是时叛时附，内部互相攻伐不断。

明朝对交趾的政策，从成祖时期的大兵征讨，到仁宗时期的招抚为主。宣宗继位后，先是主张剿抚并用，逐渐对反复用兵感到厌烦，最终允许了安南自治，仅作为藩属国。

“弃置交趾”的影响较为消极，动摇了明朝在西南的声望。从长远来看，中国更是永远地失去了中南半岛这个出海口。

或许思任法也是看到了交趾抗争所起到的作用，才敢于不断大胆挑衅。

所以，麓川用兵，实属势在必行，否则看看安南就知道后果。

讲了这么多，和缅甸有什么关系？真是有直接关系。

缅甸的出现就是三征麓川的后果。

出征麓川在军事上虽不能说是错误，但在征伐过后的政治手段上，明朝却错误不断。

王骥第三次征讨以后，和思禄法约定，以金沙江为界，海枯石烂，不得越界，相当于把他们一脚踢到了金沙江对面，弃置不理。

西南边境地区缺少了实力强劲的思氏，麓川故土被众土司瓜分，明朝又缺乏对木邦和孟密（都位于今缅甸北部）两家土司的控制，他们得以野蛮生长，“减一麓川而生二麓川”。数十年过去，明朝已经无力再发动远征，于是又玩起了“以夷制夷”。

弘治七年（1494 年），朝廷派人前往孟养，征调曾经被抛弃的思禄法土司军。得到明朝允许，孟养兵过江与孟密争夺利益并占据了上风，抢走了孟密太平江北岸的十三处村寨。

弘治十六年（1503 年），明朝发觉思禄法又有尾大不掉的倾向，要求他再次退回孟养。思禄法请求恢复被剥夺的土司职衔，也被拒绝。

思氏请求做明朝的官而被拒绝，从此以后再也不听明朝号令，占据孟养自立为王，不断发兵与木邦、孟密互相攻打。

众土司间不只有互相攻打，还有合作。思禄法死后，儿子思伦法继位，他想起了爷爷思任法被缅甸土司献给明军请功的仇恨，这就是二征麓川留下的后遗症。

此仇堪称世仇，思伦法以消灭缅甸宣慰司、为爷爷报仇为己任，联合木邦、孟密出兵攻缅，大开杀戒，生擒缅甸宣慰司莽纪岁，瓜分了缅甸宣慰司的土地。

缅甸人向明朝求援，皇帝却无力派兵，只是派官员调解。思伦法从来没做过明朝的官，更加不拿明朝当回事。可以看到，拒绝恢复思禄法的土司职务，也是个错误，连在形式上的制约都没有了。

始料未及的是，莽纪岁之子莽瑞体却得以逃脱，跑到南方慢慢地聚集力量，建立了缅甸历史上的东吁王朝，并北上征讨盘踞孟养的麓川思氏后裔及木邦、孟密等土司。

万历十一年（1583 年），东吁军的势力范围已经远及干崖、陇川（在今天的中缅边境附近）和泰国、老挝北部。

东吁王朝吞并了众多土司，在万历年间，实力越来越强大，开始不断深入明境骚扰。这时已经到了晚明，明朝国力下降，又有“三大征”接连发生，哪里还有力量再发动像正统年间那样的远征。

于是在万历二十二年（1594 年），云南巡抚陈用宾筑八关以抵御缅甸东吁军，本意是“断属夷挑衅之路，绝缅人私兵之端，树天地自然之险，省刍粟转运之劳，斯亦封疆之永利也”。

看得出来，陈用宾是一片好心。然而，腾越八关的设立，给之后中缅之间带来了不少麻烦，并一直延续到近代。

需要说明的是，古代的关隘，都是选择一些易守难攻的地区建设，但并不是关内的土地才是领土，其实关隘的目的是控制周边的一片地区。例如，嘉峪关以西还有方圆近二百万平方公里的土地，山海关以东有包括外兴安岭在内的将近三百万平方公里的土地。

腾越八关，指的是万仞、神护、巨石、铜壁、铁壁、虎踞、天马、汉龙这八关。它们分为上四关和下四关，每四关设置守备带兵防御。它们扼守住了交通要道，切断了西南边境出入的主要通路，控制的是八关内外的广大地区。

八关的位置，可以称得上险要。那明朝在这里派了多少兵力防守呢？根据明朝的《天启滇志》和《腾越八关九隘论》记载，每个关有营房二十五间，兵力二三十名。也就是说，八关的总兵力加起来是一百八十多人。腾越当地的军队当然也不止一百八十多人，八关是被作为前沿的关堡来使用的。

这里得说一下，兵力确实不多，虽然这时已经到了明朝末期，但二三十明军依托关堡的战斗力，或许也没想象的那么低。明崇祯十三年（1640年），辽东锦州蔡家楼台驻守着十七个明军，曾利用弓箭、枪炮抵抗八旗军四面围攻一天一夜之久才被攻克。

不管怎么说，人数也确实是少了点。更要命的是，这一百八十多人还不是每天上班，他们只在春天和冬天到岗，夏秋两季就放羊了——“春冬防守，夏秋散处腾地”，原因是地处深山密林，夏秋高温的瘴气让人无法忍受。

从地理上看，八关扼守要冲。但有个很现实的问题，山岭之中其实是四通八达的，有着无数小道，有的地方就算没有路，也是可以通行的，这些是八关所难以时刻控制的范围，加上守关士兵人数过少，就更加难以兼顾了。

所以，八关的战略设想很完美，现实却很无情，如果缅军要进入，它事实上难以有效阻止。

另外，陈用宾更深层次的目的是借助八关的防御，开展屯田兴兵，“用宾建筑关堡兴屯田以御缅”。也就是说，陈用宾提出的是一个立体防御的构想，没有战事士兵可以耕种，有警报则入堡防御，省去了长途运输粮食的麻烦，既自给自足又能给外敌震慑。

遗憾的是，屯田却进行得不咋样。

原因有两个，一是瘴气，“然迄今亦以瘴恶沌者不能耕”。二是山高皇帝远，号令不行，有狡猾者以公徇私，贪污不法。

不患贫而患不均，投机取巧者受不到惩罚，有心耕种者也难以继续，所以屯田成了徒有虚名。

八关没能起到设想中的效果，朝中大臣也多有批评。

看上去，设置八关是错了。

没想到的是，虽然八关本身难言成功，但是东吁军向内继续深入的势头却停止了。

那么，是八关的震慑作用见效了吗？也不是，是因为东吁王朝内乱了。

从腾越八关在万历二十一年（1593 年）开始修建起，缅甸东吁王朝就因进攻暹罗失败而陷入内乱。国王莽应里被杀，暹罗军乘势反推到了缅甸国内，东吁王朝内外交困，疲于应付，暂时无力袭扰边境。

八关建起来了，它在一定程度上阻止了关内土司和民众越关而过。但也形成个新问题，让关内外的土司和民族产生了“内”和“外”的区分。

对于这些土司来说，原来是彼此一体，大家都是同一个部族，许多都是亲戚，世代联姻。但是，八关一建，不少相同的部族就被隔成了两个部分，产生了内外之别。明朝为了区分，也用内外来称呼关内关外的部族，产生了“内夷”和“外夷”的称呼。

这样来区分，长此以往，大家就忘了原来都是一家人，关内外的土司和民众们也有了这样的感觉：八关以内是明朝的地方，八关以外则已经不属于明朝。

外夷望见（八关），皆曰：“此天朝地也。”而内夷倚以为重焉。

明朝对于出入八关也进行了严格规定，对于擅自穿越的“越度”这种行为，视为私闯边境一样的罪行。如果没有许可擅自通行，被捉到者要处以绞刑；守关者如果把守不力也要问罪。

除了明朝属地的民众，缅甸也这么看。八关的建筑被称为“屋瓦”，当地的建筑称为“茅房”，他们说：“屋瓦者汉人；茅房，我故地也。”

这是把八关以外的土地都视为缅甸的领地了。

事实上，缅甸也是这么做的。从万历中期到崇祯末期，明朝国力一天不如一天，自顾尚且不暇，既没有精力也没有实力来管八关这摊子事。

明朝在西南边疆，原本有六个较大的宣慰司，分别是：孟养（缅甸克钦邦）、缅甸（缅甸曼德勒地区）、木邦（缅甸北掸邦）、八百大甸（泰国清万一带）、老挝（老挝琅勃拉邦一带）、车里（西双版纳）。

这么一发展，到天启七年（1627 年），八关外的三个宣慰司已经被东吁军攻破，“三宣无恙，三慰既尽”。到崇祯十七年（1644 年），八关以外已经没有明朝能控制的地方，“八关之外，复成异域”。八关之内，只剩下了一个车里宣慰司。

八关的设立，相当于从心理上设置了一道防线，又使当地民众开始有了内外之分。缅甸也名正言顺地乘着明朝力尽的时机，蚕食八关外的土地，这些副作用将在随后体现出来。

永历帝在缅甸

以上这段历史可以看到，从缅甸作为一个政权诞生起，它对大明始终是有着侵略性的，实力强盛时，就不断蚕食明朝西南边境。

缅甸与明朝接壤，沟通与交流确实比较频繁，但即使对大明称臣，也只是表面恭顺，内心对这个宗主国并不尊敬。慑于明朝的体量，缅甸不敢公然撕破脸皮大举进犯，小动作却一直不断。

甚至直到乾隆年间，清朝国力还在鼎盛时期，缅甸还敢于主动出兵入侵，挑起清缅战争，“东南亚小强”还真是名不虚传。

马吉翔不可能穿越回去了解缅甸，不过作为明朝人又是政府高官，不了解国际形势是相当致命的。

马吉翔指望这样的缅甸能为永历帝一行提供保护，显然是书没读好。

更致命的是，马吉翔为了让永历帝下决心进入缅甸，又干了件愚蠢至极的事。

永历帝身边有两千多军队，有了军队保护，入缅就变得可有可无，大可以等李定国的消息再作决定。

马吉翔和他弟弟马雄飞、女婿杨在商量：好不容易说服皇上进入滇西，没想到自己看走了眼，清军会长途尾追。如果等李定国击退了清军，大伙回过神来，自己一家人肯定得倒霉，四川的官员也不会放过弹劾自己的机会。

现在既然到了边境，不如将计就计地进入缅甸，这样一来，有了缅王保护，就多了一道护身符，李定国也不能拿自己怎么样。

不过，这么多士兵是个麻烦。如果带着军队入缅，相当于一支独立的军事力量，可以进出自如，只有设法把军队驱散，才能完全控制皇帝。要做到这也不难，护军中的平阳侯孙崇雅是马吉翔的心腹。

几个人计议已定，召来孙崇雅，给了他一个发财的机会：今夜天黑，便带领手下放火抢劫随驾官员，能抢多少抢多少，抢得越多越好。

孙崇雅不是什么忠臣，跟着永历帝颠沛流离，早就一肚子怨气，被马吉翔一怂恿，岂能错过大好的发财机会。

当天晚上，孙崇雅纵兵大掠，许多官员被扒了个精光，混乱中连永历帝本人也慌得赤脚逃命，众人狼狈万分。

直到天亮，大家才弄明白，来的不是强盗更不是清军，而是被自己人给抢了。这么一搞，人心更加散乱，不少官员、士兵不愿再跟着这个乱哄哄的流亡朝廷，纷纷偷偷跑路。

马吉翔适时地出来慷慨激昂稳定大局，大家伙一看，关键时刻还是老马镇定自若，不愧是从崇祯时期生存到现在的老臣，见过大场面，还是得听他的。

这时马吉翔再建议迅速入缅寻求庇护，反对的声音就弱了许多。永历帝也把他当成了救星，看来看去还是老马最靠得住，他说啥就是啥吧。

混乱归混乱，大部分士兵还在，全部人数加起来也还有两千多人。但是，在进入边境时，缅方提出了一个要求：必尽释甲仗，始许入关——必须解除武装才允许进入。

马吉翔一门心思地想着进入缅甸，这点要求必须满足，他说服永历帝同意了缅甸的要求。大家把盔甲兵器都丢弃在关前，进入缅甸。

这是离开昆明后，马吉翔办的第三件坏事。

护驾军由李定国指派的靳统武统辖，后者直属李定国，没有得到撤入缅甸的命令，他不敢自作主张。看到永历帝同意缅甸解除军队武装的要求，他更加疑虑，勒令部下停在关口，不得进入缅甸，更不能放下武器，同时他派人紧急向李定国请示下一步的动作。

李定国得报大惊，自己是支持了马吉翔西撤的主意，但没说要进入缅甸，进缅甸容易，要是缅方有什么坏主意，再要出来可就难了。他立即派手下将领高允臣赶往边境，试图追回永历帝一行。

可惜晚了，在马吉翔的主持下，永历君臣已解除武装进入了缅甸，只剩下靳统武和部下在关口焦急徘徊。高允臣追驾心切，不顾一切地驰入缅境，旋即遭缅军射杀。

永历帝的随行人员里有黔国公沐天波在，沐天波世镇云南，在缅人里素有威望，开始缅甸对他们还是比较客气的。当地土司从没见过中原皇帝，永历帝又生得仪表堂堂，土司们纷纷前来朝拜。永历帝找回了些许自信，觉得马吉翔的办法挺靠谱。

最先嗅到危机的是黔国公沐天波、华亭侯王惟华和东宫典玺太监李崇实。一国之君进入小国避难，虽然缅方现在挺客气，但是玩政治没那么多情面可讲，万一他们倒向清朝，大家现在手无寸铁，还不是待宰的羔羊。折中的办法是送太子出缅，可以在边境等待李定国的消息，领导抗清。

这是个很好的办法，两边可以兼顾。这时永历帝还未深入缅甸，缅方态度也还友好，太子可以轻易出缅。可惜，由于永历帝的王皇后舍不得儿子远离，这个建议被搁置。

最后一丝机会，就这样被错过了。

1659年三月七日，朱由榔君臣在缅甸政府安排下，分水陆几路，终于到达缅甸都城阿瓦城。不过，缅王并不让他们进城，也不愿接见派去的使者，只是派人居中沟通，其中的小九九很明显：朱由榔还是名义上的大明天子，缅甸是藩属，会见时必然要行君臣之礼。万一以后被清朝抓到小辫子，可能就会惹上麻烦。

缅王下令在阿瓦城郊区用竹子围起了一座小城，供他们在里面居住，这包含着监视居住的意思。永历帝的行在是草房十间，其余官员就对不起了，你们得自己动手盖房子。这时永历帝身边所有人加起来还有一千五百人左右，分别居住在一条小河的两岸。

永历帝暂时安顿下来，却急坏了李定国。打完磨盘山战役，形势稍有好转，李定国立即在木邦与白文选会合，两人都认为必须立即把永历帝接回来。

虽然形势已非常恶劣，但是并不意味着所有人都会投降。事后打开上帝视角来看，清朝一统天下已无法逆转。但是，在那个时代环境下，总有赤胆忠肝之士，明知不可为而为之，虽然于事无补，但浩然正气激荡长空，正是生生不息之精神所在。

所以，后人不必嘲笑李定国，如同前文讲过的周遇吉、堵胤锡，悲情英雄更值得尊敬。

永历帝在，无论怎么困难，大旗就还在，散布在云贵川各地的兵力就还有希望团结起来。连皇帝自己都逃到国外去了，那还抗清个锤子。李定国的威望还不足以号召所有人，会对诸将的坚持抗清在心理上造成极为不利的影响。

白文选首先带兵进入缅境，先派出两名使者，又派出十名骑兵，前往联络缅甸官员，传达要接回永历帝的意思。没想到缅甸官员毫不理会，先后击杀两批人员，看到白文选部下有不少马匹，竟又派出几百人闯进明军军营抢马。

这事实上就是缅甸的态度，认为大明已日暮西山，明军早已不堪一战，是他们趁火打劫的好机会。

虽然白文选和清军打得很苦，但他也是有名的大将，不是缅军随便就能欺负的。白文选大怒，下令手下列阵，杀尽冲入的缅军，并乘胜推到缅军大营。缅军虽严阵以待，但如何挡得住白文选部下精锐骑兵的冲杀，一阵砍杀下来横尸遍地，死伤达数千人之多。

缅军这才知道看走了眼，缩入城中，再也不敢出战。

如果白文选这时选择攻城，利用缅军的大意，是很有希望的。但他不清楚永历帝的安危，唯恐强行攻城会危及朱由榔的安全，只得收住人马。

永历帝并不知道白文选来接驾的消息，缅甸官员不肯告诉他实情，只说明军突入缅境，骚扰地方。永历帝不明所以，受到欺骗后下敕谕令白文选退兵。白文选无可奈何，只得遵旨撤退，最接近解救朱由榔的一次军事行动被朱由榔本人给化解了。

此后明军又有数次大小规模的入缅行动，都被缅甸拿永历帝这个人质挡了回去，纷纷无疾而终。

别以为缅甸对永历帝一直毕恭毕敬，朱由榔的处境也在迅速恶化。开始，缅甸还提供了不少物资，表现得很恭敬，没过半年，供奉越来越少，不少人已沦落到连饭都吃不饱，生活越来越困难。

这也不能全怪缅甸，朱由榔带着千把人突然入境，又是泥菩萨过江自身难保的流亡政府，也难怪人家心生轻慢。人在屋檐下，不得不低头，谁让你是来寻求保护的呢，要长年累月地供给一千几百人好吃好喝也是笔不小的开销。

供应少些可以理解，礼节上的怠慢就比较严重了。

沐天波在缅甸素有威名，缅王派人请他参加缅历的年节，这本来是好事。问题是缅王要求黔国公换上缅甸民族服装，按照缅甸风俗光着脚向缅王称臣，这就相当过分了，礼节已荡然无存。

这些暴露出缅甸眼里已不把朱由榔真正当个皇帝了。

李定国、白文选并没有放弃永历帝，他们一直在寻找机会进兵。1660年，白文选又率兵击败缅军，挺进到阿瓦城附近。缅甸照例让永历帝发敕书退兵，朱由榔这时已知道上当，但在缅甸控制之下又不得不照做。白文选在城外驻扎多日，无法得到永历帝的消息，只得拔营而回。

缅甸的态度变化，当然还与清朝有关。

顺治帝继位之初就在和老朱家的子子孙孙缠斗，整整十五年过去了，他从个六岁的毛孩子斗到了二十一岁的青年，好不容易眼看就要大功告成，一举攻克昆明，又把永历帝撵到了缅甸，自然想一劳永逸地生擒朱由榔，永远地解决这个麻烦。

但云南不是个适合打仗的地方，山高林密，瘴气弥漫，来自北方的八旗兵将们进关十几年后，已比不得当初白山黑水间的创业一代，吃不得这份苦了。即使皇帝表示希望他们再辛苦一下，罗托、多尼、赵布泰这些人都连声推辞，表示不敢贪天之功，还是让别人露露脸吧。

云南的条件也确实不适合立即进兵，因为地方贫瘠，粮草筹集困难，八旗兵丁们长途跋涉已是疲惫不堪，谁也没有心思再追到缅甸，一门心思只想回到北京的温柔乡休整。

顺治皇帝和洪承畴等人盘算了一下，永历帝已失去李定国的保护，加上八旗军在磨盘山之战也损失颇重，而八旗军是国之重器，心头的宝贝疙瘩，不能不计成本地使用，确实需要休整一番。

至于永历帝，交给吴三桂对付就够了。顺治帝下旨，任命吴三桂为云南清军统帅，率领汉军和绿营进军缅甸，务必生擒永历帝，昆明只留下固山额真宜尔德率少量八旗兵留守。

除了军事，政治上的手段也是不可或缺的，清廷始终是玩政治的高手。洪承畴多次致信缅王，又是威胁又是恫吓。他又给边境众土司传话："凡土司有能擒缚定国解献军前，则奇功伟绩，本阁部立奏上闻，必蒙皇上优加升赏，传之子孙。"

吴三桂也有他的小算盘，要论功劳，山海关一战他奠定清朝以优势入关，可谓居功至伟，代价是不得不臣服多尔衮，剃发明志，换来个平西王的爵位。没想到拼死拼活地打完李自成，自己的关宁旧部也折损了大半，却反而被调回辽东雪藏起来，到头来啥也没捞着，吴三桂这是被当枪使了。

要说吴三桂有没有过造反的念头，结合康熙朝的"三藩之乱"来看，他肯定心中活络过，以他身处的地位，做他工作的人也不会少。如果清朝在中原出现败退之势，吴三桂这样的人物几乎是必反的，因此雪藏吴三桂在政治上来看是高明的一招，避免了潜在的威胁。

此时的吴三桂像个旁观者，当看到造反的昔日同僚一个个兵败生死，朱家子孙建立起的政权一个个被消灭，他胸中偶尔冒起的"复明"火星也就彻底熄灭了。吴三桂是个现实主义者，此时他的想法变成了如何把握好当下的时局，实现利益最大化。

明朝的黔国公是个很好的参考。沐家能世镇云南，与大明相始终，我吴三桂为什么不行。沐英最大的功劳是随傅友德、蓝玉平定云南，得以留镇云南。这些吴三桂也能做到。但沐英有自己的特殊关系——他是朱元璋义子，从八岁起就是朱元璋在抚养他。这样的关系，是哪怕吴三桂改口叫福临爸爸也无法相提并论的。

但吴三桂也有自己的优势。

清朝占地太广，满族自身人数过少，往地图上一摊就稀薄得不像样子，根本无力凭自身控制全国。征服只是第一步。管理地方、恢复秩序、促进生产、保留武装威慑、出兵平乱，哪一样也不比打仗轻松。

所以，历代王朝，但凡是以武功立国的，在立国之初，都是以武将总领地方居多，这样能做到军政一体，便于管理，哪怕在近代也是如此。

回到清朝，以数十万之众想要有效统治全国，就跟今天说要不到六百万人的小国统治十多亿人的大国一样，纯属吹牛不打草稿。

当然办法还是有的，比如，“以印治印”。

这招其实就是当初大英强盗在印度的做法，并不稀奇。大清早就在用了，当然不是治印，而是“以汉治汉”。

唯有“以汉治汉”，才能保证统治稳固；唯有接受汉化，才能在这片土地上得到支持。大清在这点上很聪明，与元朝比起来，接受汉化要迅速和彻底得多。这也是皇太极时期就打下的底子，被多尔衮和福临以及日后的皇帝们所继承。

这就是吴三桂的优势，清初满族正在接受汉化的过程中，单凭宗室和满洲大臣，既无法得到地方士绅的认同，也难以控制人数众多的汉军。

汉军将领在攻取地方时，已经与士绅建立起一定层次的联系，也立下军功，威望已经够了。如果征服后把他们再调走，另外空降大员来进行管理，军政都不稳，就有横生变故的可能。不如就让他们留在当地治理，也是拉拢当地人心的手段。

为什么顺治皇帝会让汉王成为地方军政一把手，还一口气封了三个？要是不委任吴三桂、耿精忠、尚可喜等就地统治，而改为派罗托、多尼等担任地方一把手，这些宗室连汉字都未必认得全，舌头可能还没捋直，效率必定大打折扣，无论在政治还是在军事上，都不如委任汉王更有效。

在这样的背景下，“三藩”的出现就是必然的。不是顺治皇帝有多慷慨，他别提有多想收回权力，加强中央集权了，而是时势使然，不得不分封“三藩”。

这是清初“三藩”的来历。

本质上，“三藩”和大清朝廷之间是相互制约、相互利用的关系，他们与朱元璋留沐英永镇云南的性质是截然不同的。顺治皇帝是权宜之计，不得不如此，而且军权和政权都得给。一旦稳定下来，逐步收回权力也是必然的，他没想到自己只能活二十三岁。“三藩”尾大不掉，给儿子玄烨留下了一个大麻烦，险些被赶回关外老家，这就是“三藩之乱”。

除了有名无实的义王孙可望，吴三桂是第四位汉王，投降时间最短，更需要卖力表现博取信任，争取得到沐英式的待遇。

所以，对于永历帝，他是志在必得，比顺治皇帝还着急。

清廷本来并不着急进军，永历帝和李定国已被隔开，他在缅甸掀不起什么风浪。只要不断恫吓缅王，以发兵攻打为要挟，让缅甸不把朱由榔交回去，李定国就无力回天，人心也会慢慢散失，只能在边境自生自灭。

财政也是个很要命的问题，皇太极时期数次突入中原攒下的钱粮，随着十几年的南征北讨已消耗殆尽。长期在这么远的西南边陲大举用兵，国库实在吃不消。

财政有多困难，入关后多尔衮曾慷慨宣布取消明末著名的“三饷”，但到了顺治十八年（1661 年）又宣布重新征收，不惜向天下背弃承诺，可见清朝钱袋子告急的程度。

吴三桂的角度不同，永历帝就是自己在云南安身立命最大的功劳，任他留在缅甸老死怎么行。只有亲提大军，披荆斩棘地生擒永历帝，方显他大功一件，留镇云南也就更有底气。

吴三桂一再上疏请战，甚至很贴心地为顺治皇帝策划了全套方案，从战兵到辅兵的人数，从粮食到军饷的总额，考虑得无微不至——你只要拍出二百三十万两银子来，八旗兵我都可以不要，我自己就可以招募到十万人，一劳永逸地解决朱由榔的问题。

咒水之难

1660年（顺治十七年，永历十四年），经过讨论，顺治皇帝终于动心了，四月三十日，决议批准吴三桂的奏请。

为了保险起见，除了吴三桂要求的军饷，还增加了一百万两。不过这不是给吴三桂的，而是给侍卫内大臣爱星阿的，他被任命为定西将军，率领京师八旗再次远征云南，会同吴三桂擒拿永历帝，同时肃清西南的抗清力量——说到底，还是对吴三桂不彻底放心。

缅甸政府的态度，随着明军数次入境攻打和清朝态度的日趋强硬而逐渐倒向清朝。在这段时间，虽然永历君臣缺衣少食，还不时要受到嘲笑与侮辱，但总体上关系没有破裂，生命还是有保障的。但转过年来五月发生的一件事，彻底改变了他们的命运。

1661年（顺治十八年，永历十五年）五月二十三日，缅甸发生一起宫廷政变，国王莽达被弟弟莽白所杀，莽白随之控制了缅甸。

莽白自立为新任缅王，如同所有篡位者一样，他迫切需要得到承认以巩固自己的地位，比如宗主国大明。

永历帝虽然失魂落魄，但名义上毕竟还是大明天子，得到他的承认对莽白有很大的政治影响。

对于寄人篱下的永历帝来说，正式册封莽白为缅甸国王不过是承认既成事实，也没什么损失。可是永历君臣却以“其事不正”而拒绝了莽白。

莽白勃然大怒。如此落魄，处于我保护之下的落难皇帝竟敢拒绝我，以后他要是失去控制，一声令下，他散布在边境的数万大军来找我的麻烦，岂不是更不得了。

客观来看，莽白要求永历帝承认算是较为客气的外交行为，说明这时他还没决心与清朝合作。但是永历君臣的这个骚操作，无疑把他推向了清朝。

莽白被拒绝后，已下定决心铲除永历君臣。这些人已不能给他带来任何好处，除了永历帝本人还算奇货可居，其他人留着除了浪费粮食也没什么作用，更可能带来不确定因素。

留个朱由榔就够了，其他人皆可杀。

莽白行动很快，七月十八日，他派人通知永历帝的大臣们过江议事。

在缅甸待了一年多，缅王从没什么事需要跟永历帝商量，之前连见一面也不得。如今却不请永历帝，只通知大臣们都一起去。

何况莽白刚碰了钉子没多久，傻子也能看出来，席无好席，宴无好宴，这更像是一出鸿门宴。

缅甸使者早有说辞，这次请你们去，是一起去喝咒水盟誓，这是我们这的风俗，大家千万别多想。不去喝咒水，以后我们来往就不方便了，你们吃啥喝啥？

黔国公沐天波答复：我们是天朝上邦，缅甸原来也只是大明的一个宣慰司，按照礼数应该你们国王前来才是。我们如今虽然落难，好歹也是天朝君臣，最多一死而已，不用使这种奸计，我们死后自有人会替我们报仇。

然而，人在屋檐下，嘴上的抗辩终究是无用的，一切还是要凭实力说话。在缅方的坚持下，众人不得不同意，但要求要由黔国公沐天波一同前去。

沐天波原来并不在缅甸的计划之中，黔国公世镇云南，在西南各邦和土司间有着崇高威望。即使沐天波已寄人篱下，缅甸原本也还是打算留下他的性命。但在众官员坚持下，缅甸也管不了那么多了。

第二天，文武官员在马吉翔带领下渡河，永历帝的临时行在只留下十几名太监看守。

众人到达盟誓地点后，就知道不妙，周围都是全副武装的缅兵，四下团团围定，杀气腾腾，哪有一丝和平的味道。

缅方还是想留沐天波一命，指挥官下令先把沐天波拖出人群，这是为了避免之后的屠杀误伤到他。

沐天波这位末代黔国公，要说能力差祖先沐英远矣，镇守的云南先是被沙普之乱祸害，随后被孙可望夺权，早已是个光杆司令。在明末，他在云南就是个符号，基本没发挥什么作用。但要说气节，沐天波不愧是名门之后，沐家世受皇恩，没有大明也就没有沐英，更没有延续整个明朝的沐家，这点他认识得相当清楚。

早在入缅之前，除了小儿子沐忠亮，沐天波已把其他儿子入赘给了当地的土司，沐家香火是有人继承了。他已没有什么可怕的，也没什么可失去的，除了以身殉国，无以报答。

沐天波夺刀、反抗、杀敌，一气呵成，九名缅兵死于他的刀下，随即他被缅兵击杀。沐天波本可以偷生，而他不愿忍辱，以气节成全了沐家的英名。

沐天波发动时，众官员也纷纷开始反抗。但是，众人手无寸铁又被重重包围，寡不敌众，包括马吉翔父子在内的数十名文武官员全部被害。坚决入缅的马吉翔用自己的生命献祭，还捎带上了所有人。

清除众官员后，缅兵突入永历帝的行在，把朱由榔的太后、皇后、太子等二十五人集中在一所小屋里，其余内官、家属们要么自缢，要么被杀，死者百余人。至于其他数百名护军，当然也一起被清除。

这次事变被称为“咒水之难”。此难以后，原来还有千把人的永历君臣还残存下二百多人，且都是妇女和内官，所谓朝廷已不复存在，完全任人宰割。

事后，缅王莽白派人来解释：“缅王实无此意，盖以晋、巩两藩杀害地方，缅民恨入骨髓，因而报仇尔。”

这是指李定国和白文选为了迎回永历帝，率兵进入缅甸，遭缅军阻拦而发生的交战。

这当然只是说辞，为了让双方面子上好看点而已。这时哪怕莽白声称是朱元璋托梦让他这样做的，朱由榔也无话可说。

“咒水之难”可悲可叹，篡位的缅王莽白心狠手辣，但从政治上看，这只是小国的自保策略。莽白是刽子手，把自己变成鱼肉的却是朱由榔君臣自己。

西南的土司们

有一个问题，从李定国“两厥名王”到洪承畴经略五省，明清在湖南—四川一线相持了长达六年之久。清朝兵力不足，前面已经说过了，那明朝呢，这几年下来，为何不招兵买马发动反击？孙可望是内政高手，怎么就不能像之前一样，挖掘战争潜力，再爆一波兵呢？

答案并不复杂，永历帝能控制的地区，战争潜力实在有限，几乎难以挖掘了。

西南诸省，就四川富饶一些，但给张献忠一闹，到现在还没恢复元气，还出现大片无人区，四川是废了。

云南、贵州素来贫瘠，人口稀少，能提供的资源更加有限，向来被称为“地无三尺平，天无三日晴，人无三分银”，自然条件本来就不适合发展。孙可望第一次在贵州爆兵已经利用得七七八八，再想来一次，地方上已经承受不起了。

西南难以发掘战争潜力，还有一个重要原因：当地的土司。

土司制度始于元朝，由唐宋时期的“羁縻”制度演变而来，特点是“世官、世土、世民”，拥有世袭的政治统治权。

土司是我国历史上一种比较特殊的存在。一方面，他们臣服于中央王朝，定期朝贡，接受朝廷的任命，遇有战事，还有出兵的义务。另一方面，土司们保持高度自主，一切地方事务均由他们自己管理，职位世袭，拥有自己的军队，相当于自己领地里的土皇帝。

在王朝强盛时，土司平衡着朝廷和当地民族的利益。土司兵为国出力，是官军的重要力量，广西的“狼兵”，四川的“白杆兵”，都是明朝著名的土司兵。

在王朝衰弱时，土司制度的弊端就显现出来。中央对他们的掌控能力不足，土司们的独立性和割据性立刻就表现出来。

在西南地区，湘西、鄂西和川东曾是清朝与南明长期拉锯交战的地方，两军曾在这一线相持十年以上。局势未明朗之际，这些地方土司们如何选择，比较具有代表性。

湘西诸土司最早归附清朝，在 1647 年（顺治四年，永历元年），湘西实力最强的永顺、保靖、桑植三大宣慰司就先后投效。

归附后，湘西土司忠于清朝，立即与南明督师何腾蛟麾下的明军王进才、马进忠部交战。永顺土司彭宏澎派子侄带千余名弩手从后方突袭明军大营，放火焚烧，逼退明军。

在清军与明军此后在湖南长达十几年的拉锯与相持中，湘西土司始终站在了清朝一方。与明军联合的“忠贞营”首领——李自成的妻弟高一功就是在顺治十一年（1654 年）途经保靖时，遭到保靖土司彭朝柱袭击，中毒箭而死。

鄂西比湘西要远离前线，在顺治三年（1646 年）清军就已全面占领湖北。与湘西土司相比，鄂西土司却没那么支持清朝。

最早归附清朝的是容美土司，时间是顺治十二年（1655 年）。其他土司多半到顺治末期—康熙初期才宣布投效，接受清朝的官印。

即使最早投清的容美土司，也无法有效号令自己统辖的小土司，反而不断有小土司寻找机会反攻容美，上演一场场以小攻大的好戏。

各地土司的不同政治选择，取决于两个方面：家族利益和文化认同。

南明督师何腾蛟驻节长沙，占领湖广大部，兵力主要集中在湖南，手下“楚军”最多时号称八十万，就算水分不少，几十万人也是有的。

不久，李自成的大顺军余部两路人马又进入湖广，此后被隆武帝收编为“忠贞营”，湖广又增加二十多万军队。

湖广已久经战乱，以一省之力哪里供养得起这么多军队，南明朝廷又一个个被接连消灭，自保尚且不暇，哪还有多余的钱粮来拨款。

在乱世中，通用的办法是劫掠，从古到今长盛不衰。大顺军余部又有“流贼”基因，在土司中名声不是太好，更受抵制。永顺土司彭宏澍进攻的王进才、马进忠就是原来的大顺军将领。

明军劫掠地方以维持生计，众土司也不能幸免，一度明军兵力最多的湖广深受其害。所以，清军一到，湘西土司立即归附，并掉转枪口与明军作战，多半是出于受害者心理。

鄂西土司的情况比较复杂，他们受到多方力量的影响。

湖北被清朝控制早于湖南，没有成建制的明军存在。鄂西归附时间较晚的原因之一，首先是因为它也同样被劫掠，但不是被明军，而是被清军。

顺治初期，清朝要派出多路大军在南北作战，又要接收安置投降的明军，粮饷筹集同样困难，纵兵劫掠也是筹措粮饷的办法，这与明军并无二致。

但清朝的优势是打了胜仗后，随着占领区的扩大和稳定，后方逐渐能供应上粮饷。

同时，清朝朝廷认识到自己本来不受民心支持，再纵兵劫掠相当于自掘坟墓，只有稳定民心、恢复生产才是王道。

所以，清朝很快调整了做法，约束将领，以“通融支用”的办法东拼西凑，先保证军队的粮饷供应，并且在湖广恢复秩序、发展经济。

清朝还有个优势是政令统一、执行力强，这点比军阀拥兵自重、内斗频繁的南明各朝廷要强太多。这是制度的优势，就算南明想抄作业，也是做不到的。

即使如此，最早归附的容美土司也要到顺治十二年（1655 年）才归附，这里面还有军事上的影响——“夔东十三家”。

“夔东十三家”就是“忠贞营”，遭到排挤后退往四川、湖广交界地带联合抗清，以茅麓山为基地活跃于川鄂边区。

虽然“夔东十三家”坚决抗清，但是有个尴尬的事实：他们军纪不强。

进入夔东后，既没有永历朝廷的官员约束，也没有原来李自成这样强有力的首领约束，十三家的军纪确实是个问题，劫掠地方以供给部队并不少见。

十三家的存在，对鄂西土司形成了威慑。一方面，“夔东十三家”拥有数万兵力，土司如果敢于归附清朝，很可能遭到残酷的报复；另一方面，他们毕竟打着明朝旗号，将领都受永历帝册封，认真说起来也是南明的军事力量。这就牵涉到第二个方面：文化认同。

川东土司又有些不同。川东土司，应该是对明朝最忠心的土司。

与北方相比，四川受到明末战乱波及相对较少，这是在1644年“甲申之变”以前。此时驻扎四川的明军较为稳定，劫掠现象也就较少，与土司的关系还不错。

川东最大的两家土司：石柱和酉阳，在明朝素称忠义。川东的土司兵历来深受明朝倚重，每次大战都要征召，土司兵也不负众望，在战场上表现出色。在明末，四川“白杆兵”更是威名赫赫，在浑河与几千浙兵并肩作战，给努尔哈赤的八旗军造成重大杀伤，而自己也全军覆没。

“甲申之变”后，情况变了，因为张献忠入蜀了。

张献忠入蜀，川东土司在秦良玉的号召下出兵与其作战，但寡不敌众被击败，只得退保自己的辖地。

张献忠在四川搞了一年多的恐怖统治，蜀地深受其害，人口锐减，众土司都视其为仇敌。

几年后，在云南蛰伏的大西军余部出滇抗清，孙可望派刘文秀带兵收服四川明军，经略蜀地。

虽说大西军这时已经与永历朝廷联合，打的是明军旗号抗清，但惨痛的回忆让川东土司拒绝与他们合作，据险自守，刻意保持距离。

顺治十六年（1659年），清军三路进攻云南的时候，眼看永历军队节节败退，川东土司还是响应大学士文安之的号令，联合“夔东十三家”反攻重庆，试图牵制吴三桂，减轻云南的压力。

永历帝流亡缅甸后，清军大举压境，再坚持抵抗只会被灭族。眼看抵抗无望，出于地方和家族利益，川东土司才宣布归附清朝。

除了家族和地方的利益，西南土司的政治选择上还受到文化的影响。

大清是个汉化程度极深的王朝，不过在明末清初，大众对异族身份入主的大清还是缺乏认同感的。清朝虽基本承袭了明制，打的还是为崇祯皇帝复仇的旗号，但却要求大家剃发易服，土司们和百姓一样，打心眼儿里是抗拒的。

说实话，与其说这些土司对大明还心存眷念，甘为老朱家子孙抗争到底，还不如说是对汉文化的哀挽。

名为土司，土司家族们其实并没有那么土，容美田氏土司家族、酉阳冉氏土司家族都是文学世家，也是从小读圣贤之书，学习孔孟之道的。

容美土司田玄是明朝的坚定支持者，从弘光朝到隆武朝，田玄都奉其为正朔，写下数首诗眷恋大明。田玄死后，其子孙田既霖、田甘霖、田舜年先后袭职，立场与田玄相同。

这些表现与他们对汉文化认同程度的深浅、家族利益轻重的考虑密切相关。

明朝在土司间推行“崇儒兴学”的教育制度，强化中原文化传播和儒家道德的教化，以文化民，达成西南少数民族对汉文化的认同。

这种策略较为有效，土司贵族汉化逐渐加深，转化为认同儒家的文化基因，也就对代表汉文化的明朝更加认同。

除了文化，还有军事上。有明一朝，西南土司频繁地参与王事，并多次立功受到表彰，军功和官爵又强化了土司对明朝的认同。

这些在鄂西和川东土司身上都表现得比较明显。

湘西土司较早降清，更多是家族利益压过了国家认同。

以永顺土司为例，早在万历二十五年（1597年），朝廷征调永顺土司兵出征，时任土司彭元锦就有拥兵自重、要挟朝廷的意思，受到降职处分。

裂痕在这时就已出现。此后，永顺土司对大明朝廷的诏令一直表现得阳奉阴违，不情不愿。就算勉强出兵，在战场上也毫无战力，一触即溃，兵部对此十分不满。

永顺土司多次遭到处分，早已对明朝心生不满，所以清军一到就立即投降。

各地土司在明清交替之时表现各不相同，但有一点是共通的，就是多半采取避祸自保的策略。

不论是联明还是降清，众土司都以自保为最主要的目的，即使出兵也是小规模，川东土司和鄂西土司都是如此，既不与明军也不与清军发生大规模交战。最忠于明朝的川东土司并没给永历朝廷太大的帮助，最早降清的鄂西土司也没有大规模地参与清军的行动。

这些土司不约而同的策略，正反映出土司制度的局限性：王朝强盛时可以相安无事，成为中央政府可以调遣的力量；王朝衰弱时，土司的不确定性就难以掌控，必定首先以家族自身利益为重，朝廷难以调遣他们。

这点历代统治者也不是不清楚。土司制度本来就是一个权衡的产物，他们在地方盘踞数百年根深蒂固，朝廷想要彻底消除这些力量，需要付出巨大努力，往往力有不逮。

从明初，朝廷就始终进行“改土归流”的工作，试图把权力收归中央。经过历代皇帝的努力，也取得了一些成效，思州、思南、麓川、蒙自、播州等地都“归流”成功，土司制度在当地被废除。

随着大明国力的衰弱，这项工作就无力完成了。

明清易代时，众土司以自保为主，在清初实力大增。“三藩之乱”之初，吴三桂进展顺利，不少土司响应，威胁到中央政府的权威。

康熙皇帝统治稳定后，在明朝基础上继续推进“改土归流”，直到雍正时期，才终于基本成功。而彻底废除土司制度，则要延续到近代。

这些土司的选择具有普遍代表性，云南、贵州也是遍地土司，指望永历朝廷的力量去“改土归流”是不现实的。所以，永历朝廷虽然控制着这几个省，但大量资源都被土司们占据，不论是搞经济还是搞军事都束手束脚。南明被压缩到这几个省，事实上是败局已定了，历史上从来没有过能靠西南边陲几个省的力量统一中原的事情。

清朝控制的都是好地方，缓个几年手头就宽裕了，兵力也补充上来了。南明却只能不死不活地撑下去，得不到土司的支持，要兵没兵，要钱没钱，全面陷入被动。

这时，再翻翻前面，才明白弘光朝廷如此轻易地就丢失江南，是多么让人懊丧的事情。

顺治皇帝驾崩

“咒水之难”发生在1661年七月，在前一年年底，定西将军爱星阿就从北京出发了。北京到贵州千里迢迢，爱星阿在1661年四月才率京师八旗抵达贵阳。一番部署后，他在八月二十四日正式出兵，兵分两路从昆明西进。

十一月初九，吴三桂的先锋已推进到缅甸境内，十二月初一，逼近阿瓦城。清军先礼后兵，派人致书缅王要求交出永历帝，否则就发兵攻打。

缅王莽白早已无须考虑，第二天就献出了永历帝及剩余的明朝人员，其中的妇女被八旗兵抢去，永历帝和家眷则被送到吴三桂营内严密看管起来。

1661年这一年是顺治十八年，也是这个年号的最后一年。

正月初六深夜子时，紫禁城一个轰动性的消息迅速传开了：顺治皇帝驾崩于养心殿内，年仅二十四岁。

顺治皇帝归天后，八岁的皇子玄烨继承皇位，年号康熙。自清入关后，大清皇位更换交替看似平静，但大多数人心中仍存在疑惑，顺治皇帝身强体壮，没有任何患疾病的传闻，怎么就突然驾崩了呢？

对于顺治皇帝的驾崩，清朝官方史书《清世祖实录》的记载寥寥无几：“丁巳，夜，子刻，上崩于养心殿。”

皇帝驾崩是何等大事，史料记载竟如此荒谬，岂能不引起人们的猜疑？于是，各种传闻纷纷传出。

一种说法是，顺治皇帝对董鄂妃用情太深。董鄂妃病死后，顺治皇帝不能自拔，导致伤心过度，最后追随爱妃而去。

另外一种说法，像电视剧上演的一样，顺治皇帝退位出家了，孝庄皇太后为了维护皇族脸面，故意设计了这一环节。

顺治皇帝崇尚佛法众所周知，董鄂妃的病故，导致他伤心欲绝，再无心力处理朝政，退位出家将是他最好的归宿。

据康熙皇帝《起居注》记载，康熙皇帝登基后，孝庄皇太后曾经多次带他到五台山，拜佛诵经。这里还有一个证据，是 1900 年“庚子之变”慈禧太后西逃时，在山西休整时，山西的地方官吏从五台山征用了部分餐具，奇怪的是，这些餐具跟紫禁城皇家使用的几乎一模一样。

上述两种说法广为流传，可这并不是历史的真相。那么，顺治皇帝死因到底是什么呢？

顺治皇帝归天时共有八个皇子，长子夭折，二子九岁，三子（康熙皇帝）八岁，其他皇子太年幼。按照正常皇位更替顺序，应该是皇二子继承皇位，为什么偏偏选中了玄烨？

有人说，这是因为康熙皇帝“大难不死必有后福”，他曾患过天花，最后幸运地活下来，这一点对于康熙皇帝至关重要。

顺治皇帝归天时，翰林院掌院学士王熙负责撰写《遗诏》，此人目睹了顺治皇帝归天的全过程。在《王熙自定年谱》中记载：

顺治十八年（1661 年）正月初二，顺治皇帝突染恶疾，身体状况越来越差。正月初五当天，顺治皇帝将他（王熙）招到养心殿，“朕患痘，势将不起。尔可详听朕言，速撰诏书”。

按照顺治皇帝的旨意，王熙撰写诏书，一天一夜的时间，修改了三次，最后才敲定皇位继承人选。

除了王熙相关史料记录外，与此同时，德国的传教士汤若望也记载了这件事。当时，顺治皇帝对传教士汤若望十分信任，是他格外敬重的外国人。在《汤若望传》的记载中，我们看到了这样一段话：

顺治对于痘症有一种极大的恐惧……或许是因他对于这种病症的恐惧，而竟使他真正传染上了这种病症。

综上所述，结论是顺治皇帝死于当时的天花病毒，出家和伤心过度只是民间流传的八卦新闻。

相比南明各政权，不如说天花才是清朝入关后最大的敌人。习惯驰骋于白山黑水的八旗兵丁对这种疾病缺乏抵抗力，许多宗室大臣都死于天花。康熙能继承皇位，重要原因也是由于他小时候出过天花，具备了免疫力。

永别了，朱由榔

永历帝朱由榔东躲西藏了十六年，终于还是熬死了顺治帝福临，他的宿命也快来到了。

永历帝被擒后，清廷发布了一则诏书，里面写道：

念永历既获，大勋克集。士卒免征戍之苦，兆姓省挽输之劳。疆围从此奠安，闾阖获宁干止。是用诏告天下，以慰群情。

可能是太高兴，这则诏书的称呼有点问题，把朱由榔称为“永历”而不是“桂王”，这相当于承认永历政权的合法性，有点打自己脸的味道。

如何处置永历帝，按照惯例应该是押回北京献俘后再处置。但贵阳到北京实在遥远，李定国等还有兵力，万一在路上打个劫，麻烦可就大了。

吴三桂等人商量之后，奏请清廷，建议就地处决，以免夜长梦多，得到清廷核准。

1662年四月二十五日，朱由榔与其太子等三人被用弓弦绞死于昆明篦子坡。

后人传说是吴三桂亲自动的手，这并不准确。以吴三桂的身份不可能再亲自动手去干这种行刑的事，对他来说擒回永历帝，功劳就已到手了。

万历皇帝的最后一点血脉，至此烟消云散。

根据记载，永历帝长得极像他爷爷万历帝——面如满月，须长过脐，日角龙颜，顾盼伟如——活脱脱一副王者之气。

但永历帝干的事，却没有半点王者的意思。南明三帝里，如果说朱由崧是个青铜，朱由榔最多也就是个白银，离王者还差了好几个等级，朱以海、朱聿键都要比他强。

永历朝廷不是没有机会中兴，相反是有大把的机会。虽说朱由榔继位后的局势是最差的，但他的机会也是最好的。如果给朱聿键这些机会，估计他能扭转大局。

永历帝固然面对军阀自重、政令不通这些老问题，但毋庸置疑，他本人的能力也是复兴大计的一大障碍。

朱由榔不像朱由崧那样贪玩好色，不过他在位十六年，没干成一件值得称道的事。十六年啊，大半代人的时间，一门心思地干点啥，都能出点成就吧，何况他还是个皇帝。

南明的灭亡，不能全归罪于朱由榔，但他至少得负四成责任，另外六成，则要由朱由崧来负。

李定国赍志以殁

吴三桂、爱星阿向缅甸进军的时候，李定国又在哪里，为什么不出兵阻挡清军呢？

在“咒水之难”后，李定国就已得到消息，他这时正驻扎在缅甸境内的洞乌，正集结兵力在八月再次发起攻势，尝试解救永历帝。

不幸，缅军早有准备，李定国被江水阻隔，强行渡江失败，在损失将近三分之一兵力后，不得不退回洞乌。

这时，永历帝被缅甸所执已经将近三年了，眼看一次次努力失败，前景越发黯淡，许多将士已无心坚持。缅甸环境恶劣，待在这里更不是长久之计，越来越多的人不愿枉死在异国他乡，希望撤出缅甸。

连忠心耿耿的白文选，也在一天夜里，在部下的挟持下，半推半就地撤离缅甸。李定国得到报告，按照他以往的性格，必定要亲自带兵追击，但这时的他已经心力交瘁，又念及白文选的情义，不愿难为于他。

李定国派儿子李嗣兴领兵尾随，想想觉得不妥，自己又亲自赶去。这时李嗣兴已准备与白文选刀兵相见，火拼一场。李定国阻止了儿子，不胜感慨地说了一番话：

吾昔同事者数十人，今皆尽矣，存者吾与文选耳。何忍更相残？且彼既背主他出，欲自为计，念已绝矣！吾所以使尔随之者，冀其生悔心，或为并力；今大义已乖，任彼所之，吾自尽吾事耳。

白文选已是硕果仅存的大西军老兄弟，始终对永历帝忠心耿耿，如今连他也要放弃了。

能怪罪白文选吗？他确实尽力了，如今再要手足相残，于事又有何补？

李定国选择放手，尊重白文选的意愿。

白文选带兵出了缅甸，在边境驻扎了一个多月，希望等到李定国的好消息。然而并没有，等来的却是清军。平西王吴三桂派出部将领兵追赶白文选，两军在孟养相遇。

一番相持后，白文选在大西军降将马宝、马惟兴、祁三升的劝说下终于决定投降，所部有兵将四千五百多人和家眷七千余口。

次年（1662 年），康熙皇帝封白文选为承恩公。康熙十三年（1674 年），白文选病卒。

白文选带兵出走，李定国的军队只剩下了五六千人，驻扎在九龙江畔。他既得不到当地土司的支持，也无法和其他抗清力量联络，势单力孤，已经无力发起攻势解救永历帝，更无力阻挡清军的进攻。

在清朝已呈压倒性优势之下，晋王也终究无力回天了。

1662 年，噩耗终于传来，永历帝被缅王献给吴三桂，绞杀于昆明篦子坡。李定国下令全军缟素为永历帝发丧，大哭至双目流血。

此时，李定国已经英雄末路了，因军队驻扎在环境恶劣、人烟稀少的地区，部下纷纷染病，病死了差不多一半。李定国本人也在 1662 年六月十一日发病，十六天后，病逝，享年四十二岁。

临终前，李定国嘱咐部下：“宁死荒外，勿降也！”

至此，曾掀起波澜壮阔抗清高潮的大西军余部的战斗结束了。

谁是明末最光彩夺目的巨星，毫无疑问是李定国。

虽然李晋王有性格急躁、不擅政治等弱点，但若没有他的苦苦坚持，永历朝廷这面大旗早就倒下了。

说来也巧，大西军“三巨头”：孙可望、李定国、刘文秀。一个长于内政、一个军事一柱擎天、一个精于战略。这是多年来磨炼出的完美组合，简直是个天赐的礼物。

惜乎，明末已没有朱元璋、朱棣那样足够强力的君主来把他们整合到一起，三兄弟最后反目成仇、自相残杀，王牌组合互相拆台，实在令人痛心。

早已降清的孙可望死得最早，随着清军攻取云贵，他的利用价值也就越来越低，处境开始不利，最后在顺治十七年（1660 年）十一月死去。官方说法虽然是病死，但不少史家认为他死因成谜，并非善终。

朱以海之死

1661 年，永历帝在昆明遇害后，万历这一脉绝嗣了。但明朝宗室还是有的，朱以海就是硕果仅存的一个，曾经的鲁监国这时已自去监国名号，在郑成功那里过着寓公的生活。

现在的问题是西南的抗清火炬熄灭了，而东南沿海并没有归清。郑成功于厦门海一战中打爆了清军各省集结起来的水师，十几年内康熙皇帝都拿不出可堪一战的水军和他交战，郑氏舰队可以随意在沿海航行，如同自家后院。

这个清，郑成功还是要抗下去的。

关键是，打谁的旗号。

这对郑成功不是问题，自己是明室忠臣，当然还是打大明旗号。

那皇帝呢，总得有个朱姓皇帝吧。

郑成功说，皇帝不是现成的？永历帝啊。

东南沿海一众拥明的力量本来打算拥戴朱以海出山组织朝廷，听到郑成功这个表态，大家的气一下就泄了。

这已经是郑成功的套路了，隆武帝遇难后，他继续尊奉隆武；永历帝遇难，他仍尊奉永历，沿用永历年号。

仅存的近在咫尺的宗室朱以海，在他眼里仿佛空气。

对郑成功来说，只有死的朱皇帝才是好皇帝，因为死人是不会向他发布命令的。

人算不如天算，仅仅一年后，康熙元年（1662 年）五月，郑成功就突然得病身亡，年仅三十八岁。其子郑经发动军事政变，击败了叔叔郑世袭，自称延平王，成为郑家新的掌门人。

郑经名字很正经，为人却不是很正经，郑成功的死与他私通弟弟的乳母有很大的关系，甚至有传言郑成功是被毒死。

郑成功暴薨，张煌言等人认为事情有了转机，他立即联络官绅志士，提出拥立朱以海为帝。

但是，张煌言太不了解郑经。

郑成功是民族英雄、抗清将领，但他同时也是拥兵自重、割据一方的军阀。郑成功对于“复明”并不怎么上心，他想当的是董卓、曹操，而不是刘备。

但是，在郑成功身上，多少还要给大明几分面子，到他儿子这里，面子也不想给了。

大明已经是过去式了，除了打个永历旗号，郑经压根就不想考虑什么大明。割据自立才是他心中所愿，找个皇帝管着自己岂不是有病。

郑成功不待见朱以海，至少还好吃好喝地养着。而郑经掌权后，这点钱也不肯出了，停发了朱以海的“宗禄”。曾经的鲁监国连吃饱穿暖都成了问题，还指望郑经奉他为帝，那就只有等奇迹出现了。

张煌言这时只剩下少数兵力，驻扎在浙东沿海偏僻的海岛上，他仍然心存一线希望，期待着奇迹出现。

奇迹不会来了。1661 年十一月十三日，朱以海病逝（有说是被郑经所害），享年四十五岁。

朱以海觊觎过帝位却没称过帝，“唐鲁之争”他是当事人之一。他在浙西的失败直接影响到朱聿键以后的事业，隆武朝没能有所作为，他负有很大的责任。

除此以外，朱以海没什么可指责的。在时势艰难的时候，他始终没有放弃，一度成为东南沿海的抗清旗帜，并曾经发起声势较大的反攻。朱以海还是个勇敢的宗室，喜欢亲临前线为将士鼓劲，这点相当励志。

遗憾的是，朱以海的部下并不长于陆战，登陆后无法战胜清军，海岛上也没有更多资源让他发展，郑成功又不愿与他配合。长期孤军作战，力量越来越弱，他不得不寄人篱下。

我始终认为，凭后期的表现，朱以海是有资格当一回皇帝的。张煌言的要求非常合情合理，不管是身份上还是能力上，奉朱以海为帝都是实至名归。

郑成功父子，欠朱以海一个帝位。

十二年后，“三藩之乱”爆发，东南、西南烈焰腾空，全国性的战争再次发生。

郑经与吴三桂达成盟约，航海来攻，在 1674 年五月派大将刘国轩攻取州县。此时吴三桂已饮马长江，耿精忠的三路大军攻势凌厉，已经攻入浙江、安徽，大清到处焦头烂额。

以吴三桂的资历和经验，堪称当时数一数二的统兵名将，兵法之强鲜有敌手，战争的走向正在他预料之中，根本无须强行渡江。如此发展下去，康熙皇帝很快就要崩溃。

谁知，千算万算，吴三桂还是漏算了一个郑经。郑经出兵加盟，自然要捞取好处。这不难算到，算不到的是他会趁耿精忠发兵北进时背刺耿精忠，攻打耿精忠控制的州县，抢掠资源。

如此一来，耿精忠进逼南京的企图再难实现。两方面谈谈打打，直到1675年一月才达成暂时的和平。这么长时间下来，康熙皇帝得以喘过一口气，调集起资源，稳定了局势。

如果没有郑经来掺和，康熙皇帝的局势反而更危急，南京多半要丢失。

这个郑经，完全就是海盗本色，正应了那句话“不怕神一样的对手，就怕猪一样的队友”。

反清就必须“复明”吗?

孙可望和郑成功，是对永历朝廷影响最大的两个人物，一个表现在内，一个表现在外。

这两人一个争权篡位，一个拥兵自重，历来被指责为无大局观、目光短浅，是内斗的典型代表。

但孙、郑二人接手的都只是自己老子留下的一部分残兵旧部，能在乱世中发展出如此的势力，自己本身无疑也是颇有才干的。

能发展成最强大的两股反清力量，他们就真这么弱智，看不清天下形势，看不出如果不团结就无法对抗清朝吗，我觉得是不可能的。

有个并不矛盾的问题：反清就必须要“复明”吗？当然不是，反清归反清，“复明”归“复明”，这是两码事。有人反清是为了“复明”，有人反清只是为了自己当皇帝。

反清可以有无数个理由，但要让大家铁心跟你干，让军队有凝聚力，得打个都能接受的旗号出来。也就是先画个大饼，让大家都有点盼头。

孙可望出自大西军，但大西的口碑早被张献忠玩崩了，他要再举大西旗号就是自己找打。要灭了永历帝，对孙可望来说是轻而易举，但郑成功、“夔东十三家”和明朝遗臣不会听他的号令，这是平白地为自己树敌。

郑成功在南京国子监读过书，还被隆武帝赐姓，打出大明旗号更加名正言顺。相反，他要是自己称王，孙可望、永历帝、“夔东十三家”都不能容他。

就当时的情况而言，没有比高举大明旗号更合适的办法，凭他们自己实力，都无法号令天下。时间又不允许他们像朱元璋一样“广积粮、缓称王”，必须迅速把全国反清力量集合到一起，才可能与清军掰一掰手腕。

这就只有打大明旗号能做到了。

要论能力，孙、郑两人显然比永历帝高得多，但血统问题不是能力能解决的。朱由榔哪怕是个傻子，他也是万历帝的孙子，最具法统的大明帝位继承人，不尊奉他，尊奉谁？

这样的政治套路，明太祖朱元璋早就玩过。

龙凤四年（1358 年），朱元璋离成为明太祖还差十万八千里，当时他只是小明王韩林儿手下的江南等处行中书省的平章。

这一年底，朱元璋攻下婺州置中书浙东行省，打出两面大黄旗，上书：山河奄有中华地，日月重开大宋天。旁边又立两个木牌，写着：九天日月开黄道，宋国江山复宝图。

这就是当时的情况，天下各路反元势力，只要是红巾军系统，打的都是“反元复宋”的旗号。哪怕南宋灭亡已将近百年，打出宋朝的大旗还是团结天下力量最有效的方式。至正十五年（1355 年），刘福通等人拥立韩林儿在亳州称帝，国号就是宋。

最大的敌人都是元朝，奉小明王为共主，能避免诸路反元势力过早地互相厮杀，对大家都有好处。

到了后来，各路义军或被兼并，或被剿灭。朱元璋先后击败最大的对手陈友谅、张士诚后，实力极大膨胀，对自己的政治目的已无须再遮遮掩掩，小明王给他封的吴王早已不能满足胃口。龙凤十一年（1365 年），他派人暗中除去小明王，宣布不再以龙凤纪年，在 1367 年改为吴元年，第二年在南京称帝建立大明，改元洪武。

对朱元璋而言，反元是真的，“复宋”是假的；对孙可望、郑成功而言，反清是真的，“复明”是假的。

他们都只是想自己做皇帝而已。

所以，孙可望和郑成功其实不能算真正的明臣，他们学习的对象是朱元璋。孙、郑二人不可能是傻瓜笨蛋，不然早就给人做掉了，相反他们相当精明。

两位大佬选择的动手时机都相当完美，看得出是经过长期策划的。

孙可望提兵大举进攻李定国时，李定国刚在新会遭遇大败，损失兵力一半有余；在曲靖之战时，即使有白文选战前倒戈，加起来他们也只有三万兵力，孙可望的兵力是十四万，怎么看孙可望都是必胜之局。

郑成功发起长江战役的时间恰到好处，他在清军三路大举进攻云南时勒兵不动，保持观望。等永历帝被赶进缅甸了，远征西南的清军还没来得及班师之时，抓住机会发动全力一击。这不是为了救永历帝，也是为了他自己的皇帝梦。

这样的时机都堪称完美。岂知人算不如天算，两人都在顺风局时被逆转，功亏一篑，原因都是输在了心理上。

假设孙可望或郑成功其中之一最后击退了清朝，收复两京，这天下也不会再叫大明，而将会是他们自己建立的新朝。

孙可望与郑成功一个在西南，一个在东南，其实两人基本就是一个模板里刻出来的，把他们调个位置，选择也基本相同。

孙可望本来是可以继续“挟天子以令诸侯”的，无奈身边的李定国实在太耀眼，再让他成了气候，自己就得被挤下去。形势逼迫他为了自己的皇帝梦，不得不对李定国动手。哪怕代价是得手后大明这杆旗号打不下去了，也比自己的愿望破灭要好得多，何况他的兵力占据绝对优势，这看起来就是一步十拿九稳的棋。

郑成功怎么可能会出兵和李定国合攻新会，李定国胜，则控制两广，直逼福建，继而图谋江浙。到时候，东南沿海是听李定国的还是听他郑成功的，不听李定国就是不听永历帝，他这个明臣还要不要做了，大明旗号还要不要打了？听了李定国的，郑成功又怎肯甘心？

表面看来，这是永历朝廷的内斗，实际它的性质就跟方国珍、陈友谅不会和朱元璋合作抗元一样，都属于独立的派系。永历帝就好比元末的小明王，名义上是天下共主，但孙可望、郑成功从来就不能算真正的明臣，他们反清但并不想“复明”，只是借着明朝旗号想要问鼎天下的势力而已。

所以，郑成功不会和李定国配合，孙可望也不可能甘心屈居李定国之下，这都会阻碍他们的政治目的，万万行不得。这两位大佬并不是不识大局，相反他们对大局清楚得很，军事从来都是政治的延续，基于自己的目的，做出那样的选择才是再正常不过。

最后的明臣

孙可望、李定国、刘文秀三人各有所长，要说能把这几方面的能力在一人身上结合得比较好，同时又对大明忠心耿耿，其实也不是没有，但那是另一个人——张煌言。

之前多次提到过张煌言，但并没有多讲，因为张煌言的故事适合放到最后，有史家说：“自丙戌至甲辰，盖十九年矣，煌言死而明亡。”

康熙四年（1665 年）的清明节，杭州西湖畔南屏山麓荔枝峰下的一处墓地，出现了一番奇特的景象。

这是个寻常小墓，看上去只是个普通百姓的埋葬之地，来往拜祭的人却三三两两地络绎不绝。到来的人们看起来互相并不认识，却不约而同地在墓前致奠。

细看墓碑，更加奇怪，上面并没有逝者名讳，只是写着：王先生墓。这显然是个讳称。

王先生是何许人也，为何会以讳称葬于西子湖畔，又为何会有这么多百姓来祭奠他？这里面包含着一段千秋忠义故事。

王先生并不姓王，王先生墓正是明末孤忠张煌言的埋骨之地，他与另两位葬于西湖畔的英雄——岳飞、于谦，被并称为“西湖三杰”。

岳飞、于谦不用多做介绍，能与他们并称，张煌言必定也非等闲之辈。

有些遗憾的是，无论是联结河朔、豪气干云，欲直捣黄龙的岳飞，还是在北京力挫也先、双手扶明光天下的于谦，这些实实在在的功绩，都是张煌言所望尘莫及。甚至于张煌言来说，在他生活的明末清初，取得一场真正军事意义上的大胜几乎都是种奢望。

这并不是张煌言的能力问题。正相反，不管是政治才干还是军事能力，张煌言在他所处的时代几乎可称“完人”。

后人多重张煌言的气节，而忽略他的能力，这有点不公平。

我以为，南明的几个重要人物：马士英、史可法、何腾蛟乃至郑成功，要论能力，都比不上张煌言。

张煌言号苍水，万历四十八年（1620 年）出生于浙江宁波府鄞县。以今天的史观来说，他没做过明朝的官，因为他在崇祯十五年（1642 年）才考中举人，朝廷还没来得及给他施展的空间，“甲申之变”就已发生。

文官领兵是明朝传统。张煌言考的是文举，而武备并不松弛，曾在考场上试射“三发皆中”，平日又留心时局，“慷慨好论兵事”，早已表现出军事能力。

“甲申之变”发生后，福王朱由崧在南京继位，张煌言投笔从戎，可还没等到他上南京找到组织，拥兵百万的弘光朝廷就灭亡了。

浙江大部还在明朝控制之下，张煌言奉命从台州把鲁王朱以海接到绍兴出任监国。一臣不事二主，从此，张煌言一生都与朱以海和东南沿海捆绑到了一起。

鲁监国政权的钱塘江防线很快就被清军征南大将军博洛击溃，朱以海朝廷出海逃亡。张煌言此时只是个翰林修撰，没有机会给他表现。

1647 年（永历元年，顺治四年），张煌言的能力开始得到表现，这时他已被鲁王加授右佥都御史。当年他与张名振、沈廷扬等一起率水师开到崇明岛，准备呼应“反正”的苏松提督吴胜兆。哪知船队在海上遭遇风暴颠覆，陷于清军之手。张煌言辗转逃出包围来到浙东，就地招募义军屯田据守，山寨军纪严明，深得民众拥护。

看上去容易，这其实很难做到。不管是义军还是明军，抢掠都很普遍，整肃军纪也就是军队思想政治工作，能认识并做到这点，张煌言已非常人。

顺治八年（1551 年），舟山之战爆发，张煌言与张名振使出“围魏救赵”之计，出兵吴淞逼迫清军回救。他们打得顺风顺水，但负责舟山留守的荡北伯阮进却出了岔子，以致舟山之役功败垂成。

舟山失守，朱以海失去了抗清基地，只得投奔郑成功。

郑成功是抗清名将，但他也是个拥兵自重的军阀，这点与左良玉、孙可望等人并无二致，他主要考虑的是自己的利益如何最大化。

郑成功与张煌言之间保持着一种微妙的共存关系。张煌言、张名振等人忠于朱以海，一心想的是复国大业。郑成功却觊觎他们的兵力，想把他们收归己用。

身处东南沿海的张煌言等人却不得不依靠郑成功，后者有着最强大的水师，与郑成功翻脸没有好处。但托庇于咄咄逼人的郑成功，保持自己军队的独立性也是很困难的。这个尺度很微妙，一有不慎，要么被吞并，要么撕破脸。

这就是玩政治。张煌言很好地把握了这个尺度，既保持了自己所部的独立性，仍然忠于朱以海，又维持着和郑成功的合作关系。

这一时期，张煌言还没有独自领兵，他与老战友定西侯张名振合作默契。“二张”部下的兵力并不强大，只有不到两万人，且偏居东南，但他们表现出的战略眼光让人叹服。

顺治十年（1653 年），“二张”出兵围困崇明长达八个月。

出兵崇明并非莽撞之举，这是为了接下去的三入长江而做准备。

第二年，“二张”发起三入长江之役，一年内三次深入江南，最远到达了南京郊外的燕子矶，并曾在镇江登岸，登上金山寺，朝东南方向遥祭明孝陵，题诗寄慨。

三入长江更大的意义在战略上，它是为了一个三路同时发动的方案：孙可望在西南出兵东征；钱谦益招募的义军在南京发动；张煌言、张名振从东南率兵入长江攻略江南。

这个方案正中清朝软肋，因为顺治皇帝这时正处于将领和兵力青黄不接的时候。

可惜，其他两路都已万事俱备，孙可望那一路最后却放了鸽子，浪费了张煌言等一次又一次地进入长江。

虽然计划没成功，但是可以看出同时期兵力最雄厚的两个南明将领：孙可望和郑成功的政治能力和战略素养都不如张煌言。

忍辱负重与郑成功合作的意义在北伐时体现出来，张煌言的隐忍与坚持，几乎就要得到回报。

1658 年起，张煌言与郑成功会师，发起北伐，在次年进入长江，势如破竹。

进军过程中，张煌言多次进言要及早地攻取南京。可惜郑成功在南京城下又出现私心自用的老问题，导致功败垂成。

这时张煌言被郑成功派到芜湖进行招抚工作，他很快收复了四府、三州、二十四县，城池近三十座。神奇的是，这些几乎没经过什么战事，地方上大多是主动请降。相比郑成功在南京城下二十多天迟疑不进，高下立判。

郑成功在南京失败后退回海上，张煌言孤军深入，退路已断，处于极度危险的境地。面对清军围堵，他舍舟登陆，变服夜行，历经千难万险，绕道前行两千余里，才终于九死一生，回到东南沿海。

这是一出现实版的千里走单骑，智勇双全之外，这份忠义更值得钦佩。

这次失败后，浙东抗清转入低潮，清朝一统天下几乎已成定局。郑成功不久后病死，张煌言空有能力，再也无用武之地。

张煌言没有取得更大的成就，不是能力不够，而是时势使然。他在清朝和郑成功的夹缝间生存，在鸡蛋上跳舞，能坚持到最后，实在已难能可贵。

明明在用人之际，有能力却无处发挥，明末就是这样一个尴尬的情况。无能者身居高位，马士英、史可法、何腾蛟、马吉翔等人都是代表；有才者空有志向却无处报国，只能忍辱负重，堵胤锡、张煌言最为可惜。

张煌言生不逢时，未遇明主，局限在东南一隅，没有更大的平台给他发挥，埋没了才能。假设把他与史可法、何腾蛟等人换个位置，当能一展鸿鹄之志。

有能力并不就等于能成功，张煌言的坚持更值得敬佩，支撑张煌言二十年的，是强大的精神力量。

从顺治二年（1645 年）到康熙三年（1664 年），张煌言领导海上抗清历时二十年。三度闽关，四入长江，二遭飓风覆舟，纵横于锋镝之下，栖山蹈海，历尽磨难。

为“复明”奔波的人不少，却少有张煌言这样文武双全又坚持到底的孤忠。

把张煌言个人的坚持放大，他代表的是浙江这块土地的人文传统。

浙江是人文荟萃之地，有明一朝出了二十个状元，位居各省之冠，其中八人来自绍兴地区，进士登科的人数则是惊人的五百六十人。

先哲强调忠君报国，张煌言又来自仕宦之家，如果不是战乱，他本也该继续学业冲击进士，圣贤之书自然是读得滚瓜烂熟的。他也曾自称“将略原非所长，只以读书知大义”。

忠君爱国的思想深刻地影响着浙江读书人。

大学士朱大典是有名的贪官，却拒绝博洛的多次劝降，率兵固守自己的老家金华县城。坚守二十多天后城破，朱大典率阖门及宾客在火药局殉国。

大儒刘宗周在杭州失陷后，绝食二十天殉国而死。

崇祯朝右佥都御史祁彪佳拒绝清廷招揽，自沉湖中，以死明志。

来自绍兴的张煌言以文天祥为偶像，从小耳濡目染，夙承先学，浙江的人文传统早已深入其心。

鲁迅先生说过：“无情未必真豪杰，怜子如何不丈夫。”

张煌言却说：“国亡家亦亡，我固甘沈族。”

家即是国，国即是家，国亡了，家也不存在了。

1664年（康熙三年）七月十七日，在叛徒出卖下，已遣散部下、隐居海岛的张煌言被捕，被押解到杭州。

清廷派官员劝降，张煌言回应：“不佞之所以百折不回者，上则欲匡扶宗社，下则欲保捍桑梓。”

上则忧国，下则忧民，也就是“先天下之忧而忧，后天下之乐而乐”。

路上，他写下诸多诗篇，其中有一首《甲辰八月辞故里》（其二）：

国亡家破欲何之，西子湖头有我师。
日月双悬于氏墓，乾坤半壁岳家祠。
惭将赤手分三席，敢为丹心借一枝。
他日素车东浙路，怒涛岂必属鸱夷。

九月七日，张煌言在杭州弼教坊就义。临刑时，他拒绝跪而受戮，“坐而受刃”，时年仅四十五岁。此前三天，他的妻子和独子已在镇江被害。

南明十八年历史，杰出的抗清人物很多，论成就，张煌言并不出众，地位也不算显赫。史可法、李定国、郑成功等人的名气或许更大，但都有各自的缺点，难称完美。

唯有张煌言，将近二十年里，他经历的艰难险阻难以想象，却始终举措得当，处处以大局为重，兼具政治理想与战略眼光，从能力到气节几乎无可挑剔，是近乎“完人”的存在。

如此人格魅力，历史上也是少有。

大儒黄宗羲与张煌言是世交，他也曾出任朱以海的左副都御史，但很快便潜归乡里，不再抗争。这也是明清交替之时许多明朝士大夫的选择，他们要么隐入山林，要么遁入空门，总之还是惜命的。

黄宗羲多次怒喷马士英，把他骂为历史上的头号奸臣。马士英被清兵所执后不屈而死，黄宗羲却到底还是选择了妥协。

张煌言遇害后，黄宗羲惭愧不已，他为张煌言写下墓志铭，其中写道：

今公已为千载人物，比之文山，人皆信之。余屈身养母，戋戋自附于晋之处士，未知后之人其许我否也。

张煌言被害后，友人捐金由他外甥朱湘玉买出首级，遵照他生前遗愿，葬于南屏山路荔枝峰下，实现了他与岳飞、于谦为邻的夙愿，后人称他们为“西湖三杰”。

迫于形势，张煌言入葬后只得讳称为“王先生墓”。每逢佳日，仰慕张煌言的百姓及游人常来浇酒致奠。

此后，张老相公庙和张老相公殿陆续建成。乾隆四十一年（1776 年），清廷对张煌言加谥“忠烈”，将其牌位入“祀忠义祠”，得享定期供祭。

张煌言代表着明朝士人最后的坚持，后人所著的《兵部左侍郎张公传》里这么说：“自丙戌至甲辰，盖十九年矣，煌言死而明亡。”

然而，张煌言并没有死，邵廷采在他的《东南纪事》中说：“煌言固死而不死，不死而真有成也。”

张煌言舍身成仁，精神不死。这来自精神的力量，是明知不可为而为之的浩然正气。这股力量激荡长空，正是中华民族生生不息之精神所在。

清末章太炎是张煌言的铁粉，二百四十多年后，他重新排印被禁的《张苍水集》并作序：

若公者，非独超跃史、何诸将相，虽宋之文、李，犹愧之矣。

受张煌言与浙江人文精神影响，章太炎也是著名的革命家，七次被通缉、三次入狱，经历也多坎坷。常以张煌言的“西子湖头有我师”自励。日本帝国主义侵华，章先生人生已近终点，临终前他谆谆地告诫家人：“设有异族入主华夏，世世子孙毋食其官禄。”

无疑，这也是受到张煌言的影响。章太炎去世后，也葬于南屏山下，与张煌言墓毗邻，这也是他的遗愿。

西湖有美景，更有“西湖三杰”：岳飞、于谦和张煌言。

中华文明为什么数千年延绵不绝？一个主要原因就是，在民族存亡的关键时刻，总有一批又一批的志士，肩负起民族救亡的历史使命。

他们是真正的英雄！民族的脊梁！